AF476342

SOUSCRIPTION IMPÉRIALE.

HISTOIRE COMPLÈTE

ET AUTHENTIQUE

DE L'EMPEREUR NAPOLÉON III

DEPUIS SA NAISSANCE JUSQU'A CE JOUR.

Sa famille, sa naissance, son exil, ses entreprises, sa captivité, ses ouvrages, son évasion, son séjour en Angleterre, son retour en France, son avénement au pouvoir, les actes de sa Présidence, etc.,

PRÉCÉDÉE

D'un précis sur le 18 brumaire et le 2 décembre, des détails curieux sur le nom et l'origine des **BONAPARTE**, *d'un tableau généalogique de la dynastie impériale et de ses alliances et rédigée sur des documents particuliers et authentiques,*

[illegible]

PAR B. RENAULT.

Ouvrage orné du portrait de S. M. l'Empereur NAPOLÉON III et d'un fac simile de son écriture.

L'histoire de l'Empereur NAPOLÉON III n'a pas encore été faite. On n'a écrit sur lui que des biographies incomplètes, dont les unes s'arrêtent en 1848, les autres à des dates antérieures; encore, parmi ces brochures, s'en trouve-t-il plus d'une où les faits ont été odieusement travestis, les intentions dénaturées, l'homme calomnié.

Nous avons cru rendre service à nos concitoyens en leur donnant une histoire complète, vraie, fidèle; en leur montrant sous son vrai jour un homme que tous sont intéressés à connaître. Nous n'avons pas besoin de dire que l'histoire personnelle de NAPOLÉON III se mêle, à partir de 1848, à celle du pays, de telle sorte qu'on trouvera à la fois dans ce livre une biographie intéressante et le récit de tous les importants événements qui se sont accomplis en France depuis quatre ans.

Tous les amis de l'ordre, tous les fonctionnaires publics, tous les électeurs qui ont concouru par un vote affirmatif à la grande manifestation impériale du mois de novembre, voudront se procurer un ouvrage qui les initiera à la connaissance des détails les plus curieux et les plus instructifs sur la vie politique et civile de l'élu des 21 et 22 novembre et du sauveur de la France.

Telle est la pensée de l'œuvre que nous dédions au patriotisme français, et aux braves héritiers des légions napoléoniennes. L'empereur des Français, NAPOLÉON III, a daigné l'accueillir, et M. le ministre de la guerre l'a honorée de son approbation.

Voici en quels termes ont été exprimés des suffrages si élevés, qui sont la plus noble récompense de l'historien.

PRÉSIDENCE DE LA République.
CABINET PARTICULIER.

Palais de l'Élysée, 13 *avril* 1852.

MONSIEUR,

Le Prince-Président a été d'autant plus touché des sentiments qui vous ont inspiré la pensée d'écrire sa vie et de publier cet ouvrage, qu'ils sont héréditaires dans votre famille, et n'ont pas été altérés par les événements. Il me charge d'avoir l'honneur de vous remercier de l'exemplaire que vous avez bien voulu lui offrir.

Recevez, monsieur, l'assurance de ma considération distinguée.

Le chef du cabinet,
MOCQUARD.

MINISTÈRE DE LA GUERRE.
CABINET DU MINISTRE.

Paris, *le* 2 *décembre* 1852.

MONSIEUR,

J'ai reçu les deux ouvrages que vous m'avez adressés, et dans lesquels vous avez retracé l'*Histoire du prince Louis-Napoléon*, et l'*Histoire de sa présidence et de sa dictature*.

Je ne saurais trop vous féliciter, monsieur, de l'excellent esprit qui a inspiré ces deux publications. C'est en mettant au grand jour tous les actes de la vie du prince, c'est en faisant connaître tout ce qu'il y a en lui de dévoûment, d'abnégation, de grandeur, qu'on est le plus assuré de faire respecter et chérir son nom.

Je ne doute pas, monsieur, que vos deux ouvrages ne soient accueillis avec une vive sympathie dans l'armée comme dans la population, et que les généraux commandant les départements et les chefs de corps ne favorisent de leur bienveillant concours votre publication essentiellement utile.

Recevez, monsieur, l'assurance de mes sentiments distingués.

Le ministre de la guerre,
A. DE SAINT-ARNAUD.

Il sera donné en Prime aux 10,000 *premiers Souscripteurs*

UN BEAU PORTRAIT DE

L'EMPEREUR NAPOLÉON III,

Gravé sur acier par un des meilleurs artistes de Paris.

Portant 56 *centimètres de hauteur et la signature de l'Empereur.*

Le prix de ce volume, format in-octavo, est de 5 francs, qui seront payés en le recevant franc de port à domicile.

L'ouvrage, étant une propriété de l'éditeur, ne paraîtra que par Souscription.

PARIS. — Imprimerie LACOUR et Ce, rue Soufflot, 16.

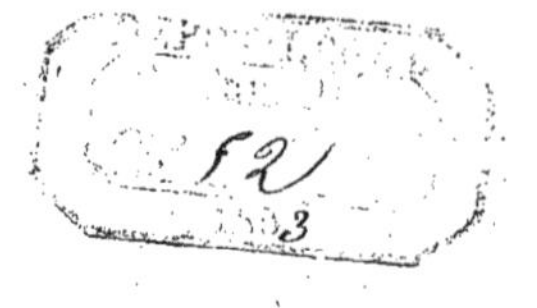

Souscription Impériale.

HISTOIRE COMPLÈTE

ET AUTHENTIQUE

DE L'EMPEREUR NAPOLÉON III

DEPUIS SA NAISSANCE JUSQU'A CE JOUR.

PREMIÈRES ANNÉES DE LOUIS-NAPOLÉON. — TRENTE-TROIS ANS D'EXIL ET DE PERSÉCUTION. — SON RAPPEL EN FRANCE PAR LA VOLONTÉ NATIO

LOUIS-NAPOLEON, CHEF DE L'ETAT

Par le Vote universel du 10 décembre 1848.

HISTOIRE DES CONSPIRATIONS PARLEMENTAIRES. — POPULARITÉ CROISSANTE DE L'ÉLU DU PEUPLE. — SON GÉNIE, SES BIENFAITS, SON DÉSINTÉRESSEMENT.

La Souveraineté Nationale restituée le 2 décembre 1851.

Voyage triomphal de LOUIS-NAPOLÉON dans les Départemens.

PROCLAMATION DE L'EMPIRE

Le 2 décembre 1852, anniversaire d'Austerlitz.

MARIAGE DE L'EMPEREUR AVEC LA COMTESSE EUGÉNIE DE MONTIJO.

PAR B. RENAULT.

L'histoire de l'empereur NAPOLÉON III n'a pas été encore faite. On n'a écrit sur lui que des biographies incomplètes, dont les unes s'arrêtent en 1848, les autres à des dates antérieures; encore, parmi ces brochures, s'en trouve-t-il plus d'une où les faits ont été odieusement travestis, les intentions dénaturées, l'homme calomnié.

SOUSCRIPTION OFFERTE A TOUS LES FRANÇAIS

HISTOIRE DU PRINCE LOUIS-NAPOLÉON

PRÉSIDENT DE LA RÉPUBLIQUE.

Sa famille. Sa naissance. Son exil. Ses entreprises. Sa captivité. Ses ouvrages. Son évasion. Son séjour en Angleterre. Son retour en France. Son avénement au pouvoir. Les actes de son gouvernement avant et depuis le 2 décembre.

RÉDIGÉE

SUR DES DOCUMENTS PARTICULIERS ET AUTHENTIQUES.

Par B. Renault.

1 volume grand in-8°, orné du portrait de S. A. I. et d'un fac-simile de son écriture.

HISTOIRE DE LA PRÉSIDENCE

ET DE LA DICTATURE

DE LOUIS-NAPOLÉON

PORTRAIT POLITIQUE DE L'ÉLU DU PEUPLE. — SON CARACTÈRE, SA VIE PRIVÉE, SA MISSION. — SON AVÉNEMENT AU POUVOIR.

TABLEAU DES CONSPIRATIONS PARLEMENTAIRES ET DE LA RÉVOLUTION DU 2 DÉCEMBRE 1851.

GÉNIE DES INSTITUTIONS IMPÉRIALES. — LOIS, DÉCRETS ET ACTES DE LA DICTATURE. — LE PRINCE PRÉSIDENT DEVANT LA NATION ET LES PARTIS.

RETOUR DE LA FRANCE AUX GRANDEURS DE L'EMPIRE.

Par B. Renault.

1 VOLUME GRAND IN-8°

Orné d'une gravure représentant Louis-Napoléon passant une Revue.

Ces deux volumes embrassent, en deux périodes, tous les événements qui ont rempli, jusqu'à ce jour, la vie politique et privée de Louis-Napoléon.

rable. Mais avant lui d'autres ont pu rêver des chimères, lui seul ne veut que des réalités, et ses décrets, dont la mise à exécution ne se fait pas attendre, offrent à tous la preuve qu'il ne promet jamais en vain.

Quand on a étudié toutes les phases de la vie de l'élu du 10 et du 20 décembre, on sait que toute sa politique ne peut être que la constante application au gouvernement d'un grand peuple des règles de la probité, de la loyauté et des principes du patriotisme le plus pur. Cette histoire, qui a fait sensation parmi les amis du prince Louis-Napoléon, qui a été lue avec intérêt par les personnes qui ne se sont pas séparées de lui dans sa mauvaise fortune, ne peut être qu'accueillie avec faveur par les nombreux partisans de la cause napoléonienne; elle sera appréciée même par les républicains impérialistes de quelques-unes de nos campagnes, où, dans un amalgame de sympathies et de tendresses, en apparence opposées, la république que Louis-Napoléon a voulu nous conserver, l'empire qu'il ne nous est pas interdit d'espérer, vont de pair et de compagnie confondus dans un même culte.

Paris. — Impr. de Pommeret et Moreau, 17, quai des Augustins.

Souscription offerte aux patriotes français.

HISTOIRE

DU PRINCE

LOUIS-NAPOLÉON

PRÉSIDENT DE LA RÉPUBLIQUE.

SA FAMILLE. — SA NAISSANCE. — SON EXIL. — SES ENTREPRISES.
— SA CAPTIVITÉ. — SES OUVRAGES. — SON ÉVASION. — SON SÉJOUR EN ANGLETERRE. —
SON RETOUR EN FRANCE. — SON AVÉNEMENT AU POUVOIR. —
LES ACTES DE SON GOUVERNEMENT AVANT ET DEPUIS LE 2 DÉCEMBRE.

RÉDIGÉE

SUR DES DOCUMENTS PARTICULIERS ET AUTHENTIQUES.

Par B. Renault.

ORNÉE

du Portrait de S. A. I. et d'un fac-simile de son écriture.

Courte, mais complète, sans être abrégée, cette histoire du neveu de l'empereur se recommande surtout par la vérité et l'impartialité de ses récits; rien n'y a été dit de trop; mais aussi rien n'y a été omis de ce qui peut faire connaître et apprécier le prince à qui la France a deux fois confié ses destinées. Les périls dont il l'a sauvée y sont démontrés jusqu'à la dernière évidence; et de ce qu'il a fait pour arracher la patrie aux terreurs révolutionnaires de 1852, il faudrait déjà conclure que sa seule ambition est de la faire entrer dans les voies d'une prospérité du-

Nous avons cru rendre service à nos concitoyens en leur donnant une histoire complète, vraie, fidèle; en leur montrant sous son vrai jour un homme que tous sont intéressés à connaître. Nous n'avons pas besoin de dire que l'histoire personnelle de NAPOLÉON III se mêle, à partir de 1848, à celle du pays, de telle sorte qu'on trouvera à la fois dans ce livre une biographie intéressante, et le récit de tous les importans évènemens qui se sont accomplis en France depuis quatre ans.

Tous les amis de l'ordre, tous les fonctionnaires publics, tous les électeurs qui ont concouru par un vote affirmatif à la grande manifestation impériale du mois de novembre, voudront se procurer un ouvrage qui les initiera à la connaissance des détails les plus curieux et les plus instructifs sur la vie politique et civile de l'Elu des 21 et 22 novembre et du sauveur de la France.

Telle est la pensée de l'œuvre que nous dédions au patriotisme français et aux braves héritiers des légions napoléoniennes. L'empereur des Français, NAPOLÉON III, a daigné l'accueillir, et M. le ministre de la guerre l'a honorée de son approbation.

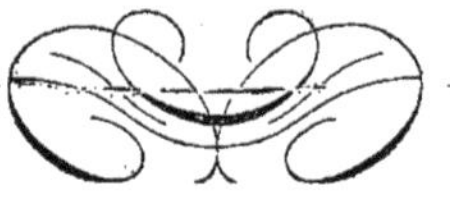

Aurillac. — Imp. FERARY, Imprimeur de la Préfecture et de l'Académie, et Libraire.

Le premier raconte les touchantes aventures de l'exil qui le prit au berceau pour le conduire, à travers trente-trois ans d'épreuves, jusqu'à l'heure marquée par Dieu pour le salut de la France.

Le second déroule tous les drames de la lutte soutenue, depuis 1848, par l'élu du peuple, contre les ennemis de la liberté, et les actes grandioses de cette dictature providentielle que saluent, depuis le 2 décembre, les ovations triomphales de la patrie reconnaissante.

Ce travail, enrichi d'une foule d'anecdotes curieuses sur le caractère, les habitudes, les relations du prince et des personnages qui l'entourent, est le fruit de documents authentiques et de communications particulières de la plus rigoureuse vérité. L'auteur a recueilli les faits; son cœur les expose.

L'histoire est prophète. Elle voit l'avenir dans l'enchaînement des faits qui passent; elle le décrète au nom des masses impatientes. Le peuple, qui garde dans chaque chaumière l'image sacrée de l'empereur, n'attend qu'un glorieux anniversaire pour attacher la couronne au front de ses aigles reconquises. Ce jour-là, tous nos malheurs seront effacés; l'avenir s'illuminera de tout l'éclat de nos grands siècles.

Telle est la pensée de l'œuvre que nous dédions au patriotisme français, et aux braves héritiers des légions napoléoniennes. Le président de la République a daigné l'accueillir, et M. le ministre de la guerre l'a honoré de son approbation.

Voici en quels termes ont été exprimés des suffrages si élevés qui sont la plus noble récompense de l'historien.

PRÉSIDENCE
DE LA
République.

CABINET PARTICULIER.

Palais de l'Élysée, 15 avril, 1852.

MONSIEUR,

Le prince président a été d'autant plus touché des sentiments qui vous ont inspiré la pensée d'écrire sa vie et de publier cet ouvrage qu'ils sont héréditaires dans votre famille, et n'ont pas été altérés par les événements. Il me charge d'avoir l'honneur de vous remercier de l'exemplaire que vous avez bien voulu lui offrir.

Recevez, monsieur, l'assurance de ma considération distinguée.

Le chef du cabinet,
MOCQUARD.

MINISTÈRE
DE LA GUERRE.

CABINET
DU
MINISTRE.

Paris, le 2 septembre 1852.

MONSIEUR,

J'ai reçu les deux ouvrages que vous m'avez adressés, et dans lesquels vous avez retracé *l'Histoire du prince Louis-Napoléon*, et *l'Histoire de sa présidence et de sa dictature*.

Je ne saurais trop vous féliciter, monsieur, de l'excellent esprit qui a inspiré ces deux publications. C'est en mettant au grand jour tous les actes de la vie du prince, c'est en faisant connaître tout ce qu'il y a en lui de dévouement, d'abnégation, de grandeur, qu'on est le plus assuré de faire respecter et chérir son nom.

Je ne doute pas, monsieur, que vos deux ouvrages soient accueillis avec une vive sympathie dans l'armée comme dans la population, et que les généraux commandant les départements et les chefs de corps ne favorisent de leur bienveillant concours votre publication essentiellement utile.

Recevez, monsieur, l'assurance de mes sentiments distingués.

Le ministre de la guerre,
A. DE SAINT-ARNAUD.

On souscrit à la Librairie de **Ruel aîné**, Éditeur, rue Larrey, 8, à Paris.

Paris. — Imprimerie de POMMERET et MOREAU, quai des Augustins, 17.

HISTOIRE

DU PRINCE

LOUIS-NAPOLÉON

PRÉSIDENT DE LA RÉPUBLIQUE.

PARIS. — IMPRIMERIE DE POMMERET ET MOREAU,
17, quai des Grands-Augustins

HISTOIRE

DU PRINCE

LOUIS-NAPOLÉON

PRÉSIDENT DE LA RÉPUBLIQUE.

SA FAMILLE. — SA NAISSANCE. — SON EXIL. —
SES ENTREPRISES. — SA CAPTIVITÉ. — SES OUVRAGES. — SON ÉVASION. —
SON SÉJOUR EN ANGLETERRE. — SON RETOUR EN FRANCE. —
SON AVÉNEMENT AU POUVOIR. — LES ACTES DE SA PRÉSIDENDE, ETC.

PRÉCÉDÉE

D'UN PRÉCIS SUR LE 18 BRUMAIRE ET LE 2 DÉCEMBRE. —
DE DÉTAILS CURIEUX SUR LE NOM ET L'ORIGINE DES BONAPARTE. — D'UN TABLEAU
GÉNÉALOGIQUE DE LA DYNASTIE IMPÉRIALE ET DE SES ALLIANCES, ETC.

ET RÉDIGÉE

SUR DES DOCUMENTS PARTICULIERS ET AUTHENTIQUES.

Par B. Renault.

Ouvrage orné du Portrait de S. A. I. et d'un fac-simile de son écriture.

TROISIÈME ÉDITION REVUE ET CORRIGÉE.

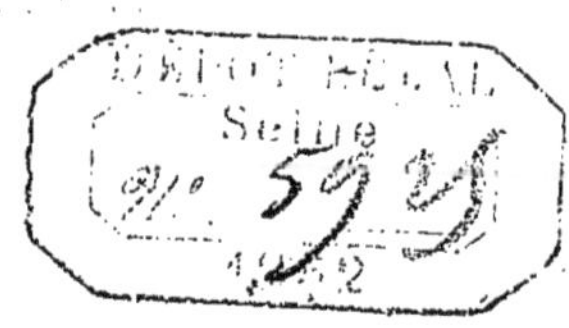

PARIS

R. RUEL aîné, LIBRAIRE,

RUE LARREY, 8.

1852.

Londres le 20 Juillet 1846

Monsieur

Je vous envoie les documens que je vous ai promis et qui vous ont paru avoir quelque intérêt. Je vous remercie de vouloir bien rectifier par le simple exposé des faits qui me sont relatifs, les fausses opinions qui existent contre moi. Un récit simple et exact de ce qui m'est arrivé, en fuyant toute tendance politique et tout panégyrique peut m'être très utile, car il peut intéresser en ma faveur même la froide diplomatie et faire tomber les obstacles qui m'empêchent d'aller fermer les yeux de mon vieux père.

Recevez donc Monsieur d'avance l'expression de ma reconnaissance et l'assurance de mes sentimens d'estime et d'amitié.

Napoléon Louis B.

Nota: Cette lettre était adressée à Mr. Briffaut, auteur d'un ouvrage fort remarquable sur le Prince.

Imp. Arbieu Poissy.

AVANT-PROPOS.

Nous nous proposons de raconter six années de captivité, précédées par vingt-cinq ans d'un douloureux exil, que ne fit point cesser le retour à la liberté. Cette longue infortune est un bien triste épisode de l'histoire d'une famille illustre, que les malheurs inouïs de son chef héroïque avaient laissée sans patrie.

Aujourd'hui que le proscrit est revenu parmi nous, et que nous pouvons le glorifier comme le sauveur de son pays, il n'y a plus à déplorer ces temps d'épreuves pendant lesquels la méditation et l'étude l'ont rendu digne d'être placé à la tête d'une grande nation. Mais un puissant intérêt se rattache à cette période, qui, pour des natures vulgaires, n'eût été qu'un vide dans leur existence. Loin du monde et de ses dissipations, Louis-Napoléon a su faire mûrir au profit de ses concitoyens, les fruits précieux de la solitude et du malheur. Ainsi s'est créé de lui-même, par le travail et la réflexion, l'homme d'État dont la sagesse et l'immense savoir se révèlent de plus en plus en introduisant avec bonheur, il faudrait dire avec la sûreté et la hardiesse sublime du génie, des améliorations sensibles, des simplifications admirables dans toutes les branches de l'administration d'un peuple qu'il s'est proposé de rendre puissant et prospère. Les jours de l'adversité ont mis en lumière son âme si sérieusement loyale, si remplie de ces nobles et généreux sentiments qui font les grandes vertus, l'inébranlable fermeté et la franchise de son caractère, la lucidité et la justesse de sa pensée, la constance de ses résolutions. L'analyse de ses œuvres qu'il vaudrait mieux connaître qu'apprécier sur ce que nous en pouvons dire dans les limites restreintes que nous nous sommes prescrites, offre l'irrécusable preuve que, pour déterminer les conditions d'un bon gouvernement, il s'était dès longtemps habitué à se placer au point de vue élevé, mais positif, de cette politique pratique qui ne se flatte pas de dominer l'ensemble si elle ignore les détails. — Peut-être qu'en lisant attentivement les écrits du prince on ne se demandera plus où il va : sauf les circonstances des temps, des lieux, des mœurs, des progrès de la civilisation, le but y est marqué.

Notre récit laisse sans doute beaucoup à désirer ; on peut y signaler bien des lacunes, à partir de l'élection du 10 décembre jusqu'à ce jour; nous le compléterons dans une prochaine continuation de cette histoire qui embrassera tous les actes de la présidence, soit pendant l'existence du parlement, soit pendant la durée de la dictature de salut.

Là viendront tout naturellement prendre place des notices historiques, sur les premiers confidents et préparateurs du coup d'État : MM. de Morny, de Persigny, de Maupas et de Saint-Arnaud; sur les chefs militaires qui, sous le brave général Magnan, justifièrent si bien la confiance du général ministre; sur ceux qui, dans l'armée ou dans le civil, se vouèrent au triomphe de la cause impériale; sur MM. de Montholon, de Vaudrey, Bouffé de Montauban, Boulay (de la Meurthe), de Laborde, Parquin, docteur Conneau, Mésonan, Voisin, Bataille, Lombard, Laity, Aladenise, de Querelles, Bure, Mocquart, Briffault, général Piat comte Baciocchi, Edgard Ney, Fleury, Lepic, Toulongeon, Menneval, etc., etc. En regard de cette phalange de vrais patriotes, nous esquisserons rapidement les faits par lesquels s'étaient signalés à la mésestime publique les opposants au rappel de la loi du 31 mai.

Ce livre s'ouvre par un parallèle, où le 18 *brumaire* a pour pendant le 2 *décembre;* en comparant l'un à l'autre, on se convaincra que si le premier fut nécessaire, le second fut rigoureusement indispensable.

Maintenant, dirons-nous pourquoi il nous a semblé que les détails sur la famille Bonaparte n'étaient point un hors-d'œuvre... c'est qu'ils viennent à point pour rectifier bien des notions erronées, et que, d'ailleurs, quand on se sent au cœur de la sympathie pour les parents ou les alliés de Napoléon, on est bien aise d'apprendre ce que sont devenus tous les rameaux de ce grand arbre que la foudre a brisé, et à l'ombre duquel la France fut longtemps si glorieuse et si forte.

HISTOIRE

DU PRINCE

LOUIS-NAPOLÉON

PRÉSIDENT DE LA RÉPUBLIQUE.

PREMIERE PARTIE.

FAMILLE BONAPARTE.

I

DEUX DATES MÉMORABLES. — 18 BRUMAIRE — 2 DÉCEMBRE.

Deux fois en un demi-siècle, un Bonaparte a sauvé la société française, menacée de la plus épouvantable anarchie ;

Deux fois en un demi-siècle, la France, fatiguée par les dissensions des partis, dégoûtée de leurs intrigues et de leurs complots, a cru ne pouvoir échapper aux plus grands désastres qu'en remettant ses destinées dans les mains d'un Bonaparte ;

Deux fois en un demi-siècle, au moment où la situation devenait des plus critiques, un Bonaparte s'est trouvé être l'homme de la nation, qui ne plaçait qu'en lui son espoir, qui n'attendait que de lui seul le terme de ses anxiétés et de ses misères;

Deux fois en un demi-siècle, la grande voix du peuple s'est élevée, majestueuse, impérative, solennelle dans son imposante unanimité, pour proclamer un Bonaparte *libérateur de la patrie;*

Deux fois en un demi-siècle est incombée à un Bonaparte la glorieuse mission de rétablir l'autorité dans son unité, et de lui rendre la force, la considération et l'influence qui ne sont pas moins nécessaires pour opérer le bien que pour empêcher le mal.

Dans le premier Bonaparte, les Français, livrés au découragement par la mollesse du Directoire, par l'impuissance des assemblées législatives, saluèrent le triomphateur d'Italie et le vainqueur des Pyramides, comme s'il ramenait avec lui la fortune de la France. Tous les regards et tous les vœux se tournèrent vers l'illustre guerrier; au milieu des transports et des acclamations qui l'accueillirent de toutes parts, il put déjà découvrir que tous les hommes sincèrement attachés à la gloire et au bonheur de leur pays, étaient prêts à couvrir de leur approbation toute entreprise ayant pour but de substituer un gouvernement fort et stable au Directoire, où ne siégeaient que des incapables ou des corrompus.

La disposition des esprits était telle, que bientôt les citoyens de Paris s'étonnèrent de l'espèce d'inertie dans laquelle s'obstinait à rester le vainqueur de Toulon, de Vendémiaire, d'Italie, d'Égypte; on ne concevait pas qu'il hésitât à renverser le Directoire et à dissoudre le conseil des Cinq-Cents, où se manifestaient encore les terribles instincts de la Convention dans ses jours les plus sinistres : Voilà quinze jours, disait-on, que Bonaparte est ici, et il n'a encore rien fait! Prétend-il se comporter comme à son retour d'Italie, et laisser périr la République dans l'agonie des factions qui la déchirent?

De toutes parts on sollicitait le général Bonaparte de se mettre à la tête, non pas d'un mouvement, mais d'une révolution sérieuse. Alors on en était venu à cette pénible extrémité où les malaises du présent, et les incertitudes de l'avenir, font généralement désirer un changement. Les moins aventureux sentaient toute l'impossibilité de sortir d'une position si précaire autrement que par un coup d'État; on le croyait inévitable, et, quel qu'en fût le résultat, on était persuadé que le pays y gagnerait.

Quand tout périssait ou périclitait, l'agriculture, l'industrie, le commerce, les finances; quand tout languissait dans les villes et dans les compagnes; quand les agitations étaient sans fin; quand nos armées étaient sans solde, sans vivres, sans vêtements, sans chaussure; quand leur sort et celui de nos frontières étaient sans cesse compromis par la fausse direction imprimée aux chefs, qui avaient si souvent conduit nos soldats à la victoire; quand la France s'épuisait d'hommes et d'argent pour obtenir l'ordre au dedans et la sécurité au dehors, et que son gouvernement ne savait lui procurer ni l'un ni l'autre; quand tant de maux, tant de détresses, tant de souffrances s'accumulaient sur le peuple appauvri par les impôts, par des dilapidations et des gaspillages de tous genres, il était évident que tout ce qui surviendrait ne pouvait être pire que ce qui était; qu'il n'y avait, par conséquent, aucun motif plausible de redouter *l'inconnu*. On l'appelait à grands cris. — Les patriotes, et il faut donner ce nom à quiconque veut franchement le bien-être de toutes les classes de citoyens, sans prétendre engager la lutte pour une différence d'opinion ou de manière de voir contre ceux qui, sans partager ses idées, sont animés des mêmes sentiments que lui; les patriotes, disons-nous, n'aspiraient qu'à voir se dénouer la crise avant que la patrie fût à bout de ses ressources. Les plus pacifiques, ceux qui sont habitués à vouloir qu'on ne hasarde rien, vivaient dans de telles alarmes, qu'ils souscrivaient avec impatience à la chance d'un coup d'État; d'autres le préméditaient depuis longtemps, et chaque faction politique se promettait d'avance de le faire tourner à son profit. — Les révolutionnaires républicains, les démocrates modérés, les spéculateurs et les hommes de salon, ou la bourgeoisie intrigante et dorée, le voulaient ce coup d'État, et, pour son exécution, tous, conspirant les uns contre les autres, avaient jeté les yeux sur Bonaparte; tous s'en étaient ouverts à lui, mais il n'avait pris d'engagements avec personne, et il s'en fût bien gardé, car il était lui-même l'âme et la tête d'un parti nouveau qui se présentait pour dominer tous les autres : c'était le parti de l'armée, le parti national par excellence, car il avait prodigué son sang pour réparer les fautes des directeurs; il ne se souciait ni des desseins ultra-démocratiques de Gohier, ni de la métaphysique de Siéyès, ni de la corruption doctrinaire de Barras. Peu lui importaient les systèmes et les théories; il ne voulait pas même s'en informer. Bonaparte était tenu pour un homme de génie; dans plus d'une importante occasion, il avait fait ses preuves comme organisateur; on lui savait de la sagesse et du bonheur; on avait foi dans son étoile : il pouvait tout tenter avec l'assurance de ce concours d'enthousiasme qui garantit le succès.

C'est au moment où les circonstances, de plus en plus pressantes, le sollicitaient d'agir, que le directeur Barras, qu'il appelait le *chef des pourris,* lui proposa de l'aider à se débarrasser de ses collègues, afin qu'il pût gouverner seul à sa guise. A entendre Barras, la République ne pouvait plus être sauvée ; il était entré en négociation avec Louis XVIII, et, s'abusant sur ce qui lui était possible, il espérait se maintenir à la tête des affaires, afin de lui livrer la France. Barras trahissait, et la preuve manifeste de sa connivence avec les Bourbons s'est retrouvée, à sa mort, dans une correspondance qui a été vendue à Charles X.

Le ci-devant marquis eut le tort inconcevable d'imaginer que Bonaparte pourrait s'associer à son infamie. Il s'ouvrit à lui dans un entretien qu'ils eurent ensemble, après un dîner que Bonaparte avait accepté chez ce directeur. Cette confidence décida le général à précipiter le renversement du gouvernement directorial. C'est LE 18 BRUMAIRE (9 novembre 1799) que fut accompli ce grand acte politique.

18 BRUMAIRE !... date mémorable !

Ce jour-là fut inauguré tout un nouveau système. Ce jour-là, pour qui savait voir clair, commença à poindre sur l'horizon le soleil de l'Empire. Ce jour-là, le peuple apprit que le héros qu'il admirait allait s'occuper des intérêts nationaux, et il ne douta pas que le grand général ne fût en même temps un grand homme d'État. Dès ce jour, la confiance parut renaître ; le paysan, le bourgeois, le marchand, le fabricant, l'ouvrier, tous applaudirent à la chute du Directoire et à l'expulsion des représentants, qui n'avaient su que décréter la République, mais qui avaient été inhabiles à la consolider.

Contre une mesure si audacieuse, il devait y avoir de l'opposition :

Le ministre de la guerre, Dubois-Crancé, informé de ce qui se préparait, avait couru le 17 chez Gohier, le plus républicain des directeurs, pour lui offrir d'arrêter Bonaparte; mais Gohier avait objecté le respect qui était dû à la Constitution; et pour ne pas violer cette Constitution, destinée à périr dès le lendemain s'il ne la violait pas, il avait rejeté la proposition du ministre. — Ce dernier avait compté, pour l'exécution de son dessein, sur le concours des généraux Jourdan, Augereau, Bernadotte, qui figuraient au premier rang dans la faction démocratique; mais ils eussent été impuissants pour enlever les troupes et les détourner d'obéir au décret du conseil des Anciens, qui, conformément à l'article 102 de la Constitution, ordonnait la translation du Corps Législatif à Saint-Cloud, et conférait à Bonaparte le commandement en chef de la garde du Corps Législatif, et de toutes les forces militaires dans Paris.

Après la dispersion des députés, les membres du conseil des Anciens et ceux des Cinq-Cents qui approuvaient le coup d'État, décrétèrent que le général Bonaparte, les généraux et les soldats qui l'avaient secondé avaient bien *mérité de la patrie.*

Un second décret annonça la déchéance du Directoire, et désigna comme membres d'une commission consulaire destinée à le remplacer, Siéyès, Roger-Ducos et Bonaparte.—Le même soir, une proclamation que Bonaparte fit lire aux flambeaux dans tous les quartiers de Paris, instruisit les habitants de ce qui venait de se passer; depuis la chute du trône, c'était la dixième fois qu'ils étaient témoins d'un changement politique de cette importance. Celui-là s'était effectué sans commotion; la tranquillité n'avait pas été troublée, les Parisiens s'en félicitèrent. — A cinq heures du matin, les trois consuls quittèrent Saint-Cloud et vinrent tenir leur première séance au Luxembourg. — Siéyès, qui avait espéré que le général consul, à qui la présidence appartenait de droit, se renfermerait dans sa spécialité et lui laisserait la conduite des affaires civiles, fut très-étonné lorsqu'il reconnut qu'il avait des opinions arrêtées sur la politique, sur les finances, sur la justice, même sur la jurisprudence, enfin sur toutes les branches de l'administration; aussi le soir, en rentrant chez lui, dit-il en présence des conseillers privés de Bonaparte : « Nous avons un maître; Bonaparte veut tout faire, sait tout faire, et peut tout faire. Dans la position déplorable où nous sommes, il vaut mieux nous soumettre que d'exciter des divisions qui rendraient notre perte certaine. »

La commission consulaire se modifia graduellement : il y eut un premier consul, chef suprême de l'État, assisté de deux consuls avec voix consultative seulement.

Bonaparte était de plein droit le chef suprême : il choisit pour deuxième consul Cambacérès et pour troisième Lebrun.

Cette organisation ne fut définitive que le 24 décembre.

Six mois plus tard, le premier consul était le *vainqueur de Marengo*. Son retour fut fêté avec un enthousiasme sans pareil.

En 1801, un sénatus-consulte proroge de dix ans la magistrature consulaire. Bonaparte, recevant le message qui lui transmettait cette décision, avait répondu : « La fortune a souri à la République, mais la fortune est inconstante. Oh! combien d'hommes, qu'elle avait comblés de sa faveur, ont vécu trop de quelques années! l'intérêt de ma gloire et celui de mon bonheur sembleraient avoir marqué le terme de ma vie publique, au moment où la paix du monde est proclamée (les traités d'Amiens et de Lunéville, la soumission des chefs vendéens et le concordat semblaient la garantir)..... *mais vous jugez que je dois au peuple un nouveau sacrifice; je le ferai si le bien du peuple commande ce que votre suffrage autorise.* »

Cette réponse laissait entrevoir des projets ultérieurs. Dans toutes les communes de France, des livres de votes furent ouverts sur cette question :

Napoléon Bonaparte sera-t-il consul à vie?

En peu de temps il avait opéré tant de prodiges, que sur *trois millions cinq cent cinquante-sept mille huit cent quatre-vingt-cinq* citoyens votant librement, *trois millions trois cent soixante-huit mille deux cent cinquante-neuf* se prononcèrent pour l'affirmative : jamais l'histoire n'avait offert l'exemple d'une telle unanimité.

Ce vote consacrait le principe de la monarchie élective ; c'était un acheminement direct à l'Empire, ou plutôt l'Empire était fait, et, lorsque Bonaparte crut que le moment était venu de placer sur sa tête la couronne de Charlemagne, la nation se trouva prédisposée, non-seulement à demander son élévation, mais encore à fixer l'hérédité dans sa famille.

Le 18 mai 1804, au nom des grands pouvoirs de l'État, (c'étaient alors le Sénat, le Corps législatif et le Tribunat), Cambacérès, président du Sénat, se rendit à Saint-Cloud pour présenter à Napoléon le sénatus-consulte qui déférait au premier consul le titre d'Empereur. Au discours de Cambacérès, le nouvel Empereur répondit : « Tout ce qui peut contribuer au bien de la patrie est essentiellement lié à mon bonheur ; j'accepte le titre que vous croyez utile à la gloire de la nation ; je soumets à la sanction du peuple la loi de l'hérédité; j'espère que la France ne se repentira jamais des honneurs dont elle environnera ma famille. Dans tous les cas, mon esprit ne sera plus avec ma postérité le jour où elle cessera de mériter la confiance et l'estime de la grande nation. »

Le sénatus-consulte fut ratifié par les acclamations populaires, et le jour du couronnement, 2 décembre 1804, fut un beau jour pour toute la France.

Le pape y avait apporté son onction sainte.

L'Empire ainsi consacré se développa dans ses institutions avec une merveilleuse rapidité. L'étranger pressentit qu'avec le chef qu'elle s'était donné définitivement, la France allait devenir plus prospère et plus formidable que jamais. L'Angleterre, notre vieille et implacable ennemie, suscita contre nous une troisième coalition; elle échappait ainsi au juste châtiment que Napoléon avait résolu d'infliger à son manque de foi, lorsqu'en pleine paix et sans déclaration préalable, elle avait capturé sur toutes les mers les bâtiments de notre commerce. C'était vers les îles britanniques que les aigles de la grande-armée, réunie au camp de Boulogne, devaient prendre leur premier essor. Mais quand tout s'apprêtait pour une descente, on apprit tout à coup, fatale diversion qui sauvait l'Angleterre, que la Russie, la Suède et l'Autriche s'avançaient avec des forces imposantes pour prendre la revanche de leurs anciennes défaites et nous arracher nos conquêtes. La Prusse n'attendait qu'une occasion pour s'ébranler à son tour, et, sous le masque d'une perfide neutralité, les Bourbons de Naples cachaient les desseins les plus hostiles.

Déjà la Bavière, notre alliée, avait été envahie contre la foi des traités; l'archiduc Ferdinand y était entré à la tête de quatre-vingt mille soldats; l'archiduc Jean, avec trente mille hommes, avait pris position dans les montagnes du Tyrol, et cent mille combattants marchaient sur l'Adige avec l'archiduc Charles, réputé l'un des plus grands capitaines du siècle. Cent quatre-vingt mille Russes accouraient aussi pour prendre part à cette nouvelle croisade contre la France.

Napoléon était à Boulogne lorsqu'il reçut la nouvelle de

cette soudaine agression, qui semblait devoir prendre des proportions immenses. Il fit un appel aux anciens militaires et aux gardes nationales des départements voisins des côtes maritimes et des frontières du Rhin; tous se levèrent avec enthousiasme. Les troupes du camp de Boulogne furent dirigées en toute hâte à la rencontre de l'ennemi; elles traversèrent la France avec allégresse, et franchirent le Rhin avec une incroyable ardeur de se mesurer encore une fois contre les armées des despotes.

La campagne fut menée d'une rapidité sans pareille. En quinze jours, l'empereur détruisit une armée de cent mille hommes sans avoir livré une seule bataille. Dans ce court espace de temps, il fit soixante mille prisonniers, dont vingt-neuf officiers généraux et deux mille autres officiers. Il s'empara de deux cents pièces de canon. C'étaient là d'admirables résultats, dus aux savantes combinaisons de l'Empereur et à l'incomparable bravoure de ses soldats. « Nous ne nous arrêterons plus, avait-il dit en ouvrant la campagne, que nous n'ayons assuré l'indépendance du corps germanique, secouru nos alliés, et confondu l'orgueil de nos injustes agresseurs; nous ne ferons plus de paix sans garanties; notre générosité ne trompera plus notre politique. » Ces paroles étaient l'annonce d'une course triomphale.

Le 13 novembre, Napoléon faisait son entrée à Vienne, et l'empereur d'Autriche, avec les débris de ses armées constamment et partout battues, était réduit à se jeter dans la Bohême. Napoléon l'y suivit, et bientôt rejoint par les corps de Masséna et de Gouvion Saint-Cyr, qui, accourus d'Italie, s'étaient frayé par le fer un chemin jusqu'à lui, il fut en mesure d'engager, sans se compromettre, soixante-dix mille hommes dans l'action qui se préparait. Il avait en face, concentrés dans des positions formidables, dont le village d'Austerlitz était la clef, cent mille Russes ou Autrichiens sous les ordres de Kutusow et de l'archiduc Charles. Pendant qu'il faisait ses dispositions, un envoyé du roi de Prusse vint pour lui signifier les intentions peu amicales de son souverain. L'Empereur ne lui laissa pas le temps de s'expliquer: il lui dit, en montrant les lignes ennemies: « C'est une bataille qui s'annonce, je les battrai; ne me dites rien aujourd'hui; je ne veux rien savoir; allez attendre à Vienne l'issue de cette affaire. » En apercevant le mouvement de concentration que les Austro-Russes opéraient pour tourner sa droite, Napoléon s'écria d'un ton d'inspiré: « Avant demain au soir cette armée est à moi! »

La veille de la bataille, à l'entrée de la nuit, une illumination soudaine dessina toute la ligne française, et le camp retentit d'acclamations d'enthousiasme. C'était l'anniversaire du couronnement que l'armée célébrait par cette fête spontanée.

Enfin se leva le soleil du 2 décembre. Par une retraite feinte, l'Empereur attira sur son centre les masses ennemies. On se proposait de l'écraser et de séparer ses deux ailes. Mais là était la principale force de Napoléon; le choc fut terrible. Après les plus héroïques efforts de part et d'autre, la garde impériale russe, cette muraille vivante, fut culbutée par la garde impériale française; c'était la première fois que ces corps d'élite se voyaient de si près. Tout pliait, tout fuyait devant nos aigles, devant nos fantassins, devant nos cavaliers. Lannes et Murat à la droite, Soult à la gauche, se signalent par des prodiges de valeur. Russes et Autrichiens sont poussés baïonnettes aux reins avec une impétuosité inouïe. Six mille se noient en traversant l'étang de Sokonitz; plusieurs de leurs colonnes, acculées à des lacs dont l'hiver a congelé la surface, s'aventurent par cette voie dangereuse. Mais sous ce poids énorme d'hommes, d'artillerie, de bagages, la glace se rompt, et vingt mille soldats sont engloutis dans le lac d'Augezeld; une autre colonne disparaît tout entière dans les eaux du lac Monitz.

Tout était décidé avant la nuit. Les alliés comptèrent plus de quarante mille hommes tués ou mis hors de combat; quinze généraux, un prince, et plus de quatre cents officiers russes furent faits prisonniers. Notre perte fut évaluée à deux mille morts et cinq mille blessés. Vingt mille de nos soldats formant la réserve n'avaient pas brûlé une amorce; l'Empereur n'avait pas eu besoin d'eux. Quarante drapeaux, et les étendards de la garde impériale russe furent les trophées de cette victoire mémorable, de cette immortelle bataille d'Austerlitz que la présence de Napoléon, d'Alexandre et de François sur le théâtre de l'action, fit aussi nommer la *bataille des trois empereurs*.

Un généreux armistice fut accordé à l'empereur d'Autriche. Les Russes obtinrent la faveur de se retirer des États autrichiens, par journées d'étapes; et, le 26 décembre, le traité de Presbourg mit fin à la guerre. L'empire d'Allemagne n'existait plus, et presque tous les petits États qui l'avaient composé, érigés en une *Confédération du Rhin*, sous la protection de l'empereur Napoléon, devenaient, en réalité, portion intégrante du territoire français. Le czar Alexandre était humilié; le roi de Prusse était, du moins on devait le croire, à jamais guéri de sa manie de trahir la neutralité promise. Le margraviat d'Anspach, qui servit à doter l'un des nouveaux souverains, le grand-duché de Berg, que Murat reçut à titre de récompense, et la principauté de Neufchatel, qui fut donnée à Berthier, furent les seuls sacrifices exigés du monarque prussien, à qui un traité d'échange imposait, en outre, l'obligation de fermer aux Anglais les ports de l'Elbe et du Weser. L'Autriche reconnut Napoléon comme roi d'Italie et lui céda les États de Venise, la Dalmatie et l'Albanie. La principauté d'Augsbourg, le Tyrol, la Souabe autrichienne, furent partagés entre l'électeur de Bavière, les ducs de Wurtemberg et de Bade. Le titre de roi récompensa la fidélité des deux premiers.

Jamais un coup de foudre n'avait autant détruit ni autant créé; nos ennemis étaient terrassés; toutes les cours de l'Europe, excepté l'Angleterre, s'étaient vues forcées de reconnaître la légitimité d'un empire fondé par la victoire. La France, à l'apogée de sa gloire et désormais dans une position régulière, avait repris le rang qui lui appartient. Elle pouvait être fière de sa grandeur; et l'universalité du génie de son empereur lui répondait que, sur son territoire, il ferait tout fleurir, l'agriculture, les sciences, les arts, le commerce, les manufactures. Aussi, quand il revint, fut-il partout accueilli avec un enthousiasme dont il n'y avait jamais eu d'exemple. C'était du délire. Sa route, de la frontière à Paris, était couverte d'arcs de triomphe autour desquels se pressait une immense population, avide de contempler ses traits; de toutes les campagnes, des bourgs, des villages, des moindres hameaux, on affluait sur son passage. Ce n'était plus un homme, c'était un dieu pour tant de cœurs naïfs qui ne devaient, de leur vie, perdre son souvenir, qui devaient mourir dans son culte et le transmettre à leurs enfants.

Qui donc alors aurait osé lui reprocher *le 18 brumaire?* Qui donc se fût avisé de déplorer la chute du Directoire et la dissolution d'une assemblée impuissante à conjurer les dangers de la République? Qui donc aurait encore songé à lui faire un crime d'avoir déchiré une constitution que ses auteurs ou ses gardiens avaient violée tant de fois?

Il n'y avait plus qu'à bénir, et pour ce qui était déjà, et pour la réalisation espérée des vœux du peuple.

..... Tant d'avantages résultaient pour la France de ce qu'il n'avait pas reculé devant le coup d'État, et de l'issue qu'il avait su lui donner, que ceux-là même qui l'avaient condamné avec le plus d'amertume, auraient eu honte de paraître en garder le moindre ressentiment. Tous les partis, toutes les oppositions s'étaient absorbés dans le grand parti national, et ils eussent à jamais disparu sans les affreux revers dont la retraite de Moscou commença la désastreuse série.

II

1843.

Février 1848 vit surgir une seconde fois la République. Elle fut acceptée avec joie par le peuple, qu'un si grand changement réintégrait dans la plénitude de sa souveraineté. Il s'imaginait qu'en un instant s'ouvriraient pour lui toutes les sources du bien-être, que tous les abus disparaîtraient, que toutes les réformes, toutes les améliorations désirables s'opéreraient sans difficultés, que le chiffre des impôts, devenus si écrasants, serait considérablement abaissé, que l'agriculture, l'industrie, le commerce fleuriraient, et qu'au sein d'une activité des plus productives, nulle part le travailleur de bonne volonté ne se verrait réduit à périr dans les détresses du chômage, dans les misères d'un salaire insuffisant.

C'étaient les illusions du jour ; elles se dissipèrent promptement par l'effet des mesures inintelligentes et des imprévoyances de cette dictature multiple, inepte et discordante qui se nommait le Gouvernement provisoire. Les gros budgets étaient l'objet de la malédiction des campagnes, la grande plaie qu'on n'avait cessé de leur signaler depuis 1830. Mettant en regard les budgets de la royauté, qui allaient sans cesse croissant, et ceux si modestes de l'Empire, on leur avait répété, sur tous les tons, qu'il n'est de bon gouvernement qu'un gouvernement à bon marché : c'est à cela que les campagnes aspiraient. Elles qui paient tant et ne voient jamais rien revenir de ce qu'elles ont déboursé, ne furent pas moins irritées que surprises lorsque l'impôt des *quarante-cinq centimes* fondit comme un vautour affamé sur leurs problématiques épargnes.

La scandaleuse création de prétendus ateliers nationaux, ramassis de fainéants et d'ivrognes, embrigadés et rétribués pour des travaux dérisoires ou stériles, quand tant de travaux utiles pouvaient être entrepris, excita au plus haut degré le mécontentement de tous les ennemis du gaspillage, de l'immoralité et du désordre. Était-ce pour solder ces rassemblements dangereux qu'on faisait peser sur le pays de nouvelles charges? Enfin le hideux spectacle de ce vagabondage attroupé à la porte de tous les cabarets, de ces hordes errantes et tumultueuses éparses dans toutes les rues et sur toutes les places, fut une cause générale d'alarme. On tremblait de ce que pourraient vouloir ces lazzaronis armés.

Dès lors toutes les transactions commerciales furent suspendues, les capitaux se resserrèrent, l'industrie fut paralysée, anéantie : on ne fabriquait, on ne vendait, on n'achetait plus rien. Les riches, exilés par la peur, allèrent loin de la capitale, ou même à l'étranger, chercher la sécurité qu'ils ne trouvaient plus dans le voisinage de ces foyers du dévergondage et de la sédition en permanence.

Dans le tohu-bohu des idées contradictoires, politiques ou sociales, qui se croisaient dans l'air, qui pouvait répondre que, au prix de quelques écus ou de quelque fol espoir, tous les partis, depuis celui des deux royautés déchues jusqu'à celui des *partageux*, ne recruteraient pas des adhérents au milieu de ces bandes de désœuvrés?

Au début d'une révolution qu'on n'eut pas l'art de rendre sérieuse, ce ne fut au plus qu'une parade, le peuple fut tardivement appelé à l'exercice du suffrage universel. Il dut voter par scrutin de liste, c'est-à-dire qu'il dut élire, pour ses représentants à l'Assemblée constituante, des hommes dont la plupart lui étaient parfaitement inconnus. Il y eut un déluge de professions de foi républicaines. N'importe de qui elles venaient, elles furent reçues par les électeurs crédules comme paroles d'Évangile, et déjà dans la première assemblée, des élus de la nation manifestèrent des arrière-pensées et des dissentiments peu favorables à l'établissement définitif d'un gouvernement démocratique.

Du 15 mai jusqu'au 23 juin, où Paris fut ensanglanté, on marcha à la guerre civile. Pour l'étouffer il fallait une dictature prompte à agir, grave, énergique et ferme. Le général Cavaignac fut investi de cette suprême autorité : il en usa avec une foudroyante vigueur. La paix fut rétablie et l'Assemblée constituante put élaborer, tant bien que mal, une constitution qui fut promulguée le 4 novembre 1848 ; mais qui n'était pas viable, tant elle était incomplète et contenait de dispositions perfides, introduites pour jeter, au gré d'une majorité malveillante, le pouvoir exécutif dans l'embarras des conflits inextricables.

Cependant plusieurs membres de la famille Bonaparte, si longtemps proscrite, siégeaient sur les bancs de la représentation nationale. Aux termes de la nouvelle constitution, la

France devait élire un président de la République : Louis-Napoléon Bonaparte introduisit sa candidature, dont sa quadruple élection comme représentant du peuple faisait assez pressentir le succès. Plusieurs compétiteurs se mirent sur les rangs ; un seul, le général Cavaignac, pouvait compter sur une masse de suffrages (1). *Sur sept millions trois cent vingt-six mille trois cent quarante-cinq votants, il n'obtint qu'un million quatre cent quarante-sept mille cent sept voix.* C'était à peine le tiers de celles qui furent données spontanément au neveu de l'Empereur et du prince Eugène, au fils de la reine Hortense, au petit-fils de Joséphine. Oh ! que

(1) Les voix étaient ainsi réparties :

Louis-Napoléon Bonaparte.	5,434,226
Le général Cavaignac.	1,448.107
Ledru-Rollin.	368,117
Raspail.	36.255
Lamartine.	17,910
Changarnier.	4,890
Voix perdues	12,600

Le général Cavaignac était le candidat du *National*, des amis de la Constitution, des fonctionnaires publics et d'un grand nombre de citoyens partisans du *statu quo* quel qu'il puisse être, qui le croyaient seul capable de maintenir l'ordre au sein de la République. — Ledru-Rollin était l'homme des démocrates révolutionnaires, dont la candidature de Raspail, produite inopinément, à contre-temps et en infraction obstinée aux résolutions concertées, brisa le faisceau. Par l'effet de cette équipée, bruyamment soutenue par les exaltés, Ledru-Rollin perdit non-seulement les 36,255 voix données à Raspail, mais encore toutes celles qui, dans le désarroi du parti, se portèrent sur Louis-Napoléon, que les ouvriers des villes préféraient au général Cavaignac.

Lamartine eut les voix des républicains doucereux et des âmes poétiques. Le général Changarnier ne recueillit que celles de quelques gardes nationaux, charmés de sa taciturnité et de l'importance qu'il visait à se donner.

de souvenirs et de sympathies furent éveillés dans cette journée si populaire du 10 décembre ! Louis-Napoléon Bonaparte se présentait au scrutin sous le glorieux patronage de tout ce qui avait fait les amours et les admirations de la France. C'est par ces sentiments que fut inspiré le plus grand nombre des votes en sa faveur : une foule de républicains, pleins de confiance dans la loyauté du prince, n'hésitèrent pas à le nommer, et un appoint considérable fut fourni par les vieux partis, dont les chefs se promettaient déjà de tirer avantage de ce concours pour ourdir à loisir leurs complots, et préparer, sous l'ombre trompeuse d'un ralliement qui n'était qu'une tactique, le rétablissement de la royauté et la disparition de l'élu du peuple. Bientôt l'accueil fait à la proposition Rateau, provoquant l'Assemblée à se dissoudre, signala les premières menées des réactionnaires, et, sous une pression dont trop de fautes commises, trop de propension à la confusion des initiatives stériles, justifiaient de reste l'impatiente ardeur, la Constituante dut se dissoudre sans avoir fait aucune des lois organiques indispensables pour que la République vécût dans ses institutions. — Elle se dispersa en laissant son œuvre inachevée ; elle n'était plus, et sa mission n'était pas remplie.

Lorsqu'il fallut nommer la Législative, les clubs et les conciliabules se trouvèrent en présence ; les uns, en pleine effervescence tumultueuse, proclamaient hautement leurs doctrines et leur but ; les autres, plus pacifiques et plus habiles, combinaient sournoisement leurs manœuvres dans les ténèbres et à l'abri du huis-clos des réunions privées. Les propagandes se heurtaient, virulentes, calomnieuses ; dans la mêlée des professions de foi, assaisonnées, celles-ci, de toutes les fougues ultra-démocratiques, de toutes les protestations d'un socialisme qu'on appelait *avancé ;* celles-là, de manifestations républicaines, avec le correctif de cette modération affectée qui est toujours d'un grand effet pour séduire les âmes honnêtes, généralement peu disposées à se jeter du côté de l'agitation.

Les élections eurent lieu : l'*Union électorale*, malgré sa prodigieuse activité et l'influence qu'elle avait prise, ne put pas écarter tous ceux que l'on nommait les *rouges;* dans ses luttes contre les montagnards, les socialistes et les amis de la Constitution, elle éprouva plus d'un échec. Les démocrates eurent leurs représentants. Elle ne put pas non plus éliminer tous les hommes attachés à la personne du prince-président ou dévoués à ses vues; elle eut même la prudence de ne pas essayer d'exclure ces derniers. Mais elle sut faire arriver en majorité les candidats qui, au fond du cœur, ne voulaient ni de la République, sous quelque forme et de quelque espèce que ce fût, ni de son Président. Il y eut donc à l'Assemblée législative une majorité de conservateurs, certaine de rester la majorité, et très-résolue à saisir la première occasion de revenir sur tout ce qui s'était fait depuis la chute du trône constitutionnel. La plus grosse fraction de cette majorité vit s'asseoir sur les mêmes bancs qu'elle ses chefs, dont elle recevait le mot d'ordre, et son général, le Monck futur, dont la grande épée lui inspirait une confiance sans bornes. Dès son début, elle se prit, avec le courage opiniâtre d'une aversion des plus prononcées, à flétrir tout ce qui s'était fait sous le Gouvernement provisoire, à briser les lois votées par l'Assemblée constituante. Dans l'accomplissement de cette tâche, elle eut tout naturellement pour auxiliaires les représentants de deux partis qui, au fond, lui étaient hostiles, mais qui se joignaient à elle en haine des représentants de la démocratie.

Jamais Assemblée ne réunit autant d'éléments de discordes,

autant d'impossibilités d'arriver à la conciliation. Claremont et Wiesbaden, l'Élysée et les républicains s'y tenaient dans une défiance mutuelle dont l'incessante préoccupation ne permettait plus de songer au bien public. — En face de cette majorité, dont, en certaines occasions, la phalange se grossissait de tous les improbateurs de la révolution de Février qui nourrissaient des projets opposés aux siens, se dressait, en antagonisme perpétuel, une minorité beaucoup trop divisée pour pouvoir utiliser sa force : là étaient les démocrates, amis de la Constitution, professant les opinions du *National*, et voulant le maintien de la présidence avec le général Cavaignac pour titulaire ; puis les Montagnards dont le groupe assez nombreux se fractionnait bien ridiculement en membres de la vieille et de la jeune montagne ; les uns voulant aussi maintenir la présidence à laquelle ils auraient appelé Ledru-Rollin, les autres impatients d'en finir avec cette même présidence par l'élection d'un ouvrier, M. Nadaud, ou tout autre qui aurait pris l'engagement d'en proposer l'abolition.

Il y eut un moment où l'on put croire que le président de la République n'avait plus d'adversaires sérieux que dans cette minorité de la représentation nationale ; ce fut lorsqu'il eut mené à sa fin l'expédition de Rome, offerte comme un gage à l'Europe monarchique et au monde catholique ; ce fut le 13 juin, lorsqu'il eut triomphé d'une tentative d'insurrection, en quelque sorte sans combat. Mais à mesure qu'il semblait s'affermir dans le poste que la France avait commis à sa garde, ses ennemis masqués et cachés machinaient contre lui dans les ténèbres la fusion des deux branches de Bourbons.

Le conseil d'État, composé en grande partie de légitimistes et d'orléanistes, n'hésita pas à s'associer aux espérances et aux vœux des agents des deux causes royales. Dans ce monde-là, on se souciait peu de la Constitution; de la République, on n'en voulait plus ou plutôt on n'en avait jamais voulu; quant à Bonaparte, on était indécis sur le sort qui lui serait réservé, et l'on n'oserait dire aujourd'hui tout ce qui se préméditait à cet égard. Aux yeux de la ligue bourbonnienne, le message du 31 octobre, cette sortie imprévue et énergique qui montrait si bien que Bonaparte comprenait les intentions et le jeu de la faction monarchique, était un acte audacieux qui méritait tout le ressentiment d'une majorité humiliée; elle dissimula néanmoins ses colères, mais elle commença dès lors à exploiter les défiances du pays contre les coups d'État auxquels permettaient de croire quelques graves imprudences de la part des napoléoniens. Une circonstance bien remarquable, c'est que cette majorité toujours si empressée à étouffer la voix des républicains de la veille, à repousser leurs initiatives, à renvoyer à six mois leurs interpellations, à les cribler de ses murmures, de ses vociférations, de ses interruptions dérisoires et du cliquetis des couteaux de bois lorsqu'ils abordaient la tribune, les écoutait avec une complaisance inouïe s'ils avaient à faire entendre des paroles malveillantes contre le président, s'ils alléguaient comme preuves de ses projets des démonstrations qu'il n'avait peut-être pas provoquées.

Louis-Napoléon Bonaparte était l'élu de cinq millions quatre cent mille Français; c'était son plus beau titre, celui dont il pouvait justement se glorifier. Le pouvoir qu'il exerçait émanait de la source de toute souveraineté légitime, c'est-à-dire du suffrage universel; là était sa force vitale, celle dans laquelle, si le salut de la patrie venait à l'exiger, il pouvait se retremper, afin de s'identifier de plus en plus à la République. Pour ôter à son autorité toute chance d'une consécration nouvelle, il fallait que le suffrage universel fût détruit. La loi du 31 mai fut préparée et faite contre le président, car non-seulement elle supprimait près des deux tiers des électeurs qui avaient écrit son nom sur leurs bulletins, mais encore elle fermait la porte de la révision et par conséquent de la réélection. Louis-Napoléon, en souscrivant à cet acte déplorable, eut-il la main forcée, ou y fut-il amené par surprise? « Quoi qu'il en soit, dit M. de la Guerronnière dans ses *Portraits politiques contemporains*, le résultat était de faire le président prisonnier de la majorité. M. Thiers, auquel personne ne refuse la clairvoyance, le savait bien ; trois millions d'électeurs étaient restés sur le carreau. On recouvrait ces morts de mépris, puis on écrivait sur leur mausolée vile multitude, et on se frottait les mains comme si l'on était Charles-Quint venant de gagner la bataille de Pavie, et de conduire François Ier dans une prison de l'Escurial. »

Nous continuons la citation : « Mais pour avoir été vaincu ou joué dans cette partie, ajoute M. de la Guerronnière, Bonaparte n'en est pas moins responsable devant le pays et devant l'histoire de sa part d'initiative et d'adhésion dans la loi du 31 mai. Ici est sa plus grande faute, car elle touche à un droit qui devait être d'autant plus sacré pour lui qu'il en était le gardien. Ce droit, il l'a livré. En vain, dira-t-on que c'est sa fortune qu'il abdiquait en laissant immoler le suffrage universel qui lui avait rendu sa patrie et donné un fauteuil à l'Élysée, un fauteuil plus haut qu'un trône, car il représente la souveraineté et la majesté d'un peuple. Il était si facile alors d'éviter le piége! Le moyen était bien simple : il suffisait de le dénoncer.

» Il n'y a qu'une seule chose à dire à la justification de Bonaparte, et je la dirai : c'est qu'en proposant et promulguant la loi du 31 mai, il savait cette loi impossible, et qu'il n'acceptait la responsabilité de cet acte que pour se réserver l'honneur de le réparer. Mais en admettant cette excuse, je suis obligé de dire que s'il y a du mérite et de la sagesse à rendre un droit usurpé, il y a plus de vertu et d'honneur à le respecter. »

Nous ajouterons ceci, qui, d'après la haute raison de Bonaparte, exclut toute idée d'une faute qui lui serait personnelle : c'est que, conseillé ou plutôt vivement sollicité par ces soi-disants maîtres de la vraie politique pratique, qui s'étaient faits les meneurs de la majorité, et ne voulant pas rompre l'harmonie qui existait entre eux et lui, il consentit, au risque de se dépopulariser, à laisser proposer et faire cette loi du 31 mai, dans la persuasion que, bientôt convaincus du danger d'un pareil essai, ils demanderaient à la retirer. Là est la vraisemblance. Dans son abnégation, il leur concéda l'épreuve ; elle fut au premier moment aussi décisive que malheureuse. Malgré la sagesse du peuple, les esprits clairvoyants reconnurent que, selon l'expression du *Constitutionnel*, la loi du 31 mai était la *plus infernale machine de guerre* qu'on pût inventer pour porter le trouble dans la société. Aussi à peine est-elle lancée que l'attitude des partis devient des plus alarmantes : de toutes parts les intrigues se nouent, les espérances se révèlent, les prétentions s'imposent ; le président n'a plus la faveur de la majorité, il n'a plus même à compter sur sa justice : un subside qu'il a demandé pour frais de représentation devient, au sein de l'Assemblée, un sujet de discussions injurieuses pour sa personne, plus outrageantes encore par l'intervention du général Changarnier, dont la parole peut seule entraîner le vote de donation. Enfin le président est mis en suspicion : on épie, on accuse, on incrimine ses moindres mouvements ; ses voyages, ses revues, ses discours sont commentés, dénoncés comme autant d'actes d'une conspiration à laquelle des acclamations malencontreuses, des démonstrations inopportunes donnaient une apparence de réalité.

Cependant l'Assemblée s'est prorogée, l'Assemblée a pris des vacances que ne légitime guère le peu d'importance de ses travaux ; mais elle a besoin de sonder les provinces et d'y faire agréer, comme la meilleure solution possible, la fusion des deux branches ; il lui faut initier à ses projets les membres influents des conseils généraux qui, au moment d'une crise amenée, devaient, chacun dans leur département, s'emparer de la suprême autorité.

En attendant ce dénouement, que l'on pressait, on devait surveiller le président ; une commission de permanence fut nommée à cet effet, et chaque parti monarchique y fit entrer ses sentinelles les plus ombrageuses ou les plus zélées. C'est à Wiesbaden et à Claremont qu'elles allèrent chercher leurs instructions et leur consigne. Plusieurs mystérieux épisodes se rattachent à cette période d'incubation de projets extravagants et sinistres qui ne pouvaient qu'aboutir à une sanglante catastrophe. A grand renfort de conflits, dont les prétextes ne manqueraient pas, on préméditait d'acculer Louis-Napoléon Bonaparte dans une impasse, sur le bord d'un abîme. En multipliant, en exagérant les attaques et les calomnies ; en accumulant les outrages et les preuves de mauvais vouloir ; en appelant le soupçon et la méfiance sur tous ses actes, en fécondant dans le peuple la désaffection par le dénigrement et le mensonge, on se flattait de le réduire à chercher une issue dans l'usurpation, ou, ce qui revient au même, à se perdre dans une tentative aux Tuileries, tant, à cette époque, la conjuration se croyait en mesure d'en finir tout d'un coup avec lui. Pour déjouer cette trame et échapper aux périls de la situation, il n'eut besoin que de se placer au cœur de son droit : le message du 12 novembre, où il renouvelait de la manière la plus formelle son serment à la Constitution, et répudiait, sans réserve ni équivoque, toute pensée de coup d'État, eut pour effet de rassurer l'opinion, qui lui sut gré d'un autre acte de fermeté, la destitution du général Changarnier, entre les mains duquel le commandement en chef de l'armée de Paris était un danger.

M. Changarnier était l'homme d'une future restauration monarchique. La majorité de l'Assemblée, irritée d'une mesure qui la désarmait, reprit avec plus d'acharnement que jamais, contre le pouvoir exécutif, une guerre d'interpellations violentes, de récriminations à toute outrance, de résolutions et d'insinuations perfides. MM. Berryer et Thiers furent, dans cette campagne parlementaire, contre le président de la République, les champions les plus ardents.

Plus les partis monarchiques montraient d'emportement et de colère, plus le Président redoublait de calme et de réserve. L'Assemblée avait frappé son ministère d'un vote de défiance; il lui répondit en choisissant ses nouveaux ministres en dehors du personnel législatif, et en lui adressant un message plein de modération et de dignité. La majorité riposta par le refus brutal d'un supplément de dotation, et par un vote contraire à la révision de la Constitution, instamment demandée par un grand nombre de conseils généraux et par quinze cent mille pétitionnaires. Les chefs de la fusion avaient prononcé un arrêt irrévocable : *ni révision ni réélection.* En dépit de tout, la loi du 31 mai devait être maintenue, et dût en sortir la guerre civile, on était résolu à n'accorder à M. Bonaparte *ni un écu ni une heure de plus.* C'est dans ces circonstances que fut envoyé le message du 5 novembre, qui demandait le rappel de la loi du 31 mai et le rétablissement du suffrage universel.

Cette communication était l'étincelle qui allait mettre le feu aux poudres. Elle alluma toutes les colères de la majorité. L'explosion fut terrible ; il ne s'agissait de rien moins que de suspendre les pouvoirs du président de la République, de l'enfermer à Vincennes, et de s'ériger en convention monarchique. L'armée et la garde nationale ne devaient plus relever que de l'Assemblée. Le général Changarnier était prêt à ressaisir son commandement, devenu, cette fois, une dictature. Sur la proposition des questeurs, un décret qui mettait toutes les forces militaires de la France aux ordres du Parlement, fut présenté à la discussion, dans la séance du 17 novembre. Il souleva un orage immense; jamais, entre les deux pouvoirs, la lutte n'avait été si envenimée ni si remplie de scandales. La gauche tout entière se renferma dans la dignité que commandait la gravité de cette situation; elle s'abstint de prendre part à ce violent débat, et, quand on en vint au scrutin, convaincue que ce qu'il y avait de plus à craindre pour la République était une dictature royaliste, elle vota contre la belliqueuse proposition, qui fut repoussée à une majorité de plus de cent voix.

Le *fiasco* de cette révolte acheva de déconsidérer l'Assemblée ; déjà depuis longtemps le peuple et toutes les âmes loyales n'avaient plus que du mépris pour des mandataires qui avaient eu l'indignité de rayer leurs commettants de la liste des citoyens. Ce qu'on ne leur pardonnait pas, c'était de n'avoir ni souci ni pitié de la France, qui les payait pour la servir et la protéger ; c'était d'avoir, en haine de la République et de Bonaparte, et dans l'espoir d'introniser de nouveau les Bourbons, jeté sur la patrie le ferment de la guerre civile, disons mieux, de la guerre sociale; car, on ne saurait en douter aujourd'hui, si la loi du 31 mai, cette grande iniquité, se fût perpétuée jusqu'au jour fixé pour l'expiration des pouvoirs présidentiels, sur tous les points du territoire il se fût produit un de ces mouvements désordonnés, impétueux, dont les conséquences sont incalculables : on le pressentait avec effroi, le flot des populations, soulevé par toute espèce de mobiles, eût rompu toutes les digues, brisé toutes les barrières et tous les freins. Les masses ignorantes, dans la persuasion qu'elles devaient détruire tout ce qui leur avait fait obstacle, tout ce qu'elles supposaient avoir porté atteinte à leurs droits, auraient tout immolé à leur ressentiment, s'imaginant, dans leur appréhension et dans leur bonne foi, ne prendre que des précautions indispensables, des garanties pour l'avenir. Le 4 mai, attendu avec la loi maudite, c'était une conflagration générale, c'étaient l'incendie, la dévastation, le massacre. Et les insensés royalistes se repaissaient de cet espoir cruel que, du comble des maux, sortirait le triomphe de leur cause. Et des démocrates non moins extravagants, mais plus désintéressés, désintéressés jusqu'au martyre, des socialistes fanatiques de leur chimère, se figuraient que de ce sang, de ces ruines, de ces cendres, sortiraient une heureuse rénovation, le bien-être durable à tout jamais d'une société régénérée, dans les ténèbres de l'aveuglement, par la misère et les atrocités de la barbarie!...

Tel était l'affreux chaos vers lequel on faisait marcher la France, telles étaient les lugubres perspectives de 1852, si, *le 2 décembre*, Louis-Napoléon Bonaparte n'eût pas fermé ce pandémonium législatif, où tant d'ambitions malveillantes, tant d'intérêts sordides, s'évertuaient à raviver le principe de toutes les agitations et de tous les malaises; s'il n'eût enfin jeté sur le pavé cette cohue d'importants tracassiers et bavards, qui s'acharnaient à secouer sur la France le plus infernal des brandons. Louis-Napoléon Bonaparte l'arracha de leurs mains fratricides; ce fut son œuvre : nous dirons, dans la suite de cette histoire, comment elle fut accomplie.

Ainsi, à cinquante-trois ans de distance (nous avons dit un demi-siècle), au nom de Bonaparte se rattachent deux actes également mémorables, deux actes qui ne s'impriment que dans le granit, qui ne se burinent que sur le bronze :

18 BRUMAIRE. — 2 DÉCEMBRE.

III

LA FAMILLE ET LE NOM DE BONAPARTE.

Avec un peu de superstition dans l'âme, qui ne serait tenté de croire que ce nom de Bonaparte est un véritable talisman? Dès longtemps il avait pris sa place dans l'histoire, et bien que le mérite des ancêtres, ce patrimoine de l'orgueil, ne puisse être revendiqué par leurs descendants qu'à défaut d'un mérite personnel, nous ne pensons pas que la connaissance du point de départ des personnages illustres, et celle de la lignée dans laquelle les a placés l'ordre du destin, puissent être dépourvues d'intérêt.

Napoléon, dans une race de rois, les aurait tous éclipsés; fils de Louis XVI, il aurait fait oublier Henri IV et Louis XIV. Napoléon, grand, est plus grand encore comme homme nouveau. Ce sentiment, qui est le nôtre, est aussi celui de Plutarque. Ce que devinrent autour de lui les membres de sa famille, autant par leur propre valeur que par son influence, ce qu'ils sont aujourd'hui ne laisse pas que d'avoir une importance historique. C'est par ce motif que nous recueillons ici des détails généalogiques qui remontent à une époque déjà bien reculée, et qui montrent à combien de maisons souveraines s'est mêlé, de notre temps, le sang des Bonaparte.

Dès que la famille Bonaparte apparaît quelque part, elle s'annonce avec une énergique vitalité d'âme ou d'intelligence, avec une notable distinction de sentiments ou de lumières. Tous les Bonaparte furent ou de vaillants guerriers, ou de grands citoyens, ou des savants, ou des littérateurs : c'est ce que prouvent les notices que l'on va lire.

Les recherches les plus minutieuses ont été faites sur l'origine de la famille Bonaparte. Le nom même a été l'objet de plus d'une controverse entre les généalogistes. Quelques-uns ont prétendu que, comme tous les noms propres, il devait être d'une orthographe invariable, et que, par conséquent, il fallait l'écrire ainsi qu'on l'écrivait dans les derniers siècles, c'est-à-dire *Buonaparte*. D'autres ont soutenu, sans néanmoins donner aucune raison de leur opinion, qu'on pouvait l'écrire indifféremment *Buonaparte* ou *Bonaparte*. Pour résoudre la question, ce n'est ni l'histoire de l'Italie, ni celle de la famille Bonaparte qu'il faut consulter, mais bien l'histoire de la langue italienne.

De même que toutes les langues modernes, celle que l'on parle maintenant dans la péninsule italienne a subi plus d'une révolution. Il est aisé de s'apercevoir que l'italien du Tasse n'est pas tout à fait celui des chantres de Laure et de Roland, et encore moins l'italien du Dante. Métastase, le premier, a débarrassé les mots de sa langue d'une foule de lettres inutiles. Avant lui, on écrivait toujours *cuore ;* l'auteur de la *Clemenza di Tito* a constamment écrit *core.* Après Métastase, Cesaroti, Monti, Casti, Alfieri et presque tous les auteurs modernes ont supprimé l'*u* qui précède l'*o*, de la plupart des mots simples ou composés dans lesquels cette lettre oiseuse ne servait qu'à indiquer la prononciation ouverte de l'*o*. C'est par l'effet de ces suppressions successives, qu'on trouve ces mots indifféremment écrits avec ou sans *u* dans les dictionnaires du siècle dernier. Plus tard, ces *u* ont presque entièrement disparu, et les mots *bonificazione*, *bonarità*, *bonaccia*, *bonavoglia*, *core*, *foco*, etc., etc., sont écrits dans les dictionnaires modernes suivant la nouvelle orthographe.

Il est donc naturel que les anciens Bonaparte aient signé leur nom avec l'*u* obligé de l'époque, et que les Bonaparte modernes l'écrivent sans *u*.

Le père de Napoléon signait *Buonaparte*; en même temps l'archidiacre Lucien, son oncle, plus familiarisé sans doute avec l'orthographe du siècle, écrivait *Bonaparte*.

Napoléon, dans son enfance, signait comme son père. Il conserva l'ancienne orthographe de son nom pendant les campagnes d'Italie, afin peut-être d'étaler aux yeux des peuples de cette péninsule la vieille origine du jeune conquérant, et de flatter ainsi leur amour-propre national; mais dès que le général fut parvenu au Consulat, il ne signa plus que *Bonaparte*.

De nos jours, les hommes de la doctrine, à l'instar de ces ultra-royalistes qui niaient jusqu'à l'existence de l'Empire, s'étaient fait une loi de ne désigner l'ex-empereur des Français que par le nom de *Buonaparte*, croyant ainsi dénationaliser ce nom et le rendre étranger. Cette obstination de leur part fut tout simplement un ridicule de plus qu'ils se donnèrent, une nouvelle preuve qu'en tout ils étaient arriérés. On ne peut les comparer qu'à ces incorrigibles routiniers qui persévèrent encore aujourd'hui à écrire *François* au lieu de *Français*.

Voilà un point éclairci, passons à un autre.

Il s'agit maintenant du nom de *Napoléon*, étranger autrefois au calendrier français. Ce nom, la famille Bonaparte, le tenait d'un Napoléon des Ursins, célèbre dans les fastes de l'Italie ; et depuis plusieurs générations, le second des enfants de cette famille l'avait constamment porté. Quoi qu'il en soit, ce nom était nouveau en France. Au moment où Napoléon se présenta à la Confirmation, le prélat qui devait lui conférer ce sacrement ne put entendre prononcer son nom sans montrer de l'étonnement ; il ne connaissait pas, disait-il, ce saint qui n'était pas sur le calendrier. Le jeune Bonaparte lui répondit avec vivacité que cela ne prouvait rien, puisqu'il y avait un nombre immense de saints, et seulement trois cent soixante-cinq jours dans l'année. Toutefois, on eût été fort embarrassé d'assigner une date certaine à la fête de ce patron héréditaire : la galanterie du pape Pie VII la fixa au 15 du mois d'août, jour de la naissance de Napoléon Bonaparte et de la signature du concordat.

L'origine et la noblesse de Napoléon ont servi de texte aux versions les plus divergentes et les plus contradictoires. Des écrivains, dans leur admiration exaltée, lui ont forgé à plaisir une généalogie qui se perd dans les ténèbres du moyen âge ; d'autres l'ont fait naître dans les rangs les plus obscurs, parce qu'il leur semblait jeter de la sorte sur ses ancêtres la boue dont ils n'osaient le couvrir. L'une de ces filiations dont l'imagination fit tous les frais, et ce n'est pas la moins curieuse, est celle où l'on fait descendre, en ligne directe, des Bourbons, l'empereur des Français. Voici ce qu'on lit, à ce sujet, dans le *Mémorial de Sainte-Hélène :*

« La conversation a conduit aujourd'hui à traiter le
» Masque de fer. On a passé en revue ce qui avait été dit
» par Voltaire, Dutens, etc., et ce que l'on trouve dans les
» mémoires de Richelieu. Ceux-ci le font, comme on sait,

» frère de Louis XIV et son aîné. Or, quelqu'un (c'est pro-
» bablement le comte de Lascazes) a ajouté que, travail-
» lant à des cartes généalogiques, on était venu lui démon-
» trer sérieusement que Napoléon était descendant linéal
» du Masque de fer, et par conséquent héritier légitime de
» Louis XIII et de Henri IV, de préférence à Louis XIV et
» à tout ce qui en était sorti. L'Empereur, de son côté, a
» dit en avoir entendu quelque chose, et il a ajouté que la
» crédulité des hommes est telle, leur amour du merveil-
» leux si fort, qu'il n'eût pas été difficile d'établir quelque
» chose de la sorte pour la multitude, et qu'on n'eût pas
» manqué de trouver certaines personnes dans le sénat
» pour sanctionner; et probablement, a-t-il ajouté, celles-
» là même qui plus tard se sont empressées de le dégrader,
» sitôt qu'elles l'ont vu dans l'adversité. On est passé alors
» à développer les bases et la marche de cette fable. Le
» gouverneur des îles Sainte-Marguerite, disait-on, auquel
» la garde du Masque de fer était alors confiée, se nommait
» M. de Bonpart, circonstance, au fait, déjà fort singu-
» lière. Il avait une fille : ces jeunes gens se virent et s'ai-
» mèrent. Le gouverneur en donna connaissance à la cour;
» on décida qu'il n'y avait pas grand inconvénient à laisser
» cet infortuné chercher dans l'amour un adoucissement à
» ses malheurs, et M. de Bonpart les maria. Celui qui
» parlait en ce moment disait que quand on lui avait ra-
» conté la chose, qui l'avait fort amusé, il lui était arrivé de
» dire qu'il la trouvait fort ingénieuse; sur quoi le narrateur
» s'était fâché tout rouge, prétendant que ce mariage pou-
» vait se vérifier aisément sur les registres d'une paroisse
» de Marseille qu'il cita, et qui attestaient, disait-il, toutes
» les traces. Il ajouta que les enfants qui naquirent de ce
» mariage furent clandestinement et sans bruit envoyés en

» Corse, où la différence de langage, le hasard ou l'inten-
» tion avait transformé le nom de Bonpart en celui de
» Bonaparte et Buonaparte, ce qui, au fond, présente le
» même sens. »

Après le mariage de Napoléon avec l'archiduchesse Marie-Louise, l'empereur François Ier donna l'ordre de faire les recherches les plus exactes sur la famille de son gendre. Il fut constaté que les Bonaparte avaient été en possession de la souveraineté de Trévise. Le césar autrichien, croyant faire plaisir à Napoléon, s'empressa de lui faire part de cette découverte : mais celui-ci répondit qu'il voulait être le *Rodolphe de Habsbourg de sa famille.*

Un Italien qui habitait Londres, et qui fut choqué du mauvais accueil fait par le gouvernement britannique à la lettre du premier consul, publia des documents desquels il résultait que Napoléon descendait en ligne directe d'une ancienne maison que l'on suppose être la tige des souverains actuels de la Grande-Bretagne.

De son côté, madame d'Abrantès que nous ne voudrions pourtant pas citer comme une autorité, prétend dans ses mémoires que le mot Bonaparte est la traduction littérale du grec *Calloméros*, surnom des Comnènes, avec lesquels l'Empereur aurait, dit-elle, une origine commune. On se rappelle que madame d'Abrantès se vantait d'être du sang de ces empereurs grecs. Son orgueil trouvait donc son compte à placer Napoléon dans leur descendance.

Enfin, dans un de ses livres, *un Hiver à Majorque* (1842, 2 vol. in-8°), Georges Sand parle d'un armorial manuscrit du XVIe siècle qui se conserve dans la bibliothèque du comte de Montenegro, après avoir appartenu à D. Juan Dameto archiviste de Mallorca, mort en 1633, et qui contient les blasons des principales familles de Mallorca.

Il résulterait des documents qui s'y trouvent, ainsi que de quelques autres nobiliaires majorquins, que les Bonaparte seraient une famille d'origine provençale ou languedocienne qui se serait transplantée en Espagne. Les preuves en sont consignées, entre autres, dans un nobiliaire avec armoiries appartenant au savant archiviste de la couronne d'Aragon, et où l'on peut voir, à la date du 15 juin 1549, les titres de noblesse de la famille Fortuny au nombre desquels figure, parmi les quatre quartiers, celui de l'aïeule maternelle qui était de la famille *Bonapart*.

Dans le registre : Indice, Pedro III, tome 2, des archives de la couronne d'Aragon, sont mentionnés deux actes, à la date de 1276, relatifs à des membres de la famille *Bonapar*. Ce nom, d'origine provençale ou languedocienne, en subissant, comme tant d'autres de la même époque, l'altération majorquine, serait devenu *Bonapart*.

En 1411, Hugo Bonapart passa dans l'île de Corse, en qualité de *régent* ou gouverneur, pour le roi Martin d'Aragon. C'est à lui qu'on fait remonter l'origine des Bonaparte. On sait que les membres de cette famille signent indifféremment Bonaparte ou Buonaparte. Ainsi *Bonpar* serait le nom roman, *Buonaparte*, l'italien ancien, et *Bonaparte*, l'italien moderne.

« Qui sait, ajoute Georges Sand, l'importance que ces légers indices, découverts plus tôt, auraient pu acquérir, s'ils avaient servi à démontrer à Napoléon, qui tenait tant à être Français, que sa famille était originaire de France ? »

Napoléon eut le bon esprit de ne vouloir jamais qu'on s'occupât de sa généalogie. Sa noblesse, disait-il, ne datait que de Montenotte et Millesimo.

Il demeure néanmoins avéré que les Bonaparte jouèrent un rôle important dans la moyenne Italie. Un livre imprimé à Cologne en 1716, d'après un manuscrit de la main d'un

Bonaparte, contient l'entière généalogie de cette famille. Le livre et le manuscrit existent à la bibliothèque nationale de Paris.

Lorsque le général Bonaparte conquit l'Italie, des députés de plusieurs villes s'empressèrent de lui présenter les titres et les actes qui prouvaient la considération et le rang dont sa famille avait joui parmi leurs ancêtres. Les armoiries de Bonaparte se trouvent dans le Livre d'Or de Trévise, et l'on voit encore aujourd'hui à Florence la maison que cette famille habitait. Elle est située au centre de la ville, au bord d'un coteau planté d'oliviers et de vignes. Sur le fronton de la porte principale, on remarque, à demi-effacés, les écussons de la famille Bonaparte.

Au milieu des nombreuses révolutions qui désolèrent les petits États de l'Italie, les Bonaparte se trouvèrent en butte à la vengeance des Guelfes, dont ils ne partageaient pas les opinions. Dès les premiers troubles de Florence, l'un des membres de cette famille ayant été proscrit, se retira d'abord à Sarzane, et ensuite en Corse. D'autres Bonaparte restèrent à San-Miniato, où Napoléon, après son expédition de Livourne, vit un vieil abbé de son nom qui le fit son héritier.

Jusqu'ici, l'histoire de la famille de Napoléon s'appuie sur des renseignements trop généraux pour ne pas se prêter, plus ou moins, aux conjectures variées des généalogistes. Mais à partir d'une époque qui, selon toute apparence, se rapproche beaucoup de son premier établissement en Corse, il devient facile de dresser la généalogie authentique de la maison Bonaparte, d'après des documents qui ne sauraient être attaqués comme falsifiés par la flatterie ou par la haine ; car, au temps où ils furent exhibés, l'on ne pouvait prévoir les hautes destinées réservées à ses rejetons. En 1771, Charles Bonaparte, pour se faire reconnaître noble par le conseil supérieur de la Corse, produisit un certificat des notables d'Ajaccio qui attestait que, depuis deux siècles, ses parents étaient membres de la noblesse du pays; et un acte par lequel la famille Bonaparte, de Florence, une des plus anciennes de la Toscane, reconnaissait avoir une origine commune avec celle de Corse. On pourrait, à la vérité, suspecter ces titres comme dictés par une condescendance bien naturelle entre compatriotes et entre parents, s'ils n'avaient reçu la sanction d'un contrôle irrécusable.

En 1779, Charles de Buonaparte, pour faire entrer son fils Napoléon à l'école de Brienne, fermée aux roturiers, fut obligé d'administrer de nouveau ses preuves de noblesse devant le juge d'armes, d'Hozier de Sérigny. Il lui envoya donc le dossier de ses titres, qui furent soumis à un examen sévère et reconnus valables. Quelques mois après, les pièces furent retirées, et nous serions dans l'impossibilité de vérifier le travail du juge d'armes, s'il ne fût resté entre ses mains un inventaire des titres qui lui avaient été fournis. Cet état, écrit et dressé par Charles Buonaparte lui-même, est aujourd'hui déposé aux Archives de la République.

Cette production de titres renfermait quelques passages fautifs ou erronés. Le juge d'armes, que n'influençait aucune considération personnelle, puisque le produisant n'était pour lui qu'un obscur gentilhomme, ne manqua pas d'user de sévérité; et pour avoir de plus amples renseignements, il adressa à Charles Buonaparte la lettre suivante. L'original est écrit ainsi à mi-marge, et la réponse en regard.

LETTRE DE M. D'HOZIER.	RÉPONSE DE M. DE BUONAPARTE.
Paris, le 8 mars 1779.	Versailles, 8 mars 1779.
« Je vous prie, Monsieur, de me » mander quel est le nom de famille	« Monsieur, le nom de famille » de ma femme est celui de Ra-

» de madame votre épouse; elle
» est nommée Marie Lætitia Zémo-
» lina dans la permission que
» M. l'évêque d'Ajaccio donna le
» 2 juin 1764 de vous marier. Le
» troisième nom est-il un nom de
» famille ou un troisième nom de
» baptême? Quelle est la première
» lettre de ce nom? J'ai figuré cette
» lettre plus haut, telle qu'elle l'est
» dans ledit acte de 1764. Comment
» ce nom doit-il se traduire en
» français?

» molino; il n'est guère possible
» de le traduire en français.

» Votre acte de baptême vous
» nomme Carlo Mra. Ce dernier
» nom écrit en abrégé est sans
» doute Maria. Vous vous appelez
» donc Charles Marie, quoique vous
» n'ayez d'autre nom que celui de
» Charles, soit dans ledit acte de
» 1764, soit dans l'extrait baptis-
» taire de monsieur votre fils, et
» dans l'arrêt de noblesse de 1771?

» Il est vrai que mon nom est
» Charles Marie, mais je ne me
» suis jamais servi que de celui de
» Charles

» Votre nom est constamment
» écrit dans les actes, même dans
» les arrêts de noblesse sans être
» précédé de l'article *de*. Cependant
» vous signez *de Buonaparte*.

» La République de Gênes, de-
» puis deux cents ans environ, a
» donné à mon ancêtre Jérôme, le
» titre d'*Egregium Hyeronymum de*
» *Buonaparte;* cet article a été omis,
» n'étant presque pas d'usage en
» Italie de s'en servir.

» Le même arrêt de noblesse
» de 1771 donne à votre famille le
» nom de *Bonaparte*, et non *Buona-*
» *parte;* ne dois-je pas me confor-
» mer, pour l'orthographe de ce
» nom, à celle dudit arrêt de 1771?

» L'orthographe de mon nom de
» famille, est celle de *Buonaparte*.

» Vous donnerai-je, dans mon
» certificat de noblesse, la qualité
» de député de la noblesse de Corse?

» J'ai eu l'honneur d'être pré-
» senté le dix de ce mois à Sa Ma-
» jesté, comme député de la no-
» blesse de Corse.

» Je n'entends rien, Monsieur, » à l'explication de vos armes, » telle qu'on la lit dans votre in- » ventaire; il faudra me les en- » voyer peintes.

» J'ai l'honneur de vous en- » voyer les armes peintes, telles que » vous le désirez.

» Enfin comment faut-il traduire » en français le nom de baptême » de monsieur votre fils, qui est » *Napoleone* en italien?

» Le nom *Napoleone* est italien.

» Vous voudrez bien répondre à » toutes les questions que je vous » fais dans cette lettre vis-à-vis » chaque article.

» J'ai l'honneur d'être, avec des » sentiments respectueux, Mon- » sieur, votre très-humble et très- » obéissant serviteur.

» D'HOZIER DE SÉRIGNY. »

» J'ai l'honneur d'être, avec res- » pect et reconnaissance, Monsieur, » votre très-humble et très-obéis- » sant serviteur.

» DE BUONAPARTE. »

A monsieur de Buonaparte, député de la noblesse de Corse, chez M. Rotte, rue Saint-Médéric à Versailles.

Quoique les titres qui ont donné lieu à cette correspondance ne fassent remonter la généalogie de Buonaparte qu'à François, son dixième ascendant vivant en Corse en 1567 (les preuves de d'Hozier ne remontaient généralement pas plus haut; il suffisait de prouver quatre degrés pour l'admission à Saint-Cyr ou à Brienne), il demeure constant que cette branche établie en Corse avait une origine commune avec celle qui était établie en Toscane, ce qui est attesté par un acte de reconnaissance de celle-ci du 28 juin 1759. Cette branche de Toscane jouissait du patriciat, et par conséquent du plus haut degré de noblesse, comme il est constaté par un extrait des lettres patentes du 28 mai 1757, délivrées par le grand duc de Toscane.

Le blason des Bonaparte est surmonté de la couronne de comte : ils portaient de gueules, à deux barres d'or, accompagnées de deux étoiles, l'une en chef et l'autre en pointe.

Charles Bonaparte, père de Napoléon, était d'une taille assez belle et d'une grande distinction de physionomie. Il avait reçu une éducation brillante ; il était fort instruit dans le droit qu'il avait étudié à Rome et à Pise. Son âme était énergique et prompte à s'enflammer. Dans le courant d'octobre 1766, au moment où la Corse était fatiguée de lutter contre la France, il fut tenu à Cortè une consulte extraordinaire dans laquelle il fut proposé de se soumettre à cette puissance. Charles Bonaparte avait alors vingt ans. Présent à la séance, il s'élance à la tribune : « Compagnons, s'écrie-
» t-il, si, pour être libres, il ne s'agissait que de le vouloir,
» tous les peuples le seraient. Cependant nous voyons dans
» l'histoire combien est petit le nombre de ceux qui arri-
» vèrent au bienfait de la liberté. Très-peu eurent le cou-
» rage, l'énergie et les vertus nécessaires. »

Plus tard, lorsque la Corse eut succombé, il voulut émigrer avec Paoli ; mais son oncle, l'archidiacre Lucien, qui exerçait l'autorité d'un père sur toute la famille, le força de revenir. Il devint, plus tard, l'ennemi déclaré de Paoli.

Charles Bonaparte avait épousé *Lætitia Ramolino*, qui appartenait à l'une des premières familles de la Corse, où, comme on le sait, presque tout le monde est noble. Madame Bonaparte passait pour une des plus belles femmes de son temps ; sa beauté fut remarquée même à Paris, lorsqu'elle vint en France pour voir son fils qui était à l'école de Brienne. Douée d'un grand caractère et de beaucoup de force d'âme, madame Bonaparte partagea souvent les périls de son mari pendant la guerre de l'indépendance ; elle le suivait constamment à cheval dans ses expéditions contre les partisans de Paoli.

Charles Bonaparte avait à peine quarante ans, lorsqu'il mourut d'un squirre à l'estomac, en février 1785. Il était alors à Montpellier, où il fut inhumé dans un caveau du couvent des Cordeliers.

A l'époque du consulat, la ville de Montpellier fit prier Napoléon de permettre que l'on élevât un monument à la mémoire de son père. Le premier consul refusa, en disant à la députation : « Ne troublons pas le repos des morts ; lais-
» sons en paix leurs cendres. J'ai perdu aussi mon grand-
» père, mon arrière grand-père ; pourquoi ne ferait-on rien
» pour eux? Cela mènerait loin. Si c'était hier que j'eusse
» perdu mon père, il serait naturel et convenable que j'ac-
» compagnasse mes regrets de quelques marques de respect;
» mais il y a vingt ans : cet événement est étranger au pu-
» blic, n'en parlons plus. »

Longtemps après, Louis Bonaparte, à l'insu de Napoléon, fit exhumer le corps de son père, et le fit transporter à Saint-Leu où il lui consacra un monument.

A la mort de Charles Bonaparte, l'archidiacre Lucien servit de père à tous ses enfants ; ses soins et ses économies rétablirent les affaires de la famille que le luxe de Charles avait fort dérangées. Ce second chef de la famille Bonaparte vécut encore longtemps, toujours entouré de la vénération de ses concitoyens.

Veuve à l'âge de trente-cinq ans, madame Bonaparte n'avait presque rien perdu des charmes de sa jeunesse, et pourtant elle avait été mère de treize enfants. Huit d'entre eux, cinq garçons et trois filles, ont eu de brillantes positions dans le monde.

Il est certain que les parents de Napoléon fondaient sur son avenir les plus grandes espérances. Le vieil archidiacre

Lucien, au lit de mort, disait à Joseph : « Tu es l'aîné de la » famille, mais en voilà le chef (montrant Napoléon), ne » l'oublie jamais. »

IV

TABLETTES GÉNÉALOGIQUES DE LA FAMILLE BONAPARTE.

CHARLES-MARIE BONAPARTE, né le 29 mars 1745, marié en 1767, député de la noblesse de Corse auprès du roi Louis XVI, en 1776. Mort à Montpellier en 1785.

Il avait épousé Lætitia Ramolino, née en 1750, et morte à Rome en 1836.

Les enfants issus de ce mariage, d'après l'ordre de la préséance établi par la Constitution de l'Empire, se classent de la manière suivante !

I. NAPOLÉON BONAPARTE, né à Ajaccio le 15 août 1769, empereur des Français en 1804, mort à Sainte-Hélène le 5 mai 1821. Marié, le 8 mars 1796, à Joséphine-Rose Tascher de la Pagerie, veuve d'Alexandre, vicomte de Beauharnais (1). Divorcé le 14 janvier 1810. — Marié en secondes noces à Marie-Louise, archiduchesse d'Autriche, le 11 mai 1810, de laquelle il laissa :

(1) L'acte civil du mariage de Napoléon Bonaparte avec Joséphine de la Pagerie avait été rédigé avec une négligence que le laisser aller de l'époque peut seul expliquer. La production des actes de naissance ne fut pas exigée, ou bien ces actes furent examinés très-superficiellement. D'après cet acte de mariage, le général Bonaparte serait né le 5 février 1768, quoiqu'il eût réellement reçu le jour le 15 août 1769. C'est là sans doute ce qui a fait supposer à quelques biographes que la naissance de Napoléon était antérieure à la réunion de la Corse à la France.

On peut voir encore la maison où naquit Napoléon. Mais on y a fait de tels changements qu'on peut dire que ce n'est plus la même. M. le prince de Joinville se trouvant à Ajaccio, alla la voir et il acquit alors du propriétaire quelques meubles anciens qui avaient appartenu à la famille Bonaparte, et qu'il fit transporter à Paris.

Napoléon-François-Charles-Joseph, roi de Rome, depuis duc de Reichstadt, né le 20 mars 1811, mort le 22 juillet 1832.

La question d'hérédité avait été soumise à l'acceptation du peuple en 1804. On ne reconnut, comme ayant droit à la succession du trône impérial, que le descendant mâle et légitime de Napoléon, de Joseph et de Louis (1).

II. Joseph Bonaparte, né à Corté le 8 janvier 1768, roi de Naples en 1806, et d'Espagne en 1808, connu plus tard sous le nom de comte de Survilliers, mort en Amérique le 28 juillet 1844. Il épousa, le 1er août 1794, Marie-Julie Clary, sœur aînée de la mère du roi de Suède actuel. De ce mariage sont issus :

A—*Zénaïde-Julie*, née le 8 juillet 1801, mariée à Charles Bonaparte, prince actuel de Canino et Musignano. (De ce mariag sont issus neuf enfants.)

B—*Charlotte*, née le 31 octobre 1802, mariée au prince Napoléon-Louis, fils aîné du roi Louis, morte en 1839.

III. Louis Bonaparte, né à Ajaccio le 2 septembre 1778. Roi de Hollande le 5 juin 1806. Mort à Livourne le 25 juillet 1846. Il épousa la princesse Hortense-Eugénie de Beauharnais, née le 10 avril 1783, fille du premier mariage de l'impératrice Joséphine avec Alexandre, vicomte de Beauharnais. De ce mariage sont issus :

A—*Napoléon*, né en 1803, mort à La Haie en 1807.

B—*Napoléon-Louis*, grand-duc de Berg, né le 11 octobre 1804, mort à Forli le 17 mars 1831.

C—*Charles-Louis-Napoléon*, né le 20 avril 1808.

La descendance directe de l'Empereur étant éteinte, Joseph n'ayant pas

(2) Sénatus-consulte organique de l'an XII. — Rétablissement de l'hérédité dans le gouvernement impérial.

Nombre des votants.	3,524,254
Pour.	3,521,675
Contre.	2,579

En brumaire an XIII (novembre 1804), le sénat déclara que la dignité impériale serait héréditaire dans la descendance directe, naturelle, légitime et adoptive de Napoléon Bonaparte.

d'enfants mâles, et les deux premiers fils de Louis Bonaparte étant morts, le prince Charles-Louis-Napoléon qui, aux termes du sénatus-consulte organique de l'an XII, restait le seul héritier des droits impériaux, a pris le nom de *Napoléon-Louis*, puis plus tard celui de *Louis-Napoléon*, qu'il porte aujourd'hui.

IV. Jérôme Bonaparte, né à Ajaccio le 15 décembre 1784. Marié pour la première fois en 1803, à madame Patterson, Américaine, dont il eut un fils nommé Jérôme. Roi de Westphalie le 1er décembre 1807. Il épousa en secondes noces, le 22 août de cette même année, Frédérique-Catherine-Sophie-Dorothée, princesse royale de Wurtemberg, née le 21 février 1784. Durant son exil, il prit le nom de comte de Montfort. De ce mariage sont issus :

A—*Jérôme-Napoléon*, né en 1814, mort en 1847.

B—*Mathilde*, née en 1820.

C—*Napoléon-Jérôme*, né en 1822.

L'ex-roi de Westphalie, rentré en France sur la fin du règne de Louis-Philippe, est aujourd'hui maréchal de France, gouverneur des Invalides et président du Sénat. Il eut un commandement à Waterloo, où il combattit vaillamment et fut grièvement blessé.

V. Lucien Bonaparte, prince de Canino, né à Ajaccio en 1775, mort en juillet 1840. Il épousa, en premières noces, Christine Boyer, en 1795 ; et, en secondes noces, Alexandrine Bleschamp, en 1802. Les enfants du premier lit sont :

A—*Charlotte*, née le 13 mai 1796. Veuve du prince Gabrieli.

B—*Christine-Egypta*, née en 1798, mariée en premières noces, en 1818, au comte Arvid Posse, Suédois ; en secondes noces, en 1824, à lord Dudley Stuart.

Les enfants du second lit sont :

C—Le prince actuel de Canino, *Charles-Lucien-Jules-Laurent*, né à Paris, le 24 mai 1803, marié à la fille du prince Joseph, Zénaïde-Charlotte-Julie. (De ce mariage sont issus neuf enfants.

D—*Lætitia*, née en décembre 1804, mariée à Thomas Wyse.

E—*Louis-Lucien*, né le 4 janvier 1813.

F—*Pierre-Napoléon*, né le 12 septembre 1815.

G—*Antoine*, né le 31 octobre 1816.

H—*Marie*, née le 12 septembre 1813, mariée au comte Valentini.

I—*Constance*, née le 30 janvier 1823, religieuse au Sacré-Cœur de Rome.

Le prince de Canino, homme d'une remarquable énergie et d'un profond savoir, a été une des grandes figures de la dernière révolution romaine.

VI. Élisa Bonaparte, née à Ajaccio, le 3 janvier 1777, princesse de Lucques et de Piombino, grande duchesse de Toscane. Elle mourut au mois d'août 1820. Elle avait épousé, le 5 mars 1797, Félix Bacciochi, d'une famille noble de Corse, né le 18 mai 1762. De ce mariage proviennent :

A—*Napoléone-Élisa*, princesse de Piombino, née le 3 juin 1806, mariée au comte Camerata.

B—*Félix*, mort d'une chute de cheval, à Rome. Il était né en 1813.

VII. Pauline Bonaparte, née le 20 octobre 1780, veuve du général en chef Leclerc, mort à Saint-Domingue. Elle épousa, en secondes noces, le 6 novembre 1803, le prince Camille Borghèse, et mourut sans enfants à Florence, en 1826.

VIII. Caroline Bonaparte, née à Ajaccio, le 25 mars 1782, mariée le 20 janvier 1800, à Joachim Murat, roi de Naples, le 15 juillet 1808, morte en 1840. De ce mariage sont issus :

A—*Napoléon-Achille*, né le 21 janvier 1801, mort en 1847.

B—*Napoléon-Lucien-Charles*, né le 16 mars 1803.

C—*Lætitia-Josèphe*, née le 25 avril 1802, mariée au comte Pépoli, de Bologne.

D—*Louise-Julie-Caroline*, née le 22 mars 1805, mariée au comte Rasponi, de Ravenne.

On ne citerait pas dans l'histoire l'exemple d'une famille aussi féconde en princes qui aient régné en même temps. La famille Bonaparte est aujourd'hui alliée à presque toutes les maisons souveraines de l'Europe.

V

FAMILLE ADOPTIVE DE L'EMPEREUR.

I. EUGÈNE-NAPOLÉON, fils de l'impératrice Joséphine, né en 1782, mort à Munich le 21 février 1824. Il avait épousé, le 14 janvier 1806, Auguste-Amélie, fille de Maximilien-Joseph, roi de Bavière. De ce mariage sont issus :

A—*Joséphine-Maximilienne-Eugénie-Napoléon*, née le 14 mars 1807, mariée le 19 juin 1823, au prince Oscar, actuellement roi de Suède.

B—*Auguste*, né en 1801. Épousa la reine Dona Maria, le 26 janvier 1785. Mort peu de temps après à Lisbonne.

C—*Eugénie*, née le 23 décembre 1808. Épousa, le 22 mai 1826, le prince de Hohenzollern-Héchingen, actuellement régnant.

D—*Amélie*, née le 31 juillet 1812. Épousa Don Pedro, empereur du Brésil, le 17 octobre 1829. Veuve le 24 septembre 1834.

E—*Théodolinde*, née en 1814. Épousa le comte de Wurtemberg.

F—*Maximilien*, né en 1817, marié le 14 juillet 1839, à Marie Nicolaewsca, grande-duchesse de Russie, fille de l'empereur Nicolas.

II. STÉPHANIE-LOUISE-ADRIENNE, née le 28 août 1789, fille adoptive de Napoléon, mariée le 8 avril 1806 au grand-duc de Bade, Charles

Louis-Frédéric, veuve le 8 décembre 1818. De ce mariage sont issus :

A—Deux princes morts en bas âge.

B—*Louise-Amélie-Stéphanie*, née le 5 juin 1811, mariée le 9 novembre 1830, au prince Gustave de Wasa.

C—*Joséphine-Frédérique-Louise*, née le 21 octobre 1813, mariée à Charles, prince héréditaire de Hohenzollern-Sigmaringen.

D—*Marie-Amélie-Élisabeth-Caroline*, née le 11 octobre 1817, mariée, le 23 février 1843, à William-Alexandre-Antony-Archibald, marquis de Douglas, fils d'Alexandre Hamilton, duc de Hamilton et de Brandon.

VI

L'EX-ROI DE HOLLANDE.

Le roi de Hollande, Louis Bonaparte, père du prince Président, est un de ces hommes rares dont l'individualité résiste, comme un roc inébranlable, au choc des événements. Doué d'une âme forte où dominait le sentiment éclairé d'une inflexible droiture, à travers bien des vicissitudes, mélange ou alternatives de grandeurs et d'infortunes, dans le cours d'une carrière dont l'histoire n'offre peut-être pas un second exemple, il eut constamment pour mobile de ses pensées, pour raison de tous ses actes, le devoir et la vertu. Certes, dans une république, il eût été un grand citoyen, celui qui sut rester honnête homme, même sur le trône. Dignement il porta la couronne, dignement il la déposa, dignement (ce qui était plus difficile encore) il porta le nom si glorieux de son géant de frère.

C'est à quatorze ans que Louis Bonaparte fit son entrée dans le monde des événements, au siége de Toulon, sous l'égide de Napoléon, qui déjà préludait à ses hautes destinées. Napoléon était plus âgé que lui de dix ans, différence immense qui légitimait, de la part de l'homme fait, l'exercice d'une autorité tutélaire sur un frère à peine adolescent. Louis, qui lui était attaché avec toute l'ardeur d'un cœur profondément affectueux, le regardait comme son meilleur ami et son conseiller le plus sûr.

Napoléon, on le sait, ne fut jamais jeune : il n'eût pas de peine à prendre cet ascendant quasi tout paternel qui assure à l'aîné la déférence de son cadet; son caractère, d'ailleurs, le portait pour ainsi dire, à son insu, à cette sorte de suprématie. Aussi, dès lors, et cela devint une habitude, se trouva-t-il avoir banni l'égalité dans ses rapports avec Louis. Il prétendait le dominer par la maturité de sa raison, autant que par ses bienveillantes sollicitudes; en un mot, pour lui, Louis était un fils bien-aimé.

Il s'est dit assez généralement, même parmi les admirateurs les plus enthousiastes de l'Empereur, qu'il n'avait pas la bonté simple et facile du cœur. On s'obstine à ne voir en lui qu'une immense ambition justifiée par cette haute intelligence qui l'a porté au faîte des grandeurs humaines. Mais admettre une grande intelligence sans une grande bonté, n'est-ce pas s'abandonner à une supposition que démentent tous les enseignements de l'expérience? L'Empereur aurait été alors une malheureuse exception, et, pour le prouver, combien de fois n'a-t-on pas allégué sa conduite envers Louis? On va juger de la valeur de cette preuve par les propres paroles de l'Empereur :

« C'était, dit-il, au siége de Toulon, au milieu des cada-
» vres de deux cents grenadiers tués par l'impéritie de leur

» général, à l'attaque du bastion imprenable du fort Pharon,
» que je dis à Louis, qui était à mes côtés : Si j'avais com-
» mandé là, ces braves gens vivraient encore. Apprenez par
» cet exemple, Louis, combien l'instruction est indispensable
» à ceux qui aspirent au commandement. A l'attaque de
» Saorgio, je le menai, pour la première fois, à la portée du
» canon. Il s'obstina à se placer devant moi, pour me défen-
» dre des boulets ennemis.

» Une autre fois, se trouvant dans une batterie contre la-
» quelle l'ennemi dirigeait un feu bien nourri, il resta con-
» stamment debout, la tête levée, quoique les canonniers
» s'abritassent le plus possible; et comme je lui en demandais
» la raison, il me répondit : « Vous m'avez dit qu'un officier
» d'artillerie ne devait pas craindre le canon; c'est notre
» arme, je suis votre exemple. »

» La jeunesse des écoles, à cette époque, affectait des
» principes anti-républicains. Bernardin de Saint-Pierre et
» Jean-Jacques étaient ses auteurs favoris (1). Elle ne com-
» prenait pas la crise de 93. Elle ne pouvait songer sans
» horreur aux fautes commises et au sang versé au cri de :
» *Vive la République!* Ces impressions avaient exercé une
» forte influence sur un caractère naturellement vertueux et
» susceptible de tout ce qui est honorable et pur. A l'âge de
» dix-huit ans, Louis regrettait de se voir jeté dans une vie
» orageuse, et soupirait déjà pour la retraite. Je le remarquai
» avec peine, ainsi que les contrastes de son caractère, à la
» fois grave et romanesque, vif et flegmatique.

(1) On conçoit qu'avec des principes anti-républicains, cette jeunesse montrât de la prédilection pour l'auteur des *Harmonies de la nature*, qui ne s'était guère occupé de politique; mais il n'est pas aussi facile de comprendre son engouement pour l'auteur du *Contrat social* : sans doute elle n'admirait que son style.

» A l'armée, son courage était brillant, mais comme par » accès, et il restait indifférent aux éloges que sa bravoure » lui attirait. Il remplissait strictement ses devoirs, sans se » préoccuper de sa sûreté personnelle. Au passage du Pô, il » se mit à la tête des colonnes d'attaque; à Pizzighittone, il » était le premier sur la brèche; à l'assaut de Pavie, il était à » cheval à la tête des sapeurs et des grenadiers qui avaient » ordre de briser les portes à coups de hache. En bravant » ainsi une grêle de balles dont il était le point de mire, il » croyait de son devoir d'être à cheval pour mieux observer » la situation de la ville, aussitôt que les grenadiers se préci- » piteraient dans les rues. La vue du sac de cette ville, célè- » bre par son université, fit sur lui une vive impression et le » rendit plus taciturne encore.

» Lorsque la veille de la bataille de Castiglione, je l'en- » voyai à Paris, pour mettre sous les yeux du Directoire le » rapport des événements qui m'avaient déterminé à lever » le siége de Mantoue, et à abandonner la ligne du Pô, il » était si malheureux de ne pouvoir partager les dangers » auxquels il me croyait exposé, que je fus obligé de lui dire : » Partez sans regrets, Louis, je ne puis charger que mon » frère seul de cette mission désagréable, mais avant votre » retour vous présenterez au Directoire les drapeaux que je » prendrai demain à l'ennemi ; et en effet, il présenta au Di- » rectoire les neuf drapeaux perdus par les Autrichiens à » Castiglione : ils arrivèrent à Paris presque en même temps » que lui.

» Sa mauvaise étoile voulut que pendant son séjour à » Paris, avant son départ pour l'Égypte, il fît la connaissance » de la fille d'un émigré, le marquis de Beauharnais, dont il » devint éperduement amoureux (1).

(1) On ne doit pas confondre ce marquis de Beauharnais avec le

» Une confiance de jeune homme placée en un ami dé-
» voué de notre famille, le vieux Casabianca, troubla les
» rêves de ce premier amour. Le républicanisme de Casa-
» bianca s'alarma à la possibilité d'une alliance entre un
» Bonaparte et un émigré, et il s'empressa de me tout révé-
» ler. Il est certain que ce mariage aurait choqué l'opinion
» publique, et donné lieu aux attaques des partis qui déjà
» me regardaient avec alarme.

» Je ne croyais pas qu'il fût possible de faire entendre
» raison à l'amour d'un jeune homme de vingt ans, et je
» pensai que le meilleur parti à prendre était de paraître
» tout ignorer, et de l'éloigner de Paris par une mission mi-
» litaire. Le lendemain, une chaise de poste mettait entre les
» amants les cent lieues qui séparent Lyon de Paris. Mais
» malgré cette précaution, ni l'absence, ni la campagne
» d'Égypte, ni même le mariage de mademoiselle de Beau-
» harnais avec M. de Lavalette, ne purent arrêter les ravages
» de ce premier amour, qui exerça une influence fatale sur
» l'avenir de Louis.

» De ce départ précipité, sans explications fraternelles et
» sous la forme austère de la discipline, date la méfiance qui
» n'a cessé, depuis, de ternir à ses yeux tout ce que je fis
» pour lui dans la suite. *J'eus tort; il eût mieux valu en appe-*
» *ler à sa raison et agir franchement avec lui.*

» Peu de temps après mon avénement au Consulat, je le
» nommai colonel du 5e de dragons, et l'envoyai à l'armée
» de l'Ouest.

» Son devoir était d'obéir ; il le fit, mais il manœuvra de
» telle façon que pas un homme de son régiment ne tira le

vicomte de Beauharnais, général des armées républicaines, et premier mari de l'impératrice Joséphine.

» sabre. Il ne put cependant éviter d'être témoin de l'exécu-
» tion de quatre malheureux chefs de chouans qui furent
» fusillés à Alençon, par les ordres du général Guidal, et mal-
» gré les plus vives instances de Louis qui suppliait le général
» d'attendre que j'eusse confirmé la sentence. On remarqua
» qu'il poussa l'indignation jusqu'à s'enfermer dans ses ap-
» partements, comme en un jour de deuil, ordonnant à ses
» officiers de suivre son exemple.

» Dans l'été de 1801, il me témoigna le désir d'assister
» aux manœuvres qui devaient avoir lieu à Postdam. J'y
» consentis volontiers dans l'espoir que la diversité des ob-
» jets qu'il rencontrerait durant un long voyage dans le
» Nord, distrairait son esprit et combattrait avec succès les
» progrès d'un marasme moral et physique qui m'alarmait.
» Il partit avec l'intention de voyager dans le nord de l'Eu-
» rope, mais les événements politiques hâtèrent son retour
» à Paris et l'empêchèrent de visiter la Russie. Bientôt après,
» il partit avec son régiment pour rejoindre l'armée franco-
» espagnole, destinée à entrer en Portugal, sous les ordres
» du général Leclerc. La signature du traité d'Amiens le
» ramena en France, et ce fut alors que son mariage avec
» Hortense devint l'objet d'une considération sérieuse. Il
» connaissait depuis longtemps le désir de l'impératrice Jo-
» séphine de lui donner le nom de gendre ; mais encore sous
» l'impression de son premier amour, il évitait avec soin
» toute occasion de se trouver seul avec elle. Un bal à La
» Malmaison fut l'écueil où sa résolution vint échouer : une
» attaque aussi vive qu'inattendue lui arracha son consente-
» ment, et le 4 janvier 1802, la bénédiction nuptiale fut
» prononcée sur deux êtres dignes de s'aimer, mais que le
» destin sépara par des impressions que rien ne put effa-
» cer. »

Dans ces paroles de l'Empereur à Sainte-Hélène, tout ne respire-t-il pas l'affection la mieux sentie et la bonté la plus pure? Là est l'âme de Napoléon, mais là aussi se révèle tout entier Louis Bonaparte, un cœur aimant, magnanime: partout et toujours il garde une inviolable fidélité au devoir; il est enthousiaste de vertu, de justice, d'humanité. Militaire, il déploie des talents supérieurs, nul n'est plus brave que lui, et pourtant il a horreur du sang qui se répand à la guerre, et plus encore, des tragiques nécessités enfantées par les dissensions civiles. Il est constamment et par excellence un héros de probité, un sage de la conscience, et de ces lois de son for intérieur qu'il observe si scrupuleusement, il voudrait que la politique ne s'écartât jamais. Louis réalisait dans sa personne l'idéal du plus aimable caractère. Peut-être paraissait-il trop concentré; on regrettait de lui trouver quelque chose de sombre, une teinte de mélancolie, une indéfinissable tristesse. Il y avait dans son aspect une nuance de douleurs comprimées. C'est que de bonne heure, dès avant trente ans, il était un homme déjà cruellement éprouvé.

Si l'on ne savait que dans les existences les plus logiques, il se rencontre parfois d'étranges contrastes, il faudrait s'étonner que Louis Bonaparte, qui aurait fait si volontiers le sacrifice de sa vie pour assurer la paix et le bonheur du monde, aimât avec passion la profession des armes. Il l'avait embrassée si jeune! Dès son début, il s'était acclimaté au péril; le drapeau, le champ de bataille étaient devenus sa patrie; ses émules, ses camarades étaient pour lui des frères, ses soldats étaient ses enfants. Aussi se montra-t-il profondément affligé, lorsqu'appelé au conseil d'État par l'irrésistible volonté de l'éminent génie qui présidait à sa destinée, il dut changer sa brillante épée contre les insignes moins belliqueux de ses nouvelles fonctions. Personne alors n'entrait moins que lui dans la pensée de Napoléon, qui voulait initier ses frères aux mystères intimes de la machine gouvernementale. Il ne dissimula point alors son amertume, et sa défiante susceptibilité trouva, dans cette mesure, un nouvel aliment.

Cependant il ne resta pas longtemps enchaîné à des occupations qu'il ne jugeait pas à sa convenance, et le frère puissant qui ne cessait de l'aimer, le rendit enfin à l'armée.

Le prince Louis, nommé colonel des carabiniers, reçut, avec l'épée de connétable, le commandement du corps de réserve de la grande-armée rassemblée au camp de Boulogne. Lorsqu'une soudaine agression de l'Autriche eut fait tout à coup abandonner les préparatifs d'une descente en Angleterre, l'Empereur, obligé de se retourner précipitamment pour faire face à de nouvelles hostilités, crut ne pouvoir mieux faire que de confier, pendant son absence, au connétable, le gouvernement de la capitale. C'était là un poste difficile, et le plus important de tous, si les colonnes Austro-Russes n'eussent été foudroyées à Austerlitz. Le prince Louis le remplit avec zèle, activité et talent, au milieu des plus graves embarras.

Plus tard, l'attitude menaçante de la Prusse ayant nécessité la réunion d'un corps d'armée sur le Bas-Rhin pour protéger la Hollande et Anvers, il fut investi du commandement, qui lui offrit une nouvelle occasion de justifier la confiance de l'Empereur.

Cependant la fortune du victorieux grandissait encore; son étoile n'avait jamais jeté tant d'éclat; c'était le bon temps de la gloire. Mais l'Empire ne pouvait toujours vivre de ses triomphes; il ne pouvait, pour se soutenir, se condamner à les renouveler sans cesse. A la grande pensée qui l'avait créé, il appartenait de le compléter en le consolidant : il s'apprêta donc à lui donner, de toutes parts, pour appuis, de jeunes dynasties dont les intérêts se confondraient avec ceux de l'établissement impérial. C'était la consanguinité et la commune et récente origine de toutes ces annexes au milieu des vieilles royautés de l'Europe et en opposition avec elles, qui devaient faire la sécurité dans l'avenir. Avec de telles vues, il fallait des peuples à qui il semblât plus avantageux de s'y prêter que de s'y soustraire. Les Bataves étaient du nombre de ceux qui pouvaient croire qu'il leur serait profitable d'entrer dans une combinaison de ce genre et d'y fondre, à l'ombre d'un sceptre, leur pantelante démocratie. Épuisés d'abord par des guerres qui avaient mis leur nationalité à la merci de notre République, ensuite par des dissensions intestines, ils désiraient enfin se jeter dans les bras de la France, et demandaient à Napoléon de vouloir bien mettre à leur tête un prince de sa famille. Leurs ambassadeurs vinrent offrir le trône de Hollande à Louis. « Nous venons, disaient-ils, de notre propre mouvement, » appuyés des neuf dixièmes de nos concitoyens, vous sup- » plier d'unir votre sort au nôtre, et de sauver un peuple » des dangers qui le menacent. »

Louis Bonaparte ne laissa pas de manifester combien il redoutait l'honneur qu'on lui faisait, et si, contrairement à ses goûts, il accepta les soucis de la couronne, ce fut par de hautes considérations pour la volonté de celui dont le système politique exigeait ce sacrifice.

Il demanda le temps qui lui était nécessaire pour examiner la constitution présentée à sa signature, et répondit aux envoyés que la seule assurance qu'il pût leur donner, c'est qu'il se dévouerait tout entier aux intérêts de la Hollande et ferait tous ses efforts pour justifier la bonne opinion que l'Empereur, son frère, leur avait donnée de lui. L'histoire dira qu'il tint parole.

Proclamé roi de Hollande, le 5 juin 1806, à Saint-Cloud, il partit avec l'espoir que les nécessités d'une position où les soins du règne emploieraient toute l'activité dont il était capable, feraient une diversion puissante au marasme qui ne cessait de le miner sourdement. Les Hollandais ne tardèrent pas à s'apercevoir qu'il reportait sur eux ses plus tendres affections. Dès son avénement, il avait compris qu'il était de son devoir de roi, de se considérer comme le premier et le plus fidèle des citoyens de sa nouvelle patrie. Il se montrait constamment occupé du bien-être du pays qui avait remis en ses mains la suprême autorité; et lorsque les circonstances le placèrent dans la pénible alternative, ou de méconnaître les saintes obligations de cette magistrature, ou de froisser le sentiment de famille qu'il avait toujours respecté, il n'hésita pas à opposer une noble fermeté de résolution à ce qui se révélait d'impérieux dans celui-ci. On sent combien, à cette âme d'élite, si bonne, si dévouée, si affectueuse, il dut coûter d'en venir à cette douloureuse résistance! Quelle terrible victoire Louis devait remporter sur lui-même! Il soutint la lutte, autant qu'il dépendit de lui. Il défendit son pays adoptif contre une influence trop envahissante, aussi longtemps qu'il crut pouvoir le faire sans nuire aux intérêts de la France; mais quand il se fut convaincu de l'inutilité de ses efforts, pour s'assurer la liberté de ne faire que le bien, il renonça sans regrets à une couronne qu'il ne pouvait conserver sans que, à ses yeux, elle ne fût ternie par les résultats d'une inévitable et funeste dépendance.

Louis descendit du trône après un règne de cinq ans. Il s'était concilié l'amour des Hollandais, et sa noble et courageuse détermination ne put qu'ajouter à l'énergie de ce sentiment. Aujourd'hui encore, ils ne parlent de lui qu'avec attendrissement et vénération ; et dire que, parmi eux, sa mémoire est l'objet d'une sorte de culte, ce n'est que rendre hommage à la vérité. Jamais roi ne fut autant regretté ! Modeste dans ses goûts, simple dans ses mœurs, antipathique à tout ce qui n'était que de la morgue, ennemi de toute représentation fastueuse, économe et, pourtant, libéral à propos, bienfaisant avec grandeur, mais sans ostentation, conciliant, loyal, juste dans toutes les affaires du pays et dans les siennes propres, comment n'eût-il pas été adoré de ce peuple grave, et bonhomme, au fond, qui trouvait en lui la réunion de toutes les vertus et de toutes les qualités auxquelles il attache le plus de prix? C'est en 1811, au moment où l'Empire du monde semblait le mieux affermi dans les mains puissantes de Napoléon, que Louis Bonaparte quitta la scène politique. Son frère était à l'apogée de la gloire; il n'avait jamais paru si grand. Mais lui, rentré calme et résigné au sein de la vie privée, lui, redevenu simple citoyen, était grand aussi dans sa retraite, où il aurait pu prendre pour devise ces paroles bien faites pour caractériser les principes dont il lui eût été impossible de se départir : *Plus d'honneur que d'honneurs.*

Soldat, général, roi, Louis Bonaparte reste constamment le même homme, l'homme irrévocablement acquis au devoir, non à ce devoir factice qui peut avoir sa loi en dehors de la conscience, mais à ce devoir qu'elle dicte en souveraine et que le consentement universel inscrit depuis des siècles au grand code de la morale. Pour lui, ce devoir est tout; absolu qu'il est, il ne se plie pas aux circonstances; au contraire, il les domine. Quoi qu'il puisse en arriver, c'est au devoir que Louis se rend, c'est à son immuable décret qu'il se soumet, qu'il s'immole même. A vingt ans, son cœur se brise contre un premier amour : dès lors, plus de bonheur pour lui. Amant fidèle et malheureux, il sent que son âme est liée par un premier serment : c'est à lui-même qu'il a juré de ne pas changer ; cette constance peut empoisonner sa vie, mais s'il n'en était capable, il s'estimerait moins. Dès lors, il languit, il souffre, il devient martyr. Le principe du devoir a parlé, et plutôt que d'arracher le trait qui l'a blessé, il le laisse s'enfoncer de plus en plus. C'est ce même principe qui, sur le champ de bataille, le porte sans enthousiasme et presque impassible au fort de la mêlée ; c'est lui qui lui fait affronter sans sourciller la mitraille de cent bouches à feu ; c'est lui encore qui le fait descendre du trône avec moins de tristesse qu'il n'y était monté ; enfin, par lui, de toute sa vie il fait un culte à la vertu.

Les déplorables événements de 1814, qui se répétèrent plus cruellement encore après la funèbre lueur de 1815, trouvèrent Louis tout préparé au coup qui devait frapper sa famille. Ce revers ne lui faisait rien perdre, puisqu'en ce qui le concernait personnellement, il avait de lui-même devancé l'arrêt du destin. S'il ne l'eût senti comme une calamité pour la patrie, comme un désastre pour tous ceux qui lui étaient chers, son malheur n'eût fait que changer de forme, car en ce qui ne touchait que lui seul, il n'eût pas été possible d'y rien ajouter, ni de l'empirer par quoi que ce fût. Il y avait longtemps qu'aucun surcroît d'affliction ne pouvait plus l'étonner ni l'abattre. Que lui faisaient quelques gouttes de plus dans ce calice d'amertume qui débordait inépuisable?

Après son abdication, Louis Bonaparte avait pris le titre et le nom de comte de Saint-Leu qu'il a toujours portés depuis. Si la raison d'État n'était aveugle, si la proscription ne devait avoir d'autre motif que la sécurité des proscripteurs, on ne concevrait pas que le comte de Saint-Leu, devenu si résolument et si notoirement étranger à la politique, ait pu être enveloppé dans l'acte d'exil qui retranchait de la grande communion française tous les membres de la famille impériale. Sur la fin de l'Empire, il n'avait recherché que l'obscurité et l'oubli ; condamné à la terre étrangère, il consacrait à l'étude et à la bienfaisance les restes d'une existence sans bonheur, lorsque parut ce long tissu de mensonges et d'atroces calomnies publié sous le titre d'*Histoire de Napoléon* par Walter-Scott qui, pour cet ouvrage infâme, avait mis au service des Bourbons sa plume vénale. Le comte de Saint-Leu, que l'on eût pu croire indifférent à ce qui se faisait en ce monde, tant il s'effaçait depuis longtemps dans un isolement à peu près complet, ne le fut pourtant pas à ces odieuses attaques dirigées contre son frère. Du fond de sa retraite, pour venger la mémoire de l'Empereur, il lança une réfutation à laquelle ne firent défaut ni la vérité rétablie avec une irrécusable évidence, ni le talent de l'écrivain. Le célèbre romancier fut convaincu d'imposture ; il resta écrasé sous le poids de son œuvre sacrilége, et l'opprobre qu'il en recueillit fut en proportion de sa renommée.

Une autre fois, le comte de Saint-Leu eut à se défendre lui-même. Parmi les méprisables artisans de dénigrement qui mettent leur joie de vipère à distiller leur venin sur ce qu'il y a de plus vénérable, il s'en trouva d'assez impudents pour oser s'attaquer à l'administration de l'ancien roi de Hollande. Le prince les confondit dans une réponse pleine de dignité et d'une forme assez remarquable, pour rappeler qu'à une autre époque, il avait été l'auteur d'une production distinguée par un vrai mérite littéraire (1).

(1) *Marie ou les Peines de l'amour*, roman recommandable par le style et par une exquise sensibilité.

Quel trait ajouterions-nous ici qui ne ressortît comme un corollaire du petit nombre de faits rapportés dans cette simple et rapide esquisse? Inutile de dire que le comte de Saint-Leu fut aimé et respecté de toutes les personnes qui eurent l'avantage de le connaître, et que les sympathies dont il était redevable à sa réputation, ne furent jamais mieux justifiées que dans son intérieur. Jusqu'à son dernier moment, il ne devait pas lasser le malheur. Ses impressions le rendaient morose, mais sans irritation, sans humeur atrabilaire, sans la moindre propension à une ombrageuse misanthropie. Il eut cela de commun avec la reine Hortense, et c'est sans doute ce qu'il faudra dire de leur fils, qu'il n'y eut si notoire perversité qui pût le préserver de croire à la bonté d'autrui. Malgré ses infortunes, une vie si noble est encore de celles qu'on devrait envier, tant elle fut digne, sous tous les rapports. On a le cœur navré, en songeant qu'à ce vieillard dont l'âme était si sensible, fut refusée sa dernière consolation, celle d'expirer dans les bras de son fils. Louis Bonaparte s'éteignit à Livourne, le 25 juillet 1846. Sa mort fut celle du juste qui contemple avec espérance les approches de l'éternité. A cette heure suprême, le comte de Saint-Leu n'avait, auprès de lui, aucun membre de sa famille, qui, douloureusement ému, vînt s'offrir à la pression affectueuse de sa main défaillante. Il n'y eut que de froids témoins de ce trépas solitaire : il était là, seul, tout seul de son sang. Son frère, l'ancien roi de Westphalie, Jérôme Bonaparte, que Waterloo, où il combattit si vaillamment, tyrannisait encore, dix-sept ans après une révolution qui devait effacer tous les deuils de ces jours néfastes, ne put arriver à temps pour recevoir son dernier adieu. Quel affreux pressentiment du sort qui l'attendait dut alors se mêler à ses regrets! Lui aussi, il était proscrit, proscrit jusqu'à la tombe, peut-être au-delà!

Le comte de Saint-Leu a demandé dans son testament que ses restes fussent transportés en France. Un mouleur de Livourne prit l'empreinte des traits de Louis Bonaparte. Ce pieux et dernier souvenir était destiné au Prince son fils. Après avoir été embaumé, le corps du défunt fut déposé dans l'église Sainte-Catherine de Livourne, en attendant qu'il fût permis de le transporter en France. C'est à Saint-Leu, à côté de son père et de son fils aîné, que, conformément à son vœu, repose aujourd'hui l'ancien roi de Hollande. Il avait souhaité que sa sépulture ne fût plus un exil.

DEUXIÈME PARTIE.

DERNIERS JOURS DE L'EMPIRE.

I

L'EXIL.

L'exil ou la captivité, tel fut, de 1814 à 1848, le sort du prince Louis-Napoléon Bonaparte. Cette longue infortune est un des plus tristes épisodes dans l'histoire d'une famille illustre que les malheurs inouïs de son chef héroïque avaient laissée sans patrie. Après le douloureux martyre de Sainte-Hélène, ce crime irréparable dont le récit a ému de compassion tous les cœurs généreux ; après les mémorables événements qui relevèrent en France les couleurs nationales et détruisirent l'ordre de choses implanté par l'étranger ; après que, dans la grande semaine, *la grande capitale* eut, selon l'heureuse expression de l'un des Bonaparte, *ressuscité la grande nation*, le décret d'ostracisme renouvelé contre les parents de Napoléon se trouvait être tout à la fois la continuation d'une injustice et un acte hostile aux affections du peuple. Cette mesure, octroyée à une prétendue raison d'État, prise en dehors des grands motifs de salut public, révolta le sentiment général; et les cœurs droits, qui se placent toujours au point de vue de la loyauté, n'y virent que l'effet déplorable d'une politique assez peu intelligente pour ne pas comprendre que l'honneur des Bonaparte leur eût interdit de conspirer contre le gouvernement qui aurait prononcé leur rappel. Si Louis-Philippe ne se fût montré inflexible, les tentatives de Strasbourg et de Boulogne, cette audacieuse réaction contre l'acharnement dans l'iniquité, eussent été sans excuse; elles n'auraient pas eu lieu.

Il faut en convenir aujourd'hui : c'était un bien étrange phénomène politique que cette proscription persistante, en regard même de l'apothéose décernée au grand Empereur : d'une part, un vrai culte d'amour, d'admiration, de regret, rendu au guerrier législateur dont les victoires et le génie avaient fait l'orgueil de la France; de l'autre, le bannissement de ses frères, de ses sœurs, de ses neveux, enfin de tous ceux de son sang repoussés dans l'exil comme ces races maudites dont se vengent les peuples trop longtemps opprimés par elles. Bientôt treize ans se seront écoulés depuis ces tardives funérailles du grand homme. A cette solennité, malgré le choix perfide de la saison rigoureuse et des plus mauvais jours de cette saison, il y avait un concours immense de citoyens. Nous aussi, nous étions là, et nous n'avons point oublié ce qui se répétait autour de nous : hommes, femmes, enfants, vieillards, tous savaient, jusque dans leurs moindres détails, la gloire et les revers du héros dont ils voyaient passer la dépouille; tous s'en entretenaient.

En 1814 et en 1815, nous avions vu revenir vivants les Bourbons qu'on nous rapportait : dans cette foule qui les regardait avec étonnement, qui les accueillait avec un instinct de répugnance, personne ne se souvenait d'eux. Les Bourbons? C'était presque une invention des alliés; on doutait qu'il y en eût encore. Il n'en eût pas été autrement au sein de la vieille Rome, si les Tarquins expulsés y fussent rentrés. Maintenant, c'était toute autre chose : la larme à l'œil, on saluait les cendres de Napoléon comme celles d'un ancien ami ; et après l'anathème contre les Anglais, venait l'énumération de ses titres à la reconnaissance de la patrie. On célébrait sa gloire, cette gloire toute nationale que rappellent tant de trophées et de monuments, qui se lit dans nos fastes et dans les chefs-d'œuvre de nos musées, qui inspira de sublimes strophes à Victor Hugo, et à Béranger ses chants si populaires ; cette gloire qui vit dans les récits des vétérans des plus glorieuses armées du monde ; dans toutes les bouches, dans toutes les pensées était le nom pour toujours si français de Napoléon. On se souvenait que nul plus que l'Empereur ne s'était montré jaloux de conserver intacts l'honneur et l'indépendance du pays. Il n'y avait qu'une voix, il n'y avait qu'un écho pour exalter la mémoire du grand homme, pour démentir, par l'unanimité des témoignages, ces écrivains qui avaient osé dire, imposture trop souvent répétée, que les deux invasions avaient terminé un règne dont on était fatigué. Fatigué ! Pour qu'on le crût, il faudrait effacer de l'histoire cette grande page qui, au retour de l'île d'Elbe, montrera Napoléon porté pendant un trajet immense, du golfe Juan aux Tuileries, sur les bras des populations. Il n'y avait qu'un cri pour flétrir ceux qui le dénigraient, après l'avoir adulé dans un but de trahison ; pour vouer au mépris ces libéraux soi-disant austères amis de la liberté, qui, après l'avoir représenté comme un tyran, s'étaient rangés plus tard, instruments serviles, sous la bannière de l'arbitraire et d'un despotisme sans dignité. Napoléon usurpateur était le mot qu'on n'entendait plus ; plus de reproche au César de notre République. Ce que nous ne lui pardonnons pas, ce qu'il ne se pardonnait peut-être pas lui-même, on le lui épargnait. On citait ses propres paroles à l'appui des intentions qu'on lui prêtait, et l'on ne doutait pas de sa sincérité, lorsqu'à Sainte-Hélène, songeant qu'un jour peut-être le roi de Rome pourrait être appelé à régner, il faisait cette recommandation au général Bertrand : « Dites » à mon fils qu'il se rappelle, avant tout, qu'il est Français ; » qu'il donne à la nation autant de liberté que je lui ai donné » d'égalité. La guerre étrangère ne me permit pas de faire » tout ce que j'aurais fait à la paix générale ; je fus perpé- » tuellement en dictature, mais je n'ai eu qu'un mobile dans » toutes mes actions, l'amour et la gloire de la grande na- » tion. Qu'il prenne ma devise : *Tout pour le Peuple français*, » puisque tout ce que nous avons été, c'est par le peuple. »

Le Roi de Rome! il n'était plus ; pauvre enfant ! Il avait passé comme une ombre à travers ces vicissitudes de grandeur et d'infortune ; il s'était éteint, lui aussi... et au peuple, dont le flot religieux entourait le funèbre cortége, venait cette désolante réflexion que, l'héritier impérial vivant, il n'eût pas été là pour suivre le cercueil de son père. Et ce grand nombre de citoyens de toutes les classes, que leur opinion bonapartiste avait désignés aux fureurs de la Restauration, se demandaient avec amertume pour quoi ils avaient souffert, pour qui ils s'étaient exposés à la persécution.

La relique vénérée que portait le char mortuaire, était celle de Napoléon, et près d'elle, pas un frère, pas un parent. Tous étaient retenus loin du sol de la patrie ; tous, sans aucune exception, avaient été écartés de l'accomplissement d'un devoir sacré. Et pourtant, ils n'avaient point été expulsés par la nation, comme les Bourbons dont la déchéance et l'éloignement furent sanctionnés dans des adresses d'adhésion à la Convention nationale, par *cinq millions deux cent et tant de mille signatures de citoyens.* Trois des frères de l'Empereur avaient été rois, mais, pour eux, cette royauté n'avait été qu'un état transitoire, et il n'était pas juste de prendre contre eux les mêmes précautions que contre ces princes qui n'admettent que le droit divin, et qui, nés avec la prétention d'avoir été prédestinés à régir un peuple, ne sauraient s'élever au-dessus des préjugés de leur naissance. Depuis plus de trente ans, l'un des trois frères avait, de son plein gré, déposé sa couronne. Un quatrième, bien qu'il eût accepté un titre de prince, n'avait pas cessé de marquer sa préférence pour les institutions républicaines ; tous étaient convaincus qu'il n'y a de légitimes que les gouvernements avoués par les peuples, qu'aux peuples seuls il appartient de les créer et de les détruire, selon leurs besoins ; tous reconnaissaient hautement que les nations seules ont des droits, tandis que les individus et les familles n'ont que des devoirs à remplir ; aucun n'ignorait que la nation est maîtresse absolue de confirmer et de révoquer les titres qu'elle a donnés, si telle est sa volonté ; à leurs yeux, la seule démocratie a de l'avenir ; ils ne pouvaient donc plus aspirer à une autre position que celle de citoyens. Quant aux emplois, quant aux honneurs, eux et leurs enfants en auraient, si leurs concitoyens les jugeaient dignes de leurs suffrages, mais point de royauté : la couronne civique était désormais la seule à laquelle ils dussent prétendre. Tous, en cessant d'être princes, pouvaient être encore d'éminents citoyens.

Le tact populaire, qui n'est autre chose que la délicatesse du bon sens, indiquait à la multitude qu'il y avait une énorme inconvenance à ne pas appeler aux obsèques du héros les membres de sa famille. Leur place eût été là, et ils n'y étaient pas même représentés, eux à qui toute préséance revenait de droit. Du moment que leur absence était le résultat d'une exclusion, de la part des ordonnateurs de l'hommage officiel, par ce seul fait, cet hommage n'avait plus aucun caractère de sincérité. Ce n'était plus qu'une démonstration à laquelle on s'était cru obligé. En certains cas où le pouvoir a le choix entre le bon et le mauvais parti, un sentiment magnanime du peuple se traduit souvent en une rumeur d'après laquelle la détermination prise serait conforme à ce sentiment. C'est ce qui eut lieu dans cette circonstance.

Un neveu de l'Empereur, celui que les lois de l'hérédité destinaient à devenir son successeur, avait deux fois tenté de relever la cause impériale. Condamné à une prison perpétuelle, pour ce fait, depuis deux mois, il était enfermé dans le château de Ham. Sans connaître précisément quels étaient ses projets, sans leur donner en aucune manière un assentiment séditieux, sans improuver l'arrêt qui avait frappé ce jeune prince, le peuple qui estime le courage, le peuple qui savait qu'il en avait fait preuve, le peuple à qui la publicité du procès avait appris avec quelle générosité envers ses amis il avait revendiqué, pour lui seul, la responsabilité de la tentative qui les amenait devant la cour des Pairs, s'intéressait à son sort; le peuple, en outre, toujours prêt à absoudre, bien mieux, à vénérer tout ce qui tient à Napoléon, car Napoléon, c'est son dieu, c'est sa poésie, c'est son idole, c'est le mythe et la légende de son repos et de ses labeurs, c'est le symbole de tout ce qu'il y eut jamais de grand sur la terre; le peuple à qui la gloire, cette splendeur éphémère qui enchante et éblouit son âme fière et belliqueuse, fait trop souvent oublier le pain quotidien de la liberté; le peuple substituant sa bonne inspiration aux froids calculs des hommes que la politique rend timorés, avait la confiance d'affirmer que le gouvernement ne laisserait pas échapper l'occasion des funérailles pour ouvrir les portes du château de Ham. Telle avait été la première pensée du peuple, le jour même où l'on avait annoncé que les restes de Napoléon allaient être rendus à la France. La presse l'enregistra comme un bon avis, et maintenant à la veille de ce grand acte national des obsèques, le bruit qui se répandait la convertissait en une résolution du pouvoir. La conduite à suivre était toute tracée ; le prince Louis-Napoléon recouvrait sa liberté et rentrait dans l'exercice de ses droits et de ses devoirs de citoyen. La terrible sentence de perpétuité était lacérée sur le cercueil, et au même instant était abrogée la loi d'exil portée contre toute la famille. Le grand public fut trompé dans son attente ; cette fois encore, on ne prêta aucune attention à cette voix du peuple que nos anciens disaient être la voix de Dieu.

Ham garda son prisonnier.

A dater de ce jour, l'attention générale se fixa sur lui. Ce fut l'aurore d'une popularité qui, huit ans plus tard, devait se manifester éclatante, immense, incomparable, prodigieuse. Une première fois, six millions de suffrages ont placé Louis-Napoléon Bonaparte à la tête de la nation ; à trois années de distance, dans une seconde épreuve plus décisive encore, huit millions de citoyens ont voté le maintien et l'extension de son pouvoir. Comment le prince a-t-il justifié cette confiance ? C'est ce que nous dirons dans cette histoire.

Charles-Louis-Napoléon Bonaparte, second fils de Louis Bonaparte et de la reine Hortense, était l'enfant bien-aimé de l'impératrice Joséphine et le neveu de l'Empereur. Le petit Louis le charmait par l'agréable ingénuité du babil de son âge, et, de toutes les distractions, c'était celle qui lui plaisait le plus, lorsqu'il voulait se délasser un instant de ses graves et incessantes préoccupations.

Napoléon ne donnait à sa famille que les heures de ses repas, encore déjeunait-il dans son cabinet, sur un petit guéridon, autour duquel les deux fils de la reine Hortense étaient seuls admis à prendre place avec lui. Il se les faisait fréquemment amener, afin d'observer les premiers développements de leurs facultés, et de s'assurer par lui-même de leurs dispositions naturelles. Il les questionnait avec intérêt et s'amusait de leur petite causerie. Souvent il leur faisait réciter des fables de son choix, et, après leur avoir donné les explications qu'elles comportaient, il les obligeait à lui en rendre compte, afin d'exercer à la fois leur mémoire et leur intelligence. Les progrès des jeunes princes lui causaient toujours la plus vive satisfaction. Il ne parut jamais les voir avec tant de plaisir qu'à son retour de l'île d'Elbe, et pourtant, dans la manifestation de ce sentiment, il y avait une nuance de tristesse. C'est que leur présence lui rappelait son fils, dont les événements de 1814 l'avaient séparé. Hélas! cette séparation devait être éternelle! Napoléon alors reportait sur ses neveux toute la tendresse qu'il aurait prodiguée au roi de Rome; il voulait les avoir constamment auprès de lui, et sous ses yeux.

Le prince Louis-Napoléon avait sept ans à cette époque. Un jour (c'était la veille du départ pour cette fatale campagne qui, après deux éclatantes victoires, devait se terminer par la catastrophe de Waterloo) l'Empereur, accompagné du maréchal Soult, venait d'entrer dans son cabinet; il paraissait triste et soucieux; sa voix brève et accentuée révélait les fortes préoccupations de sa pensée. Tout à coup un enfant se glisse dans l'appartement; ses traits sont empreints d'un sentiment douloureux, sa démarche trahit une émotion profonde qu'il s'efforce en vain de contenir. Il s'approche, s'agenouille devant l'Empereur, et, posant sa tête et ses deux mains sur ses genoux, il se prend à verser des larmes.

« Qu'as-tu donc, Louis? s'écrie Napoléon, d'un ton de voix où perçait la contrariété d'avoir été interrompu ; pourquoi viens-tu ici? pourquoi pleures-tu ? » Mais l'enfant, intimidé, ne répondait que par des sanglots. Peu à peu, cependant, il se calme, et, d'une voix douce et triste, il dit enfin :

« Sire, ma gouvernante vient de me dire que vous partiez pour la guerre. Oh ! ne partez pas ! ne partez pas ! » L'Empereur ne pouvait que se montrer touché de cette sollicitude, car l'enfant qui le suppliait ainsi était le prince Louis, ce neveu qu'il affectionnait par-dessus tout.

« Et pourquoi ne veux-tu pas que je parte? » lui demanda-t-il avec attendrissement. Puis, lui soulevant la tête et passant sa main dans les boucles dorées de sa chevelure : « Mon enfant, ajouta-t-il, ce n'est pas la première fois que je vais *à la guerre;* pourquoi t'affliges-tu ? Ne crains rien, je reviendrai bientôt.

—Oh! mon cher oncle, reprit l'enfant dont les pleurs redoublaient, ces méchants alliés veulent vous tuer ! oh ! laissez-moi aller, mon oncle, laissez-moi aller avec vous ! »

Cette fois, l'Empereur ne répondit pas ; ayant pris l'enfant sur ses genoux, il le pressa contre son cœur et l'embrassa avec effusion. L'Empereur était profondément ému, mais bientôt reprenant toute la fermeté de sa parole : « Hor-
» tense, Hortense, appela-t-il ; et comme la reine s'était
» empressée d'accourir : tenez, emmenez mon neveu et ré-
» primandez sévèrement sa gouvernante qui, par des pa-
» roles inconsidérées, exalte la sensibilité de cet enfant. »

Puis, après quelques mots affectueux au jeune prince pour le consoler, il allait le rendre à sa mère, quand s'apercevant que l'émotion gagnait le maréchal : « Tenez, dit-il vivement, » embrassez-le, il aura un bon cœur et une belle âme.... » c'est peut-être l'espoir de ma race. »

Napoléon tomba pour n'avoir pas usé de toutes ses ressources. Par ménagement pour ceux qu'au dedans comme au dehors, aurait effrayés un immense concours du peuple, lui, l'homme populaire, si jamais il en fût, limita ses moyens de résistance à la force des troupes régulières. Par égard pour les rois, il ne permit pas de replacer le signe de la liberté sur la pique de 93 ; cette intempestive pudeur monarchique et peut-être bourgeoise le perdit, et quand des millions de Français demandaient à vaincre ou à mourir avec lui, pour lui, et pour l'indépendance nationale, enchaîné, d'une part, à des considérations qui furent sa fatalité, d'autre part, pressé à outrance par les instances menaçantes des traîtres et de ceux qui le croyaient un invincible obstacle à la liberté, il ne consentit pas à cette prise d'armes en masse que proposaient tant de voix énergiques. Là eût été le salut de la nation, République ou Empire : la perte fut dans le refus qui refoula l'enthousiasme au fond des cœurs.

Quand le dernier sacrifice fut consommé, la reine Hortense n'eut plus qu'à partir pour l'exil ; elle s'éloigna, emmenant avec elle ses deux fils, et sous l'escorte d'un officier autrichien, elle se dirigea sur la frontière de l'Est. « Je quittais, disait-elle, cette terre de France d'où les alliés m'expulsaient à la hâte, tellement redoutée par eux, faible femme que j'étais, avec mes deux enfants, que de distance en distance la troupe ennemie était sous les armes pour protéger, disait-on, mon passage. » Mais une protection de ce genre n'était guère nécessaire, dans un pays où il ne fallait pas moins d'un million de baïonnettes pour réinstaller une royauté que repoussait la nation entière. Ils étaient si jeunes encore, ces neveux du grand Empereur, que lorsque s'écroula en un jour l'édifice de sa puissance, tout ce qu'ils avaient vu, tout ce qu'ils avaient été, tout ce qu'ils n'étaient plus, dut leur paraître un songe. Pour eux, dans leur position, car ici-bas l'infortune se mesure, soit à l'étendue des regrets qu'elle laisse à ceux qu'elle a frappés, soit à la grandeur de leurs espérances détruites, ils voyaient s'évanouir tous les bonheurs de la vie ; pays, famille, avenir, tout disparaissait à la fois pour faire place à l'exil et aux dures épreuves d'un monde dans lequel ils entraient par la porte du malheur.

Augsbourg fut le premier asile où s'arrêta la reine, qui se détermina plus tard pour les bords du lac de Constance. Là, cette excellente femme, destinée à jeter partout plus d'éclat par ses qualités personnelles qu'elle n'avait pu en recevoir du diadême royal, ne s'attacha plus qu'à remplir ses devoirs de mère. Elle se voua tout entière à l'éducation de ses fils; avec une admirable sollicitude et le tact d'une femme supérieure par son intelligence, elle la voulut forte, libérale, enfin conforme en tout à l'esprit du siècle, au progrès des lumières et à la nouvelle condition des princes auxquels leur dignité d'homme, l'avénement des grandes idées, des vrais principes qui doivent un jour régir la société, pouvaient commander d'oublier qu'ils étaient nés sur les marches du trône. Ainsi fut élevé Charles-Louis-Napoléon Bonaparte.

Les diverses branches des études classiques, les langues anciennes et modernes, la littérature, les sciences exactes, les exercices gymnastiques : telles furent les faces multiples de cette éducation.

Le jeune prince fut admis au camp de Thun (canton de Berne), dont, par ordre du gouvernement fédéral, la formation avait lieu chaque année, pour l'instruction des officiers du génie et de l'artillerie, sous la direction des plus habiles officiers de nos armées impériales. Là, s'unissait la pratique à la théorie, et l'on appréciait, dans l'application, l'importance des derniers perfectionnements apportés dans ces deux armes spéciales. À travers les montagnes et dans les glaciers, le prince prit part à tout, et il y alla rudement, le sac au dos, la pioche ou le compas à la main, mangeant son pain de soldat aussi gaiement qu'aurait pu le faire un de ces vieux grognards, Spartiates modernes qui, par habitude et par tempérament, n'étaient pas moins insensibles aux jouissances qu'aux privations. « Mon fils, écrivait la reine Hortense, est encore avec les élèves de Thun, occupé à faire des reconnaissances militaires dans les montagnes ; ils font dix à douze lieues par jour, à pied ; il couche sous la tente, au pied des glaciers. »

Voilà comment grandissait, à l'ombre de la liberté helvétique, dans les rangs des jeunes républicains, celui qui avait été destiné à briller dans un poste éminent, au milieu des états-majors de l'Empire. Dans l'ardeur d'une jeunesse impétueuse, lorsqu'on est du sang de Napoléon, que l'on soit dans l'exil ou sur le trône, peu importe, on a des instincts qui ne sauraient se plier aux circonstances de la vie ordinaire. Aussi, c'eût été perdre son temps que de demander au neveu de l'Empereur de devenir un paisible bourgeois de Berne. Il y avait donc, pour les fils de la reine Hortense, une vocation à laquelle ils ne pouvaient se soustraire, sans renier tous les sentiments dans lesquels ils avaient été élevés.

Les événements de juillet 1830 avaient retenti en Italie, et l'écho trompeur de l'Hôtel de Ville avait ranimé les espérances de tout ce qu'il y a dans ce pays d'hommes forts et éclairés. Le moment semblait être arrivé où la grande idée de l'unité italienne allait se réaliser, où la vieille nationalité si longtemps opprimée allait être reconstituée. Telles étaient les aspirations ardentes des populations divisées, morcelées, effacées, déviées de leur caractère et de leur origine sous une complication de jougs détestés. A toutes était venue la pensée de briser leurs chaînes, de revivre et de respirer; pensée légitime, pensée sainte que n'ont point étouffée les revers qui, sur cette terre enchantée, ont porté le deuil et la désolation.

Les jeunes Bonaparte étaient appelés par les patriotes italiens : pouvaient-ils rester sourds à cet appel? Accourir, prêter l'appui de leur nom et de leur talent à la cause de la liberté, n'était-ce pas leur devoir? Il y avait gloire et danger à se réunir aux insurgés de la Romagne ; l'occasion se présentait de recevoir le baptême de feu, sous le plus auguste des patronages, celui de la liberté : les fils de la reine Hortense n'hésitèrent pas un seul instant.

« Ma mère, écrivait le prince Louis à la reine Hortense, au » moment où, avec son frère, il allait se rendre à Bologne, » pour s'unir aux amis de la liberté, et marcher contre les » Autrichiens, votre affection nous comprendra ; nous avons » pris des engagements, nous ne pouvons y manquer, et le » nom que nous portons nous oblige à secourir les peuples » malheureux qui nous appellent. »

Bientôt après leur mère désolée accourait auprès d'eux, cherchant à sauver, de cette lutte inégale et sanglante, ses deux enfants qu'elle aimait avec toute sa tendresse et son orgueil de mère.

« Soyez fière, Madame, disait à la reine Hortense le gé» néral Armandi, qui, comprenant ses angoisses maternelles, » partageait toutes ses inquiétudes, soyez fière d'avoir de » tels enfants ; toute leur conduite, dans ces tristes circon-

» stances est un enchaînement de sentiments nobles, géné- » reux, dignes enfin de leur nom. L'histoire ne l'oubliera » pas. »

Troublée, agitée, le cœur rempli de funestes présages, la reine Hortense était en route pour Ancône ; à la première poste après Foligno, une calèche s'arrête auprès de sa voiture. « Le prince Napoléon est malade, il vous demande, » lui dit un inconnu. A Pesaro, son fils Louis arrive à sa rencontre : il avait perdu son frère, son meilleur ami ! Une inflammation de poitrine l'avait emporté presque subitement, et en mourant, le noble jeune homme n'avait ressenti qu'une seule crainte, celle de la défaite de ses amis (1).

L'Europe sait quelle fut l'issue de ce combat mal engagé, avec des moyens trop faibles, et trop mal organisés pour pouvoir s'accroître. Cette levée de boucliers, les résultats qu'on s'en était promis, tout ne fut qu'un rêve, rêve héroïque, rêve impossible à réaliser, mais qui prenait sa source dans ce besoin si profond et si vrai d'institutions libres et régénératrices.

Le prince Louis-Napoléon que, sur le bruit des dangers qui menaçaient sa tête, sa courageuse mère était allé rejoindre à Ancône, venait d'y tomber malade de fatigue, d'accablement, et de la double désolation de l'esprit et du cœur, comme patriote et comme frère. Sur ces entrefaites, l'armée autrichienne s'empara d'Ancône. Il fallait toute la présence d'esprit et toute la force d'âme de la reine Hortense, pour

(1) Après la mort de son frère aîné, le prince Charles-Louis-Napoléon Bonaparte signa ainsi : *Napoléon-Louis Bonaparte*, conformément au sénatus-consulte de 1804, et à la volonté de l'Empereur, qui avait décidé que l'aîné de sa famille s'appellerait toujours *Napoléon*. Plus tard, il signa *Louis-Napoléon*, appellation sous laquelle il fut généralement connu.

sauver le seul fils qui lui restait. Elle fit courir le bruit que le prince s'était réfugié en Grèce, et, quoique logée tout près du commandant des troupes autrichiennes, elle parvint, au milieu des plus cuisantes inquiétudes, à dérober son malade à tous les yeux, en déguisant sa condition, et, ce qui était plus difficile, la douleur qu'elle avait au cœur. Elle lui fit traverser avec un passe-port anglais, non sans courir bien des dangers, une grande partie de l'Italie, et pour le ramener plus facilement dans son asile de la Suisse, elle osa braver la loi de proscription qui lui fermait la France.

« Enfin, dit-elle, j'arrivai à la barrière de Paris ; je mettais » une sorte d'amour-propre à montrer, par son beau côté, » cette capitale à mon fils, qui devait à peine s'en souvenir. » Je dis au postillon de nous mener par les boulevards à la » rue de la Paix, et de s'arrêter au premier hôtel venu. Le » hasard nous conduisit à l'hôtel de Hollande. J'occupai le » petit appartement du premier ; de là je voyais le boulevard » et la colonne de la place Vendôme. Je trouvais une sorte » de jouissance amère à me pénétrer de mon isolement, à » regarder encore cette ville que j'allais quitter, peut-être » pour toujours, sans parler à personne, sans être distraite » de l'impression que cette vue faisait sur moi. »

Ainsi revenait à Paris, après quinze ans d'exil, fugitif et proscrit, le jeune homme dont la naissance avait été annoncée par des salves d'artillerie dans toute la vaste étendue de l'Empire, de Hambourg à Rome, des Pyrénées au Danube.

Le prince était en proie aux ardeurs d'une fièvre brûlante ; un peu de repos lui était nécessaire ; on le lui refusa. Aux prières d'une mère encore inquiète sur la vie de son fils, à la lettre si digne par laquelle le prince revendiquait son droit de citoyen français, le roi Louis-Philippe, oubliant que la reine Hortense avait été une bienfaitrice de sa famille, répondit par l'ordre impitoyable de quitter la France. Les deux proscrits se rendirent en Angleterre, où le prince employa son temps à compléter son instruction en visitant avec soin tous les établissements industriels et scientifiques qui font la gloire et la prospérité de la Grande-Bretagne.

Après tant de fatigues, de souffrances et d'angoisses, madame la duchesse de Saint-Leu avait hâte de retrouver sa retraite de Turgovie; elle venait de recevoir des passe-ports pour traverser la France, et n'attendait plus que l'autorisation de passer par Paris. Cette pièce n'arrivait pas; elle hésitait lorsque son fils lui dit : « Si nous allons à Paris et que je voie sabrer le peuple, certainement je ne résisterai pas à aller me mettre de son côté. » La reine Hortense prit aussitôt son parti; elle s'embarqua, tourna Paris, et ne s'arrêta plus qu'à Arenenberg, nom d'une terre qu'elle possédait en Suisse.

Avant de poursuivre le cours de notre récit, il ne sera pas inutile de mettre sous les yeux de ceux qui blâment, avec plus d'aigreur que de bonne foi, le décret prescrivant la vente des biens de la famille d'Orléans, les preuves irrécusables de l'ingratitude de Louis-Philippe. Après le retour de l'île d'Elbe, la mère de ce prince, madame la duchesse douairière d'Orléans, souhaitait ne pas quitter la France et y recevoir du gouvernement impérial une pension qui la mît à même d'y tenir un état de maison convenable à son rang. La reine Hortense, avec une générosité sans pareille et cette délicatesse de procédés qui lui était familière, alla au-devant de ce désir, et fut assez heureuse pour obtenir de l'Empereur qu'il fût accompli. Soit avant, soit après l'issue de cette négociation, la douairière d'Orléans lui écrivit. Les lettres qu'elle lui adressa alors sont d'un grand intérêt historique, en ce qu'elles attestent une fois de plus l'incomparable munificence de Napoléon et l'inépuisable bonté de la reine Hortense. On nous saura gré de reproduire ici cette correspondance, où la duchesse d'Orléans exprime des sentiments qui l'honorent.

LA DUCHESSE D'ORLÉANS A LA REINE HORTENSE.

« Madame,

» L'obligeance que Votre Majesté a bien voulu me faire témoigner » m'inspire la confiance de la réclamer pour obtenir de l'Empereur » une décision *qui m'est si nécessaire et si pressante dans la cruelle position dans laquelle je me trouve.* J'aurais craint de fatiguer S. M. l'Empereur en lui retraçant les motifs propres à émouvoir sa magnanimité. J'aime à me persuader que les bons offices de Votre Majesté » produiront cet effet, et qu'elle voudra bien rendre cette justice à la » reconnaissance.

» Madame,

» De votre servante,

» LOUISE-MARIE-ADÉLAÏDE DE BOURBON,
» Douairière d'Orléans. »

Ce 28 *mars* 1815.

LA MÊME A LA MÊME.

« Madame,

» L'intérêt dont Votre Majesté a bien voulu me réitérer le témoignage, dans son aimable lettre du 29 mars, me confirme dans » l'espoir que l'Empereur *adoucira bientôt ma cruelle position.* Le ministre des Finances l'ayant mise sous ses yeux, il sera bien consolant » pour moi de devoir à *la générosité* de l'Empereur, et à votre obli-

» geante entremise, d'obtenir ce que ma position, *dont je ne saurais* » *assez vous exprimer la gêne*, sollicite instamment.

» Agréez encore une fois, Madame, l'expression des sentiments » qu'offre,

» A Votre Majesté,

» Sa servante,

» Louise-Marie-Adélaïde de Bourbon-Penthièvre,

» Douairière, duchesse d'Orléans. »

Ce 2 *avril* 1815.

LA MÊME A LA MÊME.

» Madame,

» Je suis vraiment affligée que le mauvais état de ma santé me prive » d'exprimer à Votre Majesté, comme je le voudrais, ma sensibilité à » l'intérêt qu'elle a témoigné à ma position. Elle est encore bien pé- » nible, ma jambe ne prenant aucune force (1), mais je ne veux pas » différer d'exprimer à Votre Majesté et à S. M. l'Empereur, auprès » duquel j'ose vous prier d'être mon interprète, les sentiments dont » fait profession,

» Madame,

» De Votre Majesté la servante,

» Louise-Marie-Adélaïde de Bourbon-Penthièvre,

» Douairière, duchesse d'Orléans. »

Ce 19 *avril* 1815.

L'Empereur accorda tout aux prières de la reine Hortense. Il fit dire à la duchesse d'Orléans qu'il la verrait avec plaisir habiter Paris; en même temps, il lui assurait une pension *de quatre cent mille francs*.

(1) Au mois de janvier 1815, la duchesse avait fait une chute sur un escalier et s'était cassé la jambe, en sorte qu'elle était encore sur son lit de douleur, lorsque Napoléon rentra dans Paris.

Madame la duchesse de Bourbon, tante du duc d'Orléans, ayant, elle aussi, accepté les bons offices de la reine Hortense auprès de l'Empereur, éprouva également les effets de la protection de cette femme admirable qui ne connut les grandeurs que pour se faire bénir, et les malheurs de ses semblables que pour les soulager. On ne lira pas non plus sans intérêt les confidences que la duchesse n'hésitait pas à faire de sa position à la mère du prince Louis, en même temps qu'elle lui adressait l'expression de sa reconnaissance, soit pour des services déjà rendus, soit pour ceux qu'elle attendait encore.

LA DUCHESSE DE BOURBON A LA REINE HORTENSE.

« Madame,

» Vous avez bien voulu me faire offrir votre médiation auprès de
» S. M. l'Empereur pour obtenir *l'autorisation de rester en France et un*
» *traitement convenable pour y subsister.*

» Je sais, Madame, ce que vous avez déjà fait auprès de Sa Majesté,
» et que *c'est, en grande partie à votre intérêt que je dois les* 200,000 *francs*
» *de rente qu'elle a eu la bonté de m'accorder;* mais, sur cette somme,
» le Ministre me dit que je dois distraire celle de 50,000 francs en fa-
» veur de mes frères naturels reconnus par mon père, ce qui réduirait
» mon traitement annuel à 150,000 francs. *Vous trouverez sûrement,*
» *Madame, cette somme bien modique, eu égard à mes obligations et à*
» *la nécessité où je suis de me former un établissement en entier, n'ayant*
» *ni habitation, ni meubles*, etc., etc.

» J'avais, à la vérité, supplié Sa Majesté d'assurer à chacun de ces
» Messieurs la somme de 25,000 francs, comme étant la seule dette
» morale dont je me crusse tenue; mais outre que j'avais pensé
» que cette dette n'aurait pas dû être prise sur mon traitement de
» 200,000 francs, je regardais comme important pour eux de leur
» assurer le même revenu, dans le cas où je viendrais à mourir avant
» eux. Je viens donc vous prier, Madame, d'appuyer, auprès de l'Em-
» pereur, la demande que j'ose lui faire, et qui, j'espère, ne peut
» vous paraître déraisonnable. *C'est une nouvelle obligation que je vous*
» *aurai.*

» Je joins ici une copie de la lettre que j'écris à Sa Majesté, et qui » doit lui être remise par son ministre de la Police.

» Agréez, Madame, l'assurance des sentiments distingués que je » vous prie de recevoir.

» L.-M.-J.-J. D'ORLÉANS-BOURBON. »

Ce 21 *avril* 1815.

LA MÊME A LA MÊME.

« Madame,

» *Je suis bien touchée de votre obligeance* et j'ai toute confiance dans » ce désir que vous me témoignez; il me semble difficile que l'Em» pereur refuse une demande, j'ose le dire, aussi juste, *lorsqu'elle lui* » *est présentée par vous*. Croyez, Madame, que ma reconnaissance éga» lera les sentiments dont je vous prie de recevoir d'avance les témoi» gnages bien sincères.

» L.-M.-J.-J. D'ORLÉANS-BOURBON. »

Ce 29 *avril* 1815.

Une pension de six cent mille francs fut accordée à la duchesse de Bourbon.

Ce chiffre paraîtra sans doute exorbitant; mais les princesses qui invoquaient le secours de Napoléon étaient nées et avaient vieilli au sein de l'opulence et du faste. Elles s'étaient habituées, de longue date, aux jouissances et aux splendeurs des palais; c'était là toute leur existence. A la Révolution, elles avaient perdu des biens immenses. La reine Hortense, avec sa sensibilité ordinaire, ne pouvait qu'être touchée d'un état de médiocrité qu'elle comprenait, pour elles, comme le comble du malheur. Elle employa toute l'éloquence de son cœur excellent à faire valoir ces considérations, à les rendre toutes puissantes auprès de l'Empereur, qui ne put rien refuser. Cette influence dont la mère du prince Louis-Napoléon avait usé si souvent pour mettre un terme aux misères les plus profondes, cette fois, elle l'avait mise au service de la mère et de la tante du duc d'Orléans. Telle, aux beaux jours de sa prospérité, fut la reine Hortense pour tous ceux que la fortune poursuivait de ses rigueurs.

Si nous écrivions une de ces biographies auxquelles la gravité des événements fait défaut, peut-être serait-ce ici le lieu de rapporter quelques particularités qui feraient saillie dans le cours d'une existence ordinaire (1). Mais l'importance des faits que nous allons avoir à raconter nous interdit ces détails et nous commande de négliger tout ce qui ne se rattache pas aux prévisions politiques du prince.

(1) Voici deux de ces particularités : Dans une de ses courses équestres aux environs d'Arenenberg, Louis-Napoléon aperçut à quelque distance un équipage et des voyageurs que des chevaux emportés allaient verser dans un abîme. Soudain il s'élance de toute la vitesse de son cheval, devance l'équipage, et mettant pied à terre, il se jette à la tête des chevaux qu'il maîtrise et force à s'arrêter au bord du précipice.

Un jour, il se promenait avec sa mère et quelques dames de sa connaissance ; on vint à parler de la galanterie française : une jeune princesse se prit à dire que les Français avaient, sous ce rapport, bien dégénéré de leurs ancêtres. Le prince soutenait la thèse contraire. Quelques instants après, un coup de vent détacha une fleur des cheveux de la princesse et la porta dans les eaux d'un torrent. — Eh bien ! s'écria la jeune dame, que disais-je tout à l'heure ? Un chevalier français d'autrefois eût été enchanté de pareille occasion de montrer sa galanterie. C'était un défi, Napoléon aussitôt se précipite dans le torrent ; au milieu des cris d'effroi de la compagnie, il disparaît dans l'écume des flots furieux, mais bientôt on le revoit sur la rive opposée tenant le précieux bouquet qu'il vient remettre à la jeune dame : « Vous voyez, lui dit-il, » que les Français d'aujourd'hui n'ont rien à envier à leurs pères en » fait de galanterie. J'ai voulu vous le prouver, Madame, quoique ce ne » soit pas dans des prouesses de ce genre qu'on doive chercher à mon- » trer son courage.

De retour à Arenenberg, Louis-Napoléon Bonaparte reprit dans le calme ses études sérieuses, ses habitudes de penseur. Pendant qu'il se livrait à ses méditations, les Polonais, dont la lutte pour leur indépendance se prolongeait, lui offrirent de se mettre à leur tête : « A qui, lui disaient-ils, la direction de notre entreprise pourrait-elle mieux être confiée qu'au neveu du plus grand capitaine de tous les siècles? Un jeune Bonaparte apparaissant sur nos plages, le drapeau tricolore à la main, produirait un effet moral dont les suites sont incalculables. Venez donc, jeune héros, espoir de notre patrie, confiez à des flots qui reconnaîtront votre nom la fortune de César, et, ce qui vaut mieux, les destinées de la liberté. Vous aurez la reconnaissance de vos frères d'armes et l'admiration de l'univers. »

On croyait alors à une prochaine et puissante intervention de la France en faveur de la Pologne. Louis-Napoléon craignit, s'il acceptait, que le cabinet des Tuileries ne prît ombrage de l'éminente position que voulaient lui faire les vieux amis de son oncle, les plus fidèles et les plus fraternels auxiliaires de notre patrie. Pour ne pas compromettre leur cause en fournissant le prétexte à un abandon malheureusement résolu d'avance, et peut-être aussi pour rester à portée des éventualités qui pouvaient surgir des grandes déceptions de 1830, il répondit par un refus. Mais déjà la Pologne était écrasée, et l'on se transmettait avec indignation la nouvelle de ce désastre proclamé du haut de la tribune par le ministre de Louis-Philippe, par un ex-général de l'Empire, dans ces termes d'une incroyable et cruelle lâcheté :

« L'ordre règne à Varsovie. »

La Pologne était tombée dans le sang. La chute de cette héroïque nation qui avait trop compté sur le secours de nos armes, et la facilité presque triomphale avec laquelle le roi des barricades souscrivait aux terribles vengeances du czar, furent la première source de ce *crescendo* de désaffection et de mépris qui, du sein même de la prospérité matérielle, ne permettait pas de croire à la durée d'un gouvernement si peu soucieux de ménager son honneur et de ne pas blesser les sympathies nationales. Dans les proportions qu'elle prit presque spontanément, l'insurrection des 5 et 6 juin 1832 devait lui être un avertissement de renoncer à ce système si peu français dont les deux bases étaient, au dehors, couardise perpétuelle vis-à-vis de l'étranger, au dedans, déférence exclusive et sans réserve aux intérêts privés de la bourgeoisie; pour elle seule Louis-Philippe était *le roi citoyen;* pour le peuple, qui n'avait pas été consulté lors de son avénement, il n'était qu'un usurpateur. Il fallait que tôt ou tard croulât ce pouvoir issu de la plus flagrante illégalité, de la plus insolente négation de la souveraineté nationale.

A cette époque, le roi de Rome était penché sur le bord de sa tombe qui allait bientôt se refermer sur lui. Plusieurs des chefs militaires appelés à réprimer le mouvement insurrectionnel du peuple, offraient au contraire de se rallier si l'on consentait à invoquer le nom et le droit dynastique de l'héritier impérial. Ils firent dans ce sens des ouvertures aux notabilités les plus influentes du parti démocratique. On sonda le vieux Lafayette ; Armand Carrel fut un instant indécis. Mais après mûre réflexion, on s'arrêta à cette idée qu'une défaite qui, nécessairement, laisserait intactes plusieurs des libertés conquises en 1830, était encore préférable à une victoire qui inaugurerait dans le pays la dangereuse prépondérance du sabre.

C'est vers ce temps que Louis-Napoléon fit paraître ses *Considérations politiques et militaires sur la Suisse*, brochure qui fit sensation et qui valut à son auteur les éloges du Nestor du royalisme. Le vicomte de Chateaubriand avait sans doute dès lors reçu la confidence des aspirations du prince ; c'est ce qui semble résulter de ce passage d'une lettre qu'il lui adressait :

« Vous savez, lui écrivait-il, que mon jeune roi est en Écosse, et que tant qu'il vivra il ne peut y avoir pour moi d'autre roi de France que lui. Mais si Dieu, dans ses impénétrables desseins, avait rejeté la race de saint Louis, si notre patrie devait revenir sur une élection qu'elle n'a pas sanctionnée, et si ses mœurs ne lui rendaient pas l'état républicain possible, alors, prince, il n'y a pas de nom qui aille mieux à la gloire de la France que le vôtre. »

Les *Considérations sur la Suisse* achevèrent de concilier au jeune prince les sympathies des habitants de cette contrée hospitalière : ils lui conférèrent le droit de cité et le nommèrent capitaine d'artillerie au régiment de Berne. L'artillerie était son arme de prédilection, et l'on ne put douter qu'il n'y fût d'une compétence incontestable, lorsqu'en 1835 il eut fait imprimer un *Manuel* dont tous les journaux militaires rendirent un compte avantageux. Dans ce livre, qui était le produit de trois ans d'un travail assidu, se trouve condensée sous un petit volume une masse d'enseignements présentés avec clarté et méthode.

La considération qui s'attachait de plus en plus à la personne du prince, et la reconnaissance de son mérite, devinrent pour Louis-Philippe de puissants motifs de s'alarmer. Une nuée d'agents et d'espions s'abattit sur Arenenberg. Louis-Napoléon fut exactement surveillé, ce qui ne l'empêcha pas d'entretenir avec plusieurs personnages marquants, soit dans la politique, soit dans l'armée, une correspondance des plus actives. Carrel, avec qui il avait essayé de se mettre en relation, par l'intermédiaire d'un de ses amis, s'exprimait ainsi sur le compte de Louis-Napoléon :

« *Si ce jeune homme sait comprendre les intérêts nouveaux* » *de la France ; s'il sait oublier les droits de légitimité impé-* » *riale pour ne se souvenir que de la souveraineté du peuple, il* » *peut être appelé un jour à jouer un grand rôle.* »

Si l'on se reporte aux lois organiques de l'Empire, on y voit qu'à défaut d'un descendant direct de Napoléon, l'hérédité du trône était établie en faveur de Joseph, puis de Louis Bonaparte et de leurs descendants mâles par ordre de primogéniture. Le duc de Reichstadt étant mort, Joseph n'ayant que des filles, Charles - Louis - Napoléon, dernier survivant des fils de Louis, dans l'hypothèse où il aurait été possible de faire revivre cette constitution dynastique, devenait le prince impérial, c'est-à-dire l'héritier présomptif de la couronne.

Bien que Louis-Napoléon manifestât des opinions libérales, et qu'à quelques égards on pût lui reconnaître des tendances démocratiques, il était probable que l'idée de cette espèce de légitimité impériale qui reposait sur sa tête avait dû, de bonne heure, s'emparer de son esprit, et que bientôt, sous l'empire de cette idée, il en était venu à se persuader qu'il était de son devoir de relever une cause dont il était le représentant. Cependant, comme on eût fait en France un mauvais accueil à la revendication de tout droit de cette nature, non-seulement il n'essaya pas de s'en prévaloir, mais encore jugeant assez bien, sous ce rapport, l'état de l'opinion, il s'annonça comme voulant faciliter la libre expression de la volonté nationale. Il admettait avant tout le principe de la souveraineté du peuple, et il lui semblait que puisque les divers partis existants ne différaient que sur la manière de l'entendre et de l'appliquer, il y avait entre eux une foi commune. C'était une erreur, mais qui faisait du moins honneur à sa sincérité, car lorsqu'on a vu de près les partis et qu'on a étudié leur tactique, on sait que ceux-là même qui ont le plus en aversion la liberté et l'égalité, ont dans leurs programmes des formules et des mots séduisants qui, après le triomphe et dans l'application, se traduisent de façon à favoriser l'établissement de la tyrannie, ou à la consolider. Tels étaient *le suffrage universel* à plusieurs degrés des royalistes de la *Gazette*, et l'illusoire extension du vote hypocritement proposé par certains conservateurs soi-disant progressistes.

Le prince Louis-Napoléon, relégué à l'étranger, n'avait assisté que de loin à ce qui s'était passé en France depuis 1830, et il n'avait pu voir de plus près ce qui s'était passé pendant les quinze années de la Restauration. Il concluait la situation de la France d'une succession de faits accomplis dans un intervalle de cinq années. Les émeutes à Paris et dans les départements, la prise d'armes des 5 et 6 juin, les tentatives des 13 et 14 avril, les mouvements de Lyon, de Grenoble et de vingt autres villes, les agitations sans cesse renaissantes sur tous les points de la France, le licenciement de la garde nationale à Lyon, Grenoble et Strasbourg, toutes ces scènes plus ou moins tumultueuses, le mécontentement résultant de quelques actes injustifiables du pouvoir, étaient pour lui de graves symptômes d'où il tirait la conséquence que le peuple était mûr pour un grand changement. Mais il eût fallu se souvenir qu'avant 1830, il y avait eu la conspiration de Grenoble, tramée à loisir, largement pourvue de ressources par la haute instigation (1) à laquelle elle devait profiter, et poussée jusqu'à l'insurrection, au milieu d'une population remuante, énergique, imbue de l'esprit militaire

(1) Celle du duc d'Orléans, Louis-Philippe.

et toujours prête à se lever au nom de Napoléon II, faux drapeau qui lui était alors présenté. Il eût fallu se souvenir qu'il y avait eu la conspiration de Strasbourg, la conspiration de Béfort, la conspiration du 19 août, l'insurrection de Thouars dirigée par le général Berton, concertée avec les principaux chefs de l'opposition libérale à Paris, et devant éclater sur plusieurs points de la France à la fois. Il eût fallu se rappeler tous ces complots, toutes ces tentatives, tous ces échecs qui n'avaient pu être évités, lors même qu'on avait eu pour soi tous les éléments de succès, le concours des populations assuré, des régiments gagnés, des officiers, des colonels, des généraux prêts à les commander, d'immenses associations, les carbonari, les *chevaliers de la liberté*, les membres de la société : *aide-toi, le ciel t'aidera*, etc., etc. Une opposition parlementaire très-compacte et très-vive, des troubles de famine, des émeutes formidables dans les rues de la capitale, le désœuvrement et l'irritation séditieuse de plusieurs milliers d'officiers avec ou sans demi-solde, le stimulant de plusieurs causes de révolution à Naples, à Turin, à Madrid, la haine des Bourbons portée au plus haut degré dans toutes les classes par les égorgements du midi, par les exécutions sanglantes à Paris, à Lyon, dans l'Isère, dans la Sarthe, dans la Gironde, enfin presque partout; les arrogantes prétentions des nobles, l'influence sans cesse croissante et les envahissements du parti-prêtre, l'aversion qu'inspiraient les missionnaires et les jésuites, la presque impunité de quelques ecclésiastiques convaincus de crimes atroces, etc., etc., assez de matières inflammables s'étaient accumulées depuis 1815, et l'on devait s'attendre à ce que la moindre étincelle produirait un embrasement. — Eh! bien, vingt fois on crut qu'il ne s'agissait que de donner le signal, et ceux qui eurent le courage de cette initiative furent tous victimes. Sans les ordonnances de juillet, Henri V serait peut-être aujourd'hui roi de France.

En fait d'histoire, il n'y en a qu'une dont la connaissance parfaite puisse offrir les données d'après lesquelles on serait fondé à croire qu'un gouvernement est enfin arrivé à cette position extrême, où le premier choc dirigé contre lui doit réunir tout le monde pour le renverser. Cette histoire est celle des événements contemporains, dans toute la période qui les embrasse et même dans la période antérieure. Elle n'est pas écrite ; on ne peut l'étudier ni dans les livres, ni dans les journaux ; on ne peut l'apprendre qu'après un long contact avec les hommes qui ont joué un rôle, qui occupent ou qui aspirent à occuper encore la scène politique ; il faut avoir la clef des caractères et des intrigues, voir de très-près le but des ambitions, découvrir où se porte le flot des égoïsmes et des intérêts, scruter l'ensemble des mœurs, s'initier, sur place, aux dispositions des masses, et ne rien préjuger, d'enthousiasme, d'après de simples apparences et sur des ouï-dire.

II

PREMIÈRE TENTATIVE. — STRASBOURG.

Le prince Louis-Napoléon avait vécu jusque-là plus dans les sentiments que dans l'observation. Avec son cœur tout français, il souffrait intérieurement de l'état d'infériorité auquel sa patrie était descendue, et il lui semblait impossible qu'elle se résignât à supporter plus longtemps un gouvernement qui, toujours prêt à se courber devant l'étranger, n'avait pas su la maintenir au rang des hautes puissances de l'Europe. Il comprenait que nulle part on ne devait être plus irrité de cet abaissement continu que dans l'armée. C'est donc là qu'il chercha à nouer des intelligences, au moyen d'émissaires dévoués qui lui signalèrent les officiers sur lesquels il pourrait compter le jour où il entreprendrait de relever le drapeau napoléonien. C'est à Bade, qu'au mois de juillet 1836, il vint pour se concerter avec quelques chefs de la garnison de Strasbourg. De ce nombre était le colonel Vaudrey qui y commandait alors, non-seulement son régiment, le 4e d'artillerie, mais encore dans la place tous les autres corps de cette arme. Vaudrey avait une grande renommée de bravoure, il était adoré du soldat et les Strasbourgeois l'estimaient particulièrement pour sa franchise, sa loyauté et sa fidélité au culte de l'empereur Napoléon : son exemple et son influence pouvaient entraîner la troupe et la population. Le prince lui communiqua ses idées et ses projets. « Une révolution, lui dit-il, n'est excusable, elle n'est légitime que lorsqu'elle se fait dans l'intérêt de la majorité d'une nation. Or, on est sûr que l'on agit dans ce sens lorsqu'on ne se sert que d'une influence morale pour la faire réussir. Si le gouvernement a commis assez de fautes pour rendre une révolution encore désirable au peuple, si la cause napoléonienne a laissé d'assez profonds souvenirs dans les cœurs français, il me suffira de me montrer seul aux soldats et au peuple, et de leur rappeler les griefs présents et la gloire passée, pour qu'on accoure sous mon drapeau... Mon but est de venir avec un drapeau populaire, le plus populaire, le plus glorieux de tous ; de servir de point de ralliement à tout ce qu'il y a de généreux et de national dans tous les partis, de rendre à la France sa dignité sans guerre universelle, sa liberté sans licence, sa stabilité sans despotisme.

Pour arriver à un tel résultat, que faut-il faire? Puiser entièrement dans les masses toute sa force et tous ses droits, car les masses appartiennent à la raison et à la justice. »

Le colonel Vaudrey approuva tout et promit son concours. Le plan de Louis-Napoléon consistait à se jeter inopinément dans Strasbourg, à y rallier le peuple et la garnison par le prestige de son nom, par l'ascendant de son audace, et à se porter rapidement sur Paris entraînant tout sur sa route, troupes, gardes nationaux, peuple des villes et des campagnes. Il fallait préparer cette périlleuse tentative : un jour, Louis-Napoléon monte à cheval et se dirige vers Strasbourg où il entre dans la soirée. Là, dans une vaste chambre, un ami du prince avait réuni vingt-cinq officiers de la garnison. Tout à coup on leur annonce que Louis-Napoléon va se rendre au milieu d'eux, et presque au même instant :

« Messieurs, s'écrie-t-il, c'est avec confiance que le neveu de l'Empereur se livre à votre honneur, il se présente à vous pour savoir de votre bouche vos sentiments et vos opinions. Si l'armée se souvient de ses grandes destinées, si elle sent les misères de la patrie, alors je porte un nom qui peut vous servir; il est plébéien comme notre gloire passée; il est glorieux comme le peuple. Aujourd'hui le grand homme n'existe plus; mais la cause est la même; l'aigle, cet emblême sacré, illustré par cent batailles, représente, comme en 1815, les droits du peuple méconnus et la gloire nationale. Messieurs, l'exil a accumulé sur moi bien des chagrins et des soucis; mais comme ce n'est pas une ambition personnelle qui me fait agir, dites-moi si je me suis trompé sur les sentiments de l'armée, et s'il le faut, je me résignerai à vivre sur la terre étrangère, en attendant un meilleur avenir. » — « Non, vous ne languirez pas dans l'exil, lui répondirent les officiers; c'est nous qui vous rendrons votre patrie : toutes nos sympathies vous sont acquises depuis longtemps ; nous sommes las, comme vous, de l'inaction où l'on nous laisse ; nous sommes honteux du rôle que l'on fait jouer à l'armée. »

Le 28 octobre 1836 il entra de nouveau à Strasbourg sur les dix heures du soir ; il y passa la nuit dans la chambre d'un officier, où se réunirent toutes les personnes qui étaient initiées à son dessein. Il prit avec elles toutes les dispositions qui lui parurent propres à en assurer le succès ; il donna ses instructions à chacun des conjurés et leur lut ses proclamations qui excitèrent un grand enthousiasme.

Le colonel Vaudrey fit prendre les armes à ses artilleurs dès six heures du matin. Dès qu'il les eut formés en carré dans la grande cour du quartier d'Austerlitz, on vint prévenir le prince : « Allons, Messieurs, s'écria-t-il, le moment est arrivé ; nous allons voir si la France se souvient encore de vingt années de gloire ; » en même temps, il s'élance dans la rue, suivi d'un groupe nombreux d'officiers. Le trajet était court, il fut rapidement franchi, et, dès le début, tout faisait présager que la journée serait triomphale ; la fatalité confondit toutes les prévisions (1).

(1) Nous retraçons ici sommairement les principaux faits de ce drame. Le prince s'avance avec assurance au milieu des troupes ; aussitôt le colonel Vaudrey, ayant fait porter les armes, s'écrie :

« Soldats du 4e d'artillerie ! une grande révolution commence en ce
» moment sous les auspices du neveu de l'empereur Napoléon. Il est
» devant vous et vient se mettre à votre tête ; il arrive sur le sol de la
» patrie pour rendre au peuple ses droits usurpés, à l'armée la gloire
» que son nom rappelle, à la France les libertés que l'on méconnaît. Il
» compte sur votre courage, votre dévouement et votre patriotisme pour
» accomplir cette grande et glorieuse mission. Soldats, votre colonel a
» répondu de vous, répétez avec lui : *Vive Napoléon ! vive l'Empereur !* »

Ce cri fut répété avec un enthousiasme frénétique.

Le prince fit signe qu'il voulait parler ; alors, au milieu d'un profond

Le chef de cette audacieuse entreprise ne revendiquait aucun droit que celui de citoyen français; mais il accourait

silence et d'une voix forte et accentuée : « Soldats, dit-il, appelé en » France par une députation des villes et des garnisons de l'Est, et ré- » solu à vaincre ou à mourir pour la gloire et la liberté du peuple fran- » çais, c'est à vous, les premiers, que j'ai voulu me présenter, parce » qu'entre vous et moi il existe de grands souvenirs; c'est dans votre » régiment que l'empereur Napoléon, mon oncle, servit comme capi- » taine; c'est avec vous qu'il s'est illustré au siége de Toulon, et c'est » encore votre brave régiment qui lui ouvrit les portes de Grenoble au » retour de l'île d'Elbe. Soldats, de nouvelles destinées vous sont réser- » vées; à vous la gloire de commencer une nouvelle entreprise, à vous » l'honneur de saluer les premiers l'aigle d'Austerlitz et de Wagram.» Et le prince ayant saisi l'aigle que portait l'un de ses officiers : «Soldats, » ajouta-t-il, « voici le symbole de la gloire française, destiné désormais » à devenir aussi l'emblème de la liberté. Pendant quinze ans, il a con- » duit nos pères à la victoire, il a brillé sur tous les champs de bataille, » il a traversé toutes les capitales de l'Europe. Soldats! ralliez-vous à ce » noble étendard; je le confie à votre honneur, à votre courage. Mar- » chons ensemble contre les traîtres et les oppresseurs de la patrie aux » cris de *vive la France, vive la liberté!* »

Ces paroles furent d'un effet magique; dès ce moment, officiers et soldats sont dévoués au prince. Il donne ses ordres pour les dispositions propres à généraliser le mouvement. Un officier est envoyé vers le 46e de ligne pour lui annoncer la révolution qui s'opère; ce régiment, récemment arrivé à Strasbourg, était le seul dans lequel le prince n'eût pas des intelligences.

Pendant qu'on prend des précautions contre l'action de l'autorité, une colonne nombreuse, en tête de laquelle était le prince, les colonels Vaudrey et Parquin et quelques autres officiers, s'acheminait directement vers le quartier-général. Déjà une partie de la population était sur pied et mêlait avec transport ses acclamations à celles des soldats. Tous les postes, pendant le trajet, et la gendarmerie elle-même, rendirent au prince les honneurs militaires : au quartier général, les portes s'ouvrirent devant lui à deux battants. Il avait espéré qu'en le voyant, le général Voirol sentirait se réveiller ses anciennes sympathies, mais cet officier refusa son concours, et le prince dut ordonner au colonel Parquin de le garder à vue.

Louis-Napoléon ne s'arrêta point à ce premier contre-temps; sans avec son nom; c'était son talisman qu'il faisait briller aux yeux de la troupe, et il se trouvait précisément qu'en raison

hésiter, il prit son essor vers la caserne Flinkematt; mais, par l'effet d'un malentendu, la colonne qui le suivait se sépara et s'avança par deux chemins différents. Quelques officiers seulement et quatre cents artilleurs environ entrèrent avec lui dans la cour du quartier. Les soldats du 46e, ignorant encore ce qui se passait, étaient dans leurs chambres, où ils se préparaient pour l'inspection du dimanche : attirés par le bruit, ils se mettent aux fenêtres; le prince les harangue; ils descendent, l'entourent et bientôt de tous les côtés retentissent les cris de *vive Napoléon! vive l'Empereur!*

Tout semblait marcher vers un heureux dénouement : le lieutenant Laïty entraînait les pontonniers, d'autres officiers amenaient également leurs compagnies. Le général de brigade et le colonel du 3e d'artillerie étaient prisonniers; les officiers Poggi et Conard dirigeaient ce régiment sur le quartier général; M. de Persigny tenait le préfet enfermé dans la caserne d'Auterlitz; l'officier chargé de faire imprimer les proclamations, M. Lombard, était prêt à les faire afficher; le lieutenant Piétri s'était établi au télégraphe; le colonel Parquin en imposait par son énergie au général Voirol, qui ne pouvait se résigner à l'inaction. Encore un instant, et le prince avait toute la garnison à ses ordres; mais tout à coup, pendant qu'à l'une des extrémités de la cour de la caserne se forment plusieurs compagnies du 46e, le colonel Taillandier arrive par l'extrémité opposée; on lui dit alors que le neveu de l'Empereur est là avec le 4e d'artillere : « Soldats, s'écrie-t-il aussitôt, on vous trompe; l'homme qui excite votre enthousiasme ne peut être qu'un aventurier, un imposteur. » Au même instant un officier d'état-major ajoute : « C'est le neveu du colonel Vaudrey, je le reconnais. »

Le soldat est crédule à l'excès; il n'est version si absurde qu'on ne puisse lui faire accepter. Dans son irréflexion, il se persuade qu'on l'a mystifié et devient furieux. Le colonel Taillandier, profitant de cette disposition, fait battre la charge; les officiers du prince la font battre de leur côté pour accélérer le rassemblement des militaires de leur parti. On charge les armes de part et d'autre; tout s'apprête pour une lutte sanglante; un mot du prince ou du colonel Vaudrey, et le massacre commençait. Le prince, qui s'est jeté au milieu de l'infanterie pour tâcher de la ramener, est entouré d'un triple rang de baïonnettes et obligé de tirer son sabre. Il allait périr par des mains françaises, si des canonniers ne l'avaient enlevé et placé dans leurs rangs. Dans un de ce nom, les démocrates qui connaissaient peu sa personne, ou qui même ne la connaissaient pas du tout, nourrissaient contre lui d'invincibles préventions. N'eussent-ils pas mis en doute le désintéressement de ses intentions, ils n'en auraient pas moins douté de la possibilité de les maintenir. Il les aurait donc rencontrés les premiers sur son chemin, prêts à lui fermer le passage. Il venait pour restituer à toute sa réalité la souveraineté du peuple; mais il s'adressait à une garnison, et ce qui s'opérait, c'était une révolution militaire. Dans les journées des 5 et 6 juin, le concours du sabre avait été offert par des généraux, et avait, comme nous l'avons dit, été repoussé par les insurgés. Armand Carrel avait été d'avis qu'il valait mieux être vaincus seuls que de vaincre avec des militaires. « Demain, disait-il, ils voudraient anéantir le peu de liberté qui nous reste; la liberté de la presse serait la première à laquelle ils s'attaqueraient, et il faudrait nous battre contre eux. » Il eût été difficile de persuader aux républicains que l'on avait rappelé, sans arrière-pensée et simplement pour mémoire, à quel titre le prince Louis-Napoléon était l'héritier présomptif du trône impérial. Selon eux l'exhibition de ce titre, en regard de la souveraineté du peuple en permanence, mettait en présence deux systèmes de droit directement contraires, et qui, dans leur antagonisme, n'étaient guère propres à s'allier, solidement du moins.

Tous les mouvements, depuis 1830, n'avaient eu aucun caractère de généralité; les masses populaires étaient restées, non pas dans l'indifférence, mais dans l'inertie vo-

suprême effort, il s'élance vers un piquet de cavalerie pour s'emparer d'un cheval afin de pouvoir dominer la mêlée, mais les artilleurs qui le protégent sont repoussés, et lui-même est refoulé contre un mur. Soudain l'infanterie se précipite sur lui et l'emmène prisonnier. Ses officiers, qui ne peuvent plus rien pour sa défense, subissent successivement le même sort.

lontaire. Partout elles avaient regardé passer, soit l'émeute, soit l'insurrection qui n'avait jamais compté que des individus. Aucun de ces *à parte* n'avait été entraînant; assurément les masses n'étaient pas satisfaites de l'ordre de choses tel qu'il convenait au juste-milieu, mais, pour un changement, il y avait toute une classe de moins, celle des bourgeois qui se voyaient en passe de dominer. Partout c'était la bourgeoisie qui, au premier signe de perturbation, s'était prêtée volontiers à faire régner l'ordre; elle avait chargé à la baïonnette dans toutes les batailles intestines, et souvent avec plus d'animosité que la troupe, et cette bourgeoisie était d'autant plus forte qu'à cette limite inférieure où se trouvent les boutiquiers et les petits industriels, les masses, c'est-à-dire plus de vingt millions de prolétaires, sentaient encore bien vaguement qu'elle allait les mettre en exploitation, avec la dureté d'une cupidité incurable.

Le peuple, qui n'avait rien gagné au dernier changement que des chômages ou des baisses de salaire, s'opiniâtrait donc, immobile, à penser que désormais il était sage à lui de rester à l'écart de tout débat politique. Son sort après juillet l'avait corrigé, c'était le mot du pouvoir, de l'espoir de se mêler plus efficacement aux affaires publiques. Un maître ou un autre, peu lui importait désormais, et il ne croyait pas à la République. Il n'y avait même plus de jeunesse française, ni dans les écoles ni ailleurs; la religion des intérêts matériels, prêchée à outrance, avait déjà tout vieilli, tout énervé, tout corrompu. Quant à l'armée, en réalité elle n'avait plus de griefs; elle pouvait quelquefois murmurer contre la paix déshonorante en Europe, se plaindre d'une guerre absurdement conduite en Afrique, mais les officiers étaient les fils ou les frères des bourgeois dont le règne avait commencé, et les sous-officiers et soldats, dans l'attente de leurs congés, subissaient sans trop de regrets le néant où les plongeait l'obéissance passive. Sous le drapeau, il n'y avait plus de poésie, et tout au plus, suivant le caprice ou la disposition du moment, était-il possible d'y produire un élan partiel et passager, d'enlever un régiment ou deux et de les porter à un coup de tête, sans résolution prise, sans véritable enthousiasme. L'incertitude était au fond du cœur; un mot, un souffle, un rien, tout s'arrêtait, tout faisait volte-face, tout devenait hostile. La vue de l'Empereur aurait été électrique pour de vieilles moustaches; tout fût alors tombé devant elle, les ordres, les consignes, les commandements; la présence de son neveu n'était qu'un souvenir qui demandait à être expliqué à de jeunes hommes qui n'avaient vu Napoléon que sur la monnaie impériale, et qui avaient à peine entendu parler de ce neveu. Cependant ce souvenir pouvait encore être puissant en s'adressant d'abord aux corps des armes savantes, et spécialement au régiment dans lequel l'Empereur avait servi comme capitaine, à ce brave 4e d'artillerie avec lequel il s'était illustré au siége de Toulon, et qui lui avait ouvert les portes de Grenoble au retour de l'île d'Elbe. Mais il fallait que, dans ce cas, l'exemple fît tout, que son effet de propagation fût rapide, instantané et complet, avant qu'eût surgi la moindre inquiétude ou le moindre obstacle.

Un écrit qui, en 1838, amena son auteur devant la cour des Pairs, la relation des événements du 30 octobre 1836, par le lieutenant Laity, donne les détails les plus circonstanciés sur la première tentative du neveu de l'Empereur. Là sont racontées les dispositions qu'il prit et ce qu'il avait fait pour préparer son succès à Strasbourg. Mais ce succès n'était qu'un premier pas; sans avoir été dans la pensée du prince, on ne saurait se placer au point de vue des moyens

qu'il devait ultérieurement employer pour neutraliser toutes les circonstances contraires et se rendre favorable le plus grand nombre de celles qui étaient insignifiantes, en se prémunissant en même temps contre les mauvaises éventualités. Le calcul des probabilités dut être fait avant d'agir, et les motifs de confiance prévalurent sur tous les autres. On sait que le Prince se mit à la tête des régiments d'artillerie en garnison à Strasbourg ; que des régiments de cavalerie partis des villes environnantes devaient le rejoindre, et que le mouvement échoua dans la caserne du 46e d'infanterie par une méprise que le Prince ignorait encore, lorsqu'il écrivait à sa mère pour l'informer de son arrestation : « Hier di-
» manche, à six heures du matin, je me suis présenté
» devant le 4e d'artillerie qui m'a reçu aux cris de : *Vive*
» *l'Empereur* (1). Le 46e m'a résisté ; nous nous sommes
» trouvés cernés dans la cour de la caserne. Heureusement
» il n'y a pas eu de sang français versé : c'est ma consola-
» tion dans mon malheur. Courage, ma mère, je saurai
» soutenir jusqu'au bout l'honneur du nom que je porte...
» La vie est peu de chose ; l'honneur et la France sont tout
» pour moi. »

Dans l'opinion de ceux-là même qui tenaient l'action du Prince pour une des plus condamnables, rien n'empêchait qu'elle ne fût du nombre de celles qui laissent la conscience tranquille. Il n'y avait pas à s'étonner s'il annonçait à sa mère que l'honneur était sauf, puisqu'il ne s'était exposé qu'avec la conviction de remplir un devoir. Fondée ou non,

(1) Le prince était en uniforme d'artilleur : habit bleu, collet et passepoils rouges. Il portait les épaulettes de colonel, les insignes de la Légion d'honneur, le chapeau d'état-major du modèle admis dans l'armée, et était armé d'un sabre droit de grosse cavalerie. Il y avait certes loin de là à une imitation de la tenue habituelle de l'Empereur.

7

du moment qu'elle était réelle, cette conviction l'absolvait à ses propres yeux. Il n'avait pas réussi, c'était un malheur; il ne pouvait que le déplorer, mais il ne trouvait rien dans sa conduite dont il eût à se repentir. Un de ses regrets pourtant se traduisait en un reproche qu'il avait bien à cœur : il n'avait pas succombé seul et d'autres allaient souffrir à cause de lui ! Il comprenait parfaitement le droit du gouvernement à se défendre, et il n'ignorait pas que les juges appelés à appliquer la loi de répression n'avaient pas à remonter au principe de l'acte par elle qualifié d'attentat. Ce principe, il n'y avait que lui qui pût l'admettre comme respectable et l'invoquer pour la satisfaction de son for intérieur : il maintenait son honneur et justifiait sa sérénité.

Les journaux ministériels firent grand bruit de la capture du Prince. Sa tentative, sur laquelle on n'avait encore aucun des éclaircissements nécessaires pour l'apprécier sous le rapport des dangers qu'elle avait fait courir au gouvernement, y était représentée comme une *franche équipée :* c'était une extravagance qui n'avait pas de nom. Le public vit avec peine que le Prince se fût ainsi aventuré. On le plaignit; on blâma sa témérité, et ceux qui se persuadaient, sans motif plausible, que la liberté n'avait rien à gagner avec un Bonaparte, s'applaudirent qu'il eût échoué. Cependant mille rumeurs circulèrent, mais personne ne savait rien. Les uns disaient qu'il avait été attiré et trompé; les autres, qu'il avait été trahi en pleine voie de succès, mais sans préméditation et tout à fait à l'improviste. Ceux-ci prétendaient que la conjuration avait des ramifications immenses dans les principales villes de garnison et parmi les sommités militaires; ceux-là, au contraire, affirmaient que rien n'avait été préparé, qu'aucune relation n'avait été établie d'avance, et que le drame avait commencé par le dénouement. Dans tout cela, le seul fait incontestable, c'est que le Prince était prisonnier. On envoya en poste, pour le garder dans la prison neuve où il était renfermé, le directeur de la Conciergerie de la Seine, le nommé Lebel, avec la brigade qui avait veillé sur l'infâme Fieschi. Lebel poussa le zèle de son métier jusqu'à empêcher le Prince d'ouvrir sa fenêtre pour respirer ; il lui enleva sa montre et déploya toute cette science cruelle des vexations qui constitue la haute capacité du geôlier-modèle, et qui, depuis, toutes les fois que, pour complaire au pouvoir, il s'est agi de torturer un adversaire, nous est apparue enrichie de bien des perfectionnements.

Extrait de la prison de la ville où il avait été d'abord, et transféré à la citadelle de Strasbourg, Louis-Napoléon y attendait avec impatience l'ouverture des débats judiciaires, comme une occasion solennelle de racheter moralement sa défaite, lorsque un soir, sans lui expliquer où on le conduisait, sans vouloir écouter ses réclamations, on le fit monter entre deux officiers de gendarmerie dans une voiture qui se dirigea rapidement sur Paris. Dans la précipitation de cet enlèvement, on ne lui donna pas même le temps de se pourvoir de quelques effets indispensables. Descendu à la préfecture de police, il n'y vit que M. Delessert qui lui annonça que, d'après une décision du roi, il ne serait pas mis en jugement, mais emmené à Lorient où il s'embarquerait pour les États-Unis. Le Prince réclama, protesta même et réitéra sa demande d'être jugé avec ses compagnons d'inortune. Il insista sur le tort que son absence ferait à sesi fco-accusés, en les privant des déclarations qu'il pouvat faire en leur faveur, car enfin lui seul était en position de savoir et de dire comment il s'y était pris pour les entraîner, et des moyens d'influence dont il s'était servi, pouvait résulter, pour eux, l'admission de plus d'une circonstance atténuante. Tout ce qu'il allégua fut inutile, *la clémence fut inexorable*. Le préfet de police répondit au Prince que son sort étant irrévocablement fixé, il ne lui restait plus qu'à tâcher d'être utile à ses amis. Louis-Napoléon écrivit donc au roi pour lui exprimer la peine qu'il éprouvait à se voir traité d'une manière exceptionnelle : « Il faisait, disait-il, peu de cas de la vie qu'on lui laissait ; c'était uniquement le sort de ses amis qui l'occupait, et si le roi faisait grâce aux officiers détenus à Strasbourg, il lui en garderait une reconnaissance éternelle. »

Il ne pouvait y avoir deux poids et deux mesures ; d'une part les conjurés poursuivis ; de l'autre, leur chef soustrait à l'action de la justice. La légalité était là ; au mépris du bon sens, elle était mise en doute par les sophistes au service de ceux qui l'avaient méconnue : le jury du Bas-Rhin trancha la question par un acquittement. Il réagit ainsi contre une violation, et la force du sentiment public empêcha les habiles qui, par l'organe du ministère Guizot, demandaient la fameuse loi de disjonction, de faire tourner au profit du pouvoir contre la liberté l'entreprise du prince Louis-Napoléon.

Après une halte de deux heures à la préfecture de police, le Prince partit, sous la même escorte, pour le port de Lorient. Il persistait à demander toujours, non pas sa liberté, mais la satisfaction d'un jugement public. Lorsqu'on le voyait inébranlable dans de pareilles dispositions, en échange de quoi lui eût-on proposé de souscrire à des conditions ? Toute démarche auprès de lui, à cet égard, était complétement inutile, elle n'eût abouti qu'à un refus. Aussi se tourna-t-on d'un autre côté, et l'on pria alors la reine Hortense d'engager son fils à rester dix ans en Amérique. La réponse fut *qu'elle ne pouvait ni l'engager ni prendre un engagement pour lui, et qu'il était seul juge de ses actions.* Rien au monde n'était plus positif, et cependant dès cette époque, on s'attacha à accréditer le bruit d'une promesse faite par le Prince qui, de la citadelle de Port-Louis, protestait contre une semblable assertion et écrivait la veille de son embarquement à M. Vieillard, député de la Manche : « Il est faux qu'on m'ait demandé le moindre serment de ne plus revenir en Europe. »

Enfin les ponts-levis de la citadelle s'abaissèrent ; le Prince monta dans un canot pour se rendre à bord de la frégate *l'Andromède* qui bientôt après leva l'ancre. Tout le monde était dans la persuasion qu'on faisait voile vers New-Yorck. On avait annoncé que la frégate allait déposer le Prince en liberté aux rives américaines, mais le commandant avait des ordres cachetés ; il ne devait les ouvrir que sous une certaine latitude. Quand il le fit, la marche fut changée ; le vaisseau gouverna vers les mers du Sud qu'il parcourut durant près de cinq mois.

Pendant que cet ennemi, qui venait de se révéler en échouant, et qu'il eût été si facile de désarmer pour toujours, en l'enchaînant par le lien le plus fort pour les âmes élevées, celui de la reconnaissance ; pendant, disons-nous, que le prince Louis-Napoléon disparaissait et était retenu dans de lointains parages, en vertu d'une nouvelle espèce de *lettre de cachet*, la presse stipendiée, la même qui avait eu mission de déverser sur lui le ridicule, complétait son œuvre d'imposture par le plus odieux des mensonges, en affirmant qu'il avait donné sa parole de rester dix ans en Amérique. S'il revenait, il fallait qu'on pût l'accuser d'un manque de foi. C'était une calomnie par anticipation, une pierre d'attente posée par l'infamie. Louis-Napoléon, jeté enfin dans l'Amérique du Nord, se disposait à voyager dans l'intérieur de l'Union, lorsqu'il apprit l'état alarmant de la santé de sa mère.

De son lit de douleur, la duchesse de Saint-Leu lui écrivait cette lettre d'adieu :

« Mon cher fils,

» On doit me faire une opération absolument nécessaire. Si elle ne
» réussit pas, je t'envoie par cette lettre ma bénédiction. Nous nous
» retrouverons, n'est-ce pas? dans un monde meilleur où tu ne viendras
» me rejoindre que le plus tard possible ; et tu penseras qu'en quittant
» celui-ci, je ne regrette que toi, que ta bonne tendresse qui seule
» m'y a fait trouver quelque charme. Cela sera une consolation pour
» toi, mon cher ami, de penser que, par tes soins, tu as rendu ta mère
» heureuse autant qu'elle pouvait l'être. Tu penseras à toute ma tendresse
» pour toi et tu auras du courage. Pense qu'on a toujours un
» œil bienveillant et clairvoyant sur ce qu'on laisse ici-bas ; mais, bien
» sûr, on se retrouve. Crois à cette douce idée : elle est trop nécessaire
» pour ne pas être vraie. Ce bon Arèse, je lui donne aussi ma bénédiction
» comme à un fils. Je te presse sur mon cœur, mon cher ami. Je
» suis bien calme, bien résignée, et j'espère encore que nous nous reverrons
» dans ce monde-ci. Que la volonté de Dieu soit faite !

» Ta tendre mère

» HORTENSE. »

3 avril 1837.

Une fois averti que la vie de sa mère était en danger, le Prince n'eut plus qu'une pensée, celle de tout braver pour revenir auprès d'elle. Il partit immédiatement de New-Yorck et arriva à Londres. Mais quelles furent sa surprise et son indignation, lorsqu'il acquit la preuve que, pour l'empêcher d'aller fermer les yeux à sa mère, le gouvernement français avait converti en fait diplomatique ce mensonge répandu quelques mois auparavant par ses journaux, « que le Prince s'était engagé à ne plus revenir en Europe. » On le lui opposa, il s'inscrivit en faux et comme, dans la bouche de l'opprimé et du proscrit, la vérité a plus de force que le mensonge dans celle du fort et du puissant, le Prince réussit à aplanir les difficultés et parvint à gagner la Suisse, où il arriva encore assez à temps pour recevoir les derniers embrassements et la bénédiction de son illustre et malheureuse mère.

Arrêtons-nous un instant ici pour assister aux derniers moments de cette femme admirable dont le nom restait tellement populaire que, pendant les longues années qu'elle passa dans la vie privée, lorsqu'elle n'avait plus ni grandeur ni richesses, lorsque tout pour elle s'était perdu dans les désastres de la patrie, il ne vint jamais à l'idée de personne de lui refuser ce titre de reine qu'elle avait honoré.

Sans ambition pour l'avenir, sans regret du passé, la reine Hortense ne soupirait que pour cette France qu'elle avait *tant aimée*.

Quelques instants avant d'expirer, elle fit appeler les gens de sa maison; elle voulait presser la main de chacun d'eux : tous étaient en larmes; elle était calme et résignée. Son fils, les dames attachées à sa personne et le docteur Conneau étaient à genoux au pied de son lit. Un silence profond régnait dans cette chambre où la mort allait entrer. La reine, déjà en proie au délire, repassait dans son esprit les scènes déchirantes dont elle avait été témoin auprès de l'Empereur, à l'époque des terribles malheurs de 1814 et 1815; puis, dans un de ces retours de raison qui suspendent, pour une lueur passagère, les transports de l'agonie, elle s'écria : « Je n'ai fait de mal à personne, Dieu aura pitié de moi. » Alors elle reconnut toutes les personnes qui l'entouraient, fit un mouvement pour embrasser son fils, et passa ainsi doucement dans l'éternité.

Le Prince lui ferma les yeux, puis étant retombé immobile et en pleurs, il resta à genoux devant sa mère, la tête appuyée sur sa main, jusqu'à ce qu'on vint l'arracher d'auprès de cette amie dont il ne pouvait se séparer.

Les vœux de la reine Hortense ont été exaucés : elle a eu son cercueil dans sa patrie. — Pauvre victime des réactions et des discordes civiles ! les portes de France, comme celles du ciel, ne pouvaient-elles donc s'ouvrir, pour elle, qu'à sa mort !

Les restes de la reine Hortense ont été déposés dans l'église de Rueil, dans un tombeau que lui a fait élever son fils, près de la sépulture de l'impératrice Joséphine.

Les noms d'Hortense et de Joséphine vivront longtemps confondus dans le cœur des honnêtes gens. On dira d'elles : « Elles ont fait le bien. » De tous les souvenirs que dévore le temps, celui-là est le plus lent à s'effacer.

Les cendres de cette malheureuse mère étaient à peine refroidies, que, vers les premiers jours de 1838, M. de Montebello, ambassadeur pour le roi des Français auprès de la confédération helvétique, tenta une première démarche à l'effet d'obtenir l'éloignement du Prince. Tout se borna alors à une demande d'intervention au président du directoire fédéral, qui répondit qu'il n'y avait aucune raison pour forcer le Prince à s'éloigner.

Le Prince, fixé à Arenenberg avec la ferme intention de rester étranger à toute politique, y vivait presque seul. Cependant, depuis son retour d'Amérique, il avait reconnu qu'on avait singulièrement abusé de son absence, pour dénaturer les faits qu'il importait à son honneur de rétablir. C'était, à son sentiment, acheter trop cher son repos, que de lui sacrifier le besoin de mettre en lumière la vérité ; il permit donc à un ami de le défendre. C'est ce qui donna naissance à cette brochure du lieutenant Laity, qui, déférée à la cour des Pairs, comme attentat, valut à son auteur cinq années d'emprisonnement (1).

(1) Un brave et riche habitant de Lyon, touché du beau caractère de ce jeune homme, le nomma, en mourant, son héritier universel.

L'écrit condamné n'était pourtant, à tout prendre, qu'une réfutation sous forme de récit historique. Une réplique, — et le ministère, qui ne manquait pas d'écrivains rompus à une polémique pareille, l'eût beaucoup plus efficacement infirmée que l'arrêt le plus rigoureux.

Le ministère était en veine de colère ; il ne pouvait se résoudre à laisser en repos un ennemi résolu à ne plus l'attaquer, et comme les premières tentatives de la diplomatie française étaient demeurées sans résultat, le fils de Lannes, M. de Montebello, à qui la mémoire des bienfaits aurait peut-être dû inspirer l'honorable pensée de se récuser, lorsqu'il s'agissait d'instrumenter contre le neveu de l'Empereur, remit à la Diète une seconde note contenant, cette fois, la demande expresse d'expulsion, accompagnée d'un langage menaçant.

La Suisse ayant repoussé ces prétentions étranges, on se souvient que les choses s'envenimèrent au point qu'un corps d'armée français fut échelonné sur le Jura, tandis que, de leur côté, les républicains mirent 20,000 hommes sous les armes.

Le prince Louis-Napoléon, ne pouvant souffrir que la noble hospitalité des cantons devînt, pour eux, une cause de perturbation et de danger, se retira de lui-même, exposant les motifs de sa conduite dans une lettre que nous transcrivons ici :

« A Son Excellence M. le landamann Anderwert, président du petit » conseil du canton de Turgovie.

» Monsieur le landamann,

» Lorsque la note du duc de Montebello fut adressée à la Diète, je » ne voulus point me soumettre aux exigences du gouvernement » français, car il m'importait de prouver, par mon refus de m'éloigner, » que j'étais revenu en Suisse sans manquer à aucun engagement ;

» que j'avais le droit d'y résider, et que j'y trouverais aide et protection.

» La Suisse a montré, depuis un mois, par ses protestations énergiques, et maintenant par les décisions des grands conseils qui se sont assemblés jusqu'ici, qu'elle était prête à faire les plus grands sacrifices pour maintenir sa dignité et son droit. Elle a su faire son devoir comme nation indépendante ; je saurai faire le mien et demeurer fidèle à la voix de l'honneur. On peut me persécuter, mais jamais m'avilir.

» Le gouvernement français ayant déclaré que le refus de la Diète d'obtempérer à sa demande serait le signal d'une conflagration dont la Suisse pourrait être la victime, il ne me reste plus qu'à quitter un pays où ma présence est le sujet d'aussi injustes prétentions, où elle serait le prétexte de si grands malheurs !

» Je vous prie donc, M. le landamann, d'annoncer au Directoire fédéral que je partirai, dès qu'il aura obtenu, des ambassadeurs des diverses puissances, les passeports qui me sont nécessaires pour me rendre dans un lieu où je trouve un asile assuré.

» En quittant aujourd'hui volontairement le seul pays où j'avais trouvé, en Europe, appui et protection ; en m'éloignant des lieux qui m'étaient devenus chers à tant de titres, j'espère prouver au peuple suisse que j'étais digne des marques d'estime et d'affection qu'il m'a prodiguées. Je n'oublierai jamais la noble conduite des cantons qui se sont prononcés si courageusement en ma faveur ; et surtout, le souvenir de la généreuse hospitalité que m'a accordée le canton ds Turgovie restera profondément gravé dans mon cœur.

» J'espère que cette séparation ne sera pas éternelle et qu'un jour viendra où je pourrai, sans compromettre les intérêts de deux natione qui doivent rester amies, retrouver l'asile où vingt ans de séjour, et des droits acquis, m'avaient créé une seconde patrie.

» Soyez, Monsieur le landamann, l'interprète de mes sentiments de reconnaissance envers les conseils, et croyez que la pensée d'épargner des troubles à la Suisse peut seule adoucir les regrets que j'éprouve à la quitter.

» Recevez l'expression de ma haute estime et de mes sentiments distingués.

» NAPOLÉON-LOUIS BONAPARTE. »

Arenenberg, le 22 septembre 1838.

Là vinrent se briser les exigences de cette *raison d'État*

qui, depuis qu'il existe des gouvernements, a fourni matière aux plus déplorables pages de toutes les histoires. Cependant le Prince, malgré sa volonté, ne put se consacrer en paix aux études et aux travaux qui faisaient sa consolation. La politique venait le troubler dans sa retraite ; et il n'y était pas entièrement à l'abri des effets de certaines manœuvres ténébreuses, et surtout des atteintes de la calomnie qu'il avait dû flétrir dans sa lettre au landamann de Turgovie, calomnie destinée à se renouveler sans cesse, puisqu'en 1846, c'est-à-dire à près de dix années de son origine, elle se trouve reproduite par M. Capefigue, dans son IXe volume de l'*Histoire de l'Europe*, où cet écrivain feint d'oublier qu'en 1840, M. Frank-Carré, procureur général à la cour des Pairs, n'avait pu s'empêcher de déclarer, à propos des événements de Strasbourg, que le Prince *avait été mis en liberté sans condition.* « Vaincu sans combat, pardonné sans conditions, dit alors ce magistrat, ne devait-il pas comprendre qu'on ne redoutait pas ses entreprises? » Louis-Napoléon réclama, le 10 novembre 1846, contre cette imposture dans une lettre qui parut dans les journaux de cette époque.

Le cœur ulcéré par les persécutions auxquelles il venait d'être en butte, le prince Louis-Napoléon ne pouvait donc plus espérer que les occupations sérieuses auxquelles il se livrait, fissent une entière diversion à ses pensées amères. Il se faisait bien autour de lui une petite France, car son aménité constante, la franchise et la bonté de son caractère, la facilité bienveillante de son esprit, enfin tout ce qu'il y avait d'éminemment sympathique dans sa personne, lui formaient un cercle de vrais amis à l'épreuve des plus rudes vicissitudes de la fortune ; mais ce n'était là qu'un aimable échantillon de la patrie et qui lui rendait la privation du tout encore plus sensible. C'était des fils de ce grand peuple qu'il lui était défendu de s'approcher. Oh! l'exil devint pour lui plus que jamais une horrible souffrance, alors qu'il fut annoncé que la nation à laquelle il était si fier d'appartenir, se préparait à recevoir, avec des transports d'amour, les cendres glorieuses du chef de sa famille. « Ils vont saluer sa dépouille héroïque, devait-il se dire, et ils m'ont interdit l'eau et le feu sur cette terre de France que lui aussi a tant regrettée, et cette mortelle interdiction, ils l'ont étendue à tous ceux de sa race! » Et Louis-Napoléon voyait un immoral contre-sens, la plus cruelle des inconséquences dans cet hommage auquel on ne permettait pas que prissent part ceux qui tenaient de si près à l'homme de la patrie par les liens du sang. Eh! quoi! la nation, le peuple tout entier, ne s'indignerait-il pas de cet excès d'ingratitude dont un gouvernement, incapable de toute véritable grandeur, voulait lui infliger la solidarité? C'étaient là des réflexions qui disposaient l'âme du proscrit à chercher une solution à cette contradiction inouïe, et en même temps qu'elles y faisaient poindre quelques vagues lueurs d'une possibilité périlleuse, elles exaspéraient ses regrets. C'est dans cette situation d'esprit où, à peine entrevues, des consolations dans l'avenir ne pouvaient être au niveau des angoisses présentes, qu'il appelait le public à se faire juge de sa douleur et de ses sentiments, dans des pages touchantes que les bornes de cette histoire ne nous permettent pas de reproduire ici.

III

SECONDE TENTATIVE. — BOULOGNE.

Dans les plaintes exhalées, il n'y avait rien qui annonçât le moindre projet. Bientôt parut en France le livre où le Prince, sous le titre d'*Idées napoléoniennes*, exposait ses vues gouvernementales. Dans un moment, où la persuasion générale qu'aucun écrit ne pouvait amener la plus faible modification dans la politique suivie depuis 1830, laissait le public à peu près indifférent aux efforts de la presse, cet ouvrage fit une grande sensation. Il plaçait honorablement son auteur parmi les écrivains qui méditent et qui pensent par eux-mêmes. Le libéralisme du Prince s'y appuyait sur des principes dont les déductions habilement présentées menaient, dans la pratique, à un ordre de choses au sein duquel la liberté et l'égalité se seraient trouvées avoir plus de garanties réelles qu'elles n'en avaient sous l'Empire et sous les gouvernements établis en France depuis cette époque. Mais les démocrates s'obstinant à ne pas admettre qu'il fût loisible de faire une part au peuple, quelque large qu'elle soit, ne pouvaient que condamner un système où, d'après eux, la souveraineté absolue de celui-ci, c'est-à-dire, la plus grande des impossibilités, n'était plus, dans l'expression, que la souveraineté nationale. Ils critiquèrent donc les *Idées napoléoniennes*, moins parce qu'elles leur paraissaient manquer de justesse dans leurs développements, que parce que, derrière ces idées, au fond fort éloignées de leur radicalisme, il leur semblait voir un prétendant qui se proposait de reprendre en sous-œuvre les conceptions impériales. On touchait alors à la fin de 1839. Les navires de l'État qui devaient rapporter aux bords de la Seine les cendres de l'Empereur, faisaient voile vers Sainte-Hélène. Tout ce qu'il y avait en France de sympathies impériales, tout ce qui existait de sentiments bonapartistes, s'était réveillé. Il y avait dans les masses des symptômes de mécontentement constatés par les journaux de l'opposition même la plus modérée : tout cela vu de loin devait, comme toujours, se grossir énormément. Le Prince crut que les circonstances le rappelaient à ses desseins, et ce qui le fortifia encore dans cette pensée, c'est que, par une étrange coïncidence, les mêmes régiments sur lesquels il avait compté à Strasbourg se trouvaient échelonnés dans les garnisons de la côte occidentale et du nord de la France. A ne la juger que d'après les apparences, l'entreprise de Boulogne est un fait inconcevable ; ce qu'elle a été, on le sait ; mais ce qu'elle aurait pu être, nul ne viendra le dire, et c'est sans doute une des révélations réservées à l'histoire. Dans cet acte qui ne se motive pas par lui-même, tant il semble isolé et en disproportion, dans ses moyens connus, soit avec la grandeur du but, soit avec les résistances à vaincre, les uns ont vu le signe d'un entraînement irréfléchi, d'autres, l'étonnante persistance d'un caractère énergique et ferme qui ne se rebute pas par un revers. Tous ceux-là même qui, par amour de la paix publique, assignaient le plus haut degré de criminalité à cette persévérante volonté de renverser le gouvernement, ne pouvaient s'empêcher de convenir que, dans sa position, le Prince avait pu céder à l'impulsion irrésistible d'une âme généreuse égarée par de nobles sentiments. Le nom qui retentissait partout en France, c'est à lui qu'il appartenait, et il avait voulu le porter vivant sur nos frontières. Aussi tout en la déplorant, on excusait en quelque sorte la récidive, mais on ne se l'expliquait pas. Il se répétait partout que son succès eût été un miracle, et pourtant, d'après la haute opinion qu'il n'est plus permis de ne pas avoir de l'intelligence du Prince, il faut croire que s'il n'eût pas échoué, il y aurait eu, dans ce qui nous est caché, des causes suffisantes pour démontrer que tout avait été prévu et calculé d'une manière rigoureuse en vue du résultat obtenu. Le succès, quand pour y parvenir on est sorti des voies communes, c'est le génie que l'on exalte outre mesure ; l'insuccès, c'est la démence qu'on voue au ridicule, ou le crime contre lequel on sévit.

La nouvelle du débarquement de Louis-Napoléon à Boulogne fit en France la plus douloureuse impression. En général l'intérêt s'était attaché à sa personne, et véritablement on lui en voulait d'avoir exposé sa vie. Ce reproche bienveillant était dans toutes les bouches, et l'on avait peine à se figurer que le Prince n'eût pas été attiré dans un piége. Les démocrates disaient : « Que ne se tenait-il en repos? » Il venait promulguer le dogme sacré de la souveraineté du peuple ; ce dogme est sa conviction ; il l'assurait dans ses écrits, dans ses proclamations, il voulait que désormais il devînt une réalité. Mais n'a-t-on pas protesté que la charte de 1830 serait une vérité ? « Nous n'avons pas besoin de lui pour faire nos affaires, ajoutaient-ils avec une présomption qu'ils n'ont guère justifiée, nous les ferons bien nous-mêmes... ; et puis, qui a-t-il choisi pour son ministre ? M. Thiers, un des habiles les plus décriés de notre époque ! » Les juste-milieu le condamnaient également, mais ils ne croyaient pas qu'il leur convînt de courroucer leur langage, tant ils étaient persuadés de son impuissance à leur faire courir le moindre danger. A les entendre, il n'était qu'un perturbateur qu'il fallait garder en lieu de sûreté. A son endroit, ils faisaient presque de la modération et du dédain. Il va sans dire que ceux qui auraient souhaité le voir arrivé, ou qui auraient préféré n'importe quoi à ce qui existait, ne lui imputaient qu'un seul tort. il n'avait pas réussi; ce qui, dans leur esprit, équivalait à ne s'être pas placé dans les conditions de la réussite. Quant à la moralité du fait en lui-même, ceux qui improuvaient la marche du gouvernement étaient nécessairement de l'avis du grand écrivain qui a dit : « En matière de délits politiques, c'est le péril de la société qui détermine a culpabilité, et ce péril varie en raison de la conduite du pouvoir et des avantages que vaut à la société sa présence. » Les exemples venaient à l'appui de ce mode d'appréciation : ainsi, remarquait-on, qu'en 1802, dans la chute du premier consul, il y aurait eu plus de péril pour la France qu'en 1830, dans la chute des Bourbons ; car, en 1802, au dedans comme au dehors, Bonaparte servait vraiment la France, tandis que, en 1830, Charles X ne voulait que l'asservir ; et le raisonnement allait aboutir à cette conclusion, que le pouvoir n'est pas fondé à se dire toujours également bon et nécessaire, et, par conséquent, à prétendre que ses dangers sont toujours ceux de la société. Cette maxime révolutionnaire d'après laquelle, contre la tyrannie, l'insurrection est le plus saint des devoirs, est le dernier corollaire de cette doctrine qui recommande pareillement le dévouement individuel. Mais à quels signes certains reconnaître que l'insurrection est un devoir, que le dévouement est une sainte détermination? Les hommes qui ont le plus la conscience de leur désintéressement, de leur abnégation, ne sont pas toujours exempts d'une conviction trompeuse. Leur prouve-t-on qu'ils se sont égarés, ils le déplorent, mais jamais leur audace, leur erreur ne leur apparaîtra comme un crime. S'ils étaient infaillibles, les hommes de sacrifice qui ne rapportent point à eux-mêmes, mais seulement au bonheur de leurs semblables, les conséquences de leurs actions, la justice n'eût pas cessé de régner sur la terre. Malheureusement l'éternelle fatalité du monde est dans ce peu de mots : *Errare humanum est.*

Jamais il ne fut déployé plus de courage ni montré plus de dévouement que dans cette malheureuse expédition de Boulogne ; les conjurés opposèrent aux chances les plus désespérantes la persistance la plus héroïque. Enfin, quand il n'y avait plus pour chacun qu'à songer à son salut, ils ne voulurent pas s'éloigner sans avoir planté leur drapeau au faîte de la colonne élevée sur le rivage à la gloire de la grande armée ; c'est là que l'un d'eux, le brave Lombard, alla l'arborer. En ce moment les compagnons d'infortune de Louis-Napoléon le supplient de songer à sa sûreté. « Non, leur dit-il, j'ai juré de mourir sur la terre de France ; l'heure est venue de tenir mon serment ; partez, mais laissez-moi. » On le saisit, on l'entraîne malgré lui vers le rivage ; on le jette dans un canot où le suivent le colonel Voisin, Faure, Mésonan, Persigny et d'Hunin. Les autres conjurés se jettent à la mer, espérant pouvoir gagner à la nage le bateau à vapeur qui croise à un quart de lieue. Mais déjà la garde nationale s'est réunie, elle arrive sur le bord de la mer et commence un feu terrible ; Faure est mortellement frappé ; le colonel Voisin, atteint de deux balles, tombe presque au même instant ; cette double chute fait chavirer le canot et tous ceux qui le montent sont précipités à la mer. Deux balles ont percé les habits du prince, une troisième l'a blessé au bras ; il ne s'en dirige pas moins en nageant vers le paquebot, après avoir vainement tenté de sauver l'infortuné d'Hunin qui se noya sous ses yeux. Mais déjà le commandant du port avait été dépêché pour capturer le vapeur sur lequel ils étaient venus ; chemin faisant, il recueillit tous ceux qui luttaient encore contre les flots : le nombre des prisonniers s'éleva à cinquante-sept. Enfermés d'abord dans le château de Boulogne, on les transféra au fort de Ham, puis ils furent amenés à Paris pour y être traduits devant la chambre des pairs, constituée en haute-cour de justice.

La tentative de Boulogne était un fait inouï, un fait inexplicable, plus inexplicable cent fois que celle de Strasbourg. Le débarquement effectué, il s'agissait, avec les quelques soldats qu'on aurait entraînés, de faire la boule de neige jusqu'à Paris. Quelles étaient les combinaisons? Tant de déceptions, dès les premiers pas, répondirent-elles à des imprévoyances? Ici, il dut y avoir un mystère, mais il est difficile de n'être pas frappé d'une circonstance presque incroyable, tant elle s'accorde peu avec l'état actuel de nos mœurs publiques. On sait que la plupart de ceux qui faisaient partie de l'expédition s'étaient embarqués avec le prince, sans connaître le but du voyage, sous la foi de son honneur et de son nom. Eh bien ! une fois l'entreprise échouée, le prince prisonnier, tout espoir perdu, pas une des soixante personnes qui s'étaient associées à ce hasard périlleux ne témoigna le moindre regret de s'être, dans cette circonstance, abandonné avec une confiance sans réserve à la volonté du chef; et bien que le malheur rende souvent injuste et qu'il entraîne à sa suite les reproches et la discorde, toutes continuèrent de montrer un inviolable attachement à l'homme qui venait pourtant de compromettre leur présent et leur avenir. Voilà quels étaient les amis du prince ; voilà de quels dévouements il était entouré !

TROISIEME PARTIE.

LA PRISON.

I

LA COUR DES PAIRS.

Bientôt va s'ouvrir, pour Louis-Napoléon, une période toute nouvelle de sa vie. Jusqu'ici, on n'a pu voir en lui que le jeune homme ardent, entraîné au milieu des périls par un courage exalté. Il nous reste à montrer maintenant l'homme plus réfléchi aux prises avec l'adversité, l'homme mûri, éclairé par de longues années d'épreuves.

Lorsqu'il quitta Boulogne, le prince était accompagné de plusieurs officiers de gendarmerie et d'une nombreuse escorte. Les ordres étaient sévères et précis ; aucun égard ne devait lui être témoigné. La première parole qu'on lui adressa, ce fut pour l'avertir qu'au moindre de ses mouvements on ferait feu sur lui. Vaine menace qui s'émoussait sur un cœur brisé, car il est des moments dans la vie où la mort devient une espérance, et pour celui qui n'a en perspective que des verroux et des cachots, qu'importe la consigne plus ou moins rigoureuse d'un colonel de la garde municipale ? Cependant le prince sentait moins encore sa propre infortune que celle de ses amis. Son sort, il s'en inquiétait peu, mais le leur! oh! c'était là sa pensée la plus douloureuse! Ces amis éprouvés ne réclamaient-ils pas toute la sollicitude de celui pour qui ils s'étaient dévoués? Comment étaient-ils traités à cette heure, quand lui on le ménageait si peu? Voilà ce qu'il se demandait, et c'était pour eux seuls désormais qu'il voulait garder toute son énergie.

Le galop monotone des chevaux de l'escorte, les villages qui passent et s'enfuient au dernier plan, les figures hébêtées des oisifs aux relais, les conjectures et les interrogations de leur curiosité, tout arrive machinalement aux sens du prisonnier sans éveiller son attention. Encore une fois, ce que ses amis allaient devenir, ce qu'il pourrait dire ou faire pour atténuer l'accusation qui pesait sur eux, était toujours la pensée qui l'agitait, celle dans laquelle il s'absorbait tout entier. Enfin, on est entré dans Ham, où l'on s'arrête un jour pour attendre des ordres, et le lendemain, on se remet en route pour Paris, pour un autre cachot : il était une heure du matin, lorsque la voiture et l'escorte s'arrêtèrent aux abords de la Conciergerie. Là, il est un lieu tristement célèbre où furent plongés successivement de nobles victimes et de grands coupables. Que n'a pas enfermé ce vide lugubre caché dans l'énorme épaisseur de quatre murailles? C'était une fois Marie-Antoinette, dans le deuil de son royal époux, dans les larmes d'une mère inconsolable. Et là fut jeté à son tour son ennemi le plus implacable, Philippe-Égalité, qui, tout dégouttant du sang de son cousin dont il avait voté la mort, aspirait au trône, quand le souffle révolutionnaire le fit trébucher contre l'échafaud. Là encore passèrent tant et tant d'autres, jusqu'au brave des braves, Michel Ney, dont le nom seul est un regret pour tous et pour quelques-uns un remords.

La monarchie, la République, l'Empire, toutes ces phases de la récente histoire avaient payé leur tribut d'illustrations à ces funèbres demeures. Mais le génie du lieu réclamait un dernier honneur, il l'a obtenu : le neveu de l'Empereur a aussi séjourné à la Conciergerie, et, selon l'expression de M. de Châteaubriand, la prison l'a, lui aussi, rapproché des grandeurs qui l'ont habitée.

Jusqu'ici, à moins de se révolter stupidement contre l'instabilité des choses humaines, on n'est guère fondé à se plaindre, lors même qu'on se nomme Napoléon, d'être enfermé dans le même cachot où le furent la reine de France, le glorieux maréchal Ney, et tant d'illustres victimes. Mais ce cachot fut aussi celui de l'infâme Fieschi. Quel rapprochement! quelle assimilation insultante! quelle injurieuse égalité!

Le prince Louis-Napoléon était là au secret le plus rigoureux. Dans cette abominable séquestration, les jours se suivent et se ressemblent, c'est à peine s'ils se distinguent des nuits. La solitude, entre deux gardiens, c'est la réalité poursuivant le captif jusque dans ses rêves; réalité funeste, dont les formes sont changeantes, alors même que les effets restent invariables! Hier encore, c'était le colonel de la garde municipale, ce chef de l'escorte du prince qui, tout en l'avertissant que s'il bougeait il avait ordre de lui brûler la cervelle, se vantait pourtant auprès de lui d'avoir été embrassé par l'Empereur à Montereau. Quel bouleversement d'idées, quel chaos dans cette tête! Embrassé par l'Empereur, s'en faisant gloire, et prêt à faire feu sur son neveu! Aujourd'hui, ce sont de vieux soldats, fiers aussi d'avoir fait partie des bataillons héroïques d'Austerlitz, de Montmirail, de Champaubert, devenus guichetiers, les malheureux, pour une misérable pitance.

S'il eût été permis au prisonnier de porter un regard au dehors, de sa fenêtre il aurait vu le Louvre, et peut-être aperçu l'aigle impériale échappée, comme par miracle, aux mutilations vengeresses des deux restaurations : un témoin encore, un vestige des prospérités évanouies! Mais assez de douloureuses pensées venaient l'assaillir dans cet étroit espace, sur lequel l'art inquisitorial a su condenser l'affreux isolement du désert, moins le ciel, l'air et la lumière. Tant de souvenirs se présentaient désolants, les jours paisibles d'une jeunesse entourée de soins, les doux mirages d'Arenenberg, ces images d'un bonheur expiré s'offraient riantes dans les rêves du prisonnier..... Mais à son réveil, rien, plus rien... il était seul, oui, tout seul, malgré la présence des deux sbires qui l'épiaient. Cependant, dans cette noble et riche organisation, il y avait assez d'énergie, assez de fierté naturelle pour réagir contre tout principe d'accablement, pour résister à ce charme énervant des souvenirs qui, quelquefois, enlace les mâles courages et les entraîne peu à peu vers la faiblesse.

Le prince eut promptement jugé sa position et pris, comme on dit, son parti. Il était face à face avec la réalité; il fallait ou la vaincre ou en être vaincu. Bientôt il eut retrouvé ce calme de l'homme fort qui, dans la plus cruelle situation, a gardé la puissance de recueillir ses impressions, de s'observer et de s'analyser en quelque sorte lui-même. C'est alors qu'il traduisit une ode de Schiller (l'Idéal), qui rendait avec une étonnante fidélité tous les mouvements de son âme.

Enfin, le secret est levé, le prince va comparaître devant la cour des Pairs.

Les ducs Decazes et Pasquier, assistés du maréchal Gérard, viennent interroger *monsieur Louis Bonaparte* (1). C'est ainsi qu'ils nomment le neveu de l'Empereur, mais sans pouvoir se soustraire au respect involontaire que sa présence leur inspire.

Le président présente, un à un, les membres de la commission à l'accusé : « C'est ici M. Decazes. » Il aurait pu ajouter : l'ancien secrétaire du roi de Hollande, votre père. « Voici M. le maréchal Gérard. » Il aurait pu dire : lieutenant de Napoléon ; « et moi, aurait pu dire enfin M. le président, je suis bien ce même Pasquier dont Sa Majesté l'Empereur et roi a bien voulu faire successivement un auditeur, un maître des requêtes, un procureur général du sceau des titres, un officier de la Légion d'honneur, un baron, un directeur des ponts et chaussées, un préfet de police, et qui, en chacune de ces qualités, lui jurai fidélité ainsi qu'à sa dynastie. »

Cependant la procédure suit son cours et marche vers le but qui lui est assigné. L'accusé est devant ses juges. Déjà M. Persil, rapporteur de la commission, a développé sa grande

(1) Lorsque plus tard fut rédigé l'arrêt de la cour des Pairs, le titre fut encore supprimé, mais avant la signification, on changea d'avis ; le mot *prince* fut substitué à celui de *monsieur* et la copie signifiée portait les marques de cette résipiscence.

Ce n'était pas la première fois qu'on affectait d'oublier que la reconnaissance nationale avait associé la famille de Napoléon aux honneurs de l'Empire. Voici ce qu'on lit à ce sujet dans les mémoires de la reine Hortense :

« N'ai-je pas vu refuser à mes enfants ces titres d'élection populaire » qui furent inscrits sur leur extrait de baptême, comme dans les » fastes de la gloire française, et dont eux seuls ne faisaient aucun cas, » se trouvant assez fiers d'être Français et Napoléon ? Et croirait-on que » ce furent souvent ceux qui devaient à l'Empereur tout ce qu'ils » étaient, qui ne reconnaissaient pas la validité de ces actes ? »

Mémoires de la reine Hortense, écrits par elle-même, chap. XIII, page 25.

maxime: *D'autres temps, d'autres besoins;* et ici encore, le prince n'a plus été aux yeux de la cour que *monsieur Louis Bonaparte.* Au besoin de flatter l'Empereur, avaient succédé depuis longtemps des besoins tout contraires, et la preuve en est offerte par quelque chose de plus qu'une haute inconvenance.

De notre temps, les hommes sensés attachent peu d'importance aux questions d'étiquette, et l'esprit du siècle a fait ce progrès, que même dans l'opinion du plus grand nombre, un prince n'est plus considéré à cause de son rang ou de son titre, mais en raison de son mérite personnel. Dans le langage ultra démocratique, pour quiconque aurait pu apprécier la valeur de Napoléon, cette simple qualification *le citoyen Louis Bonaparte*, aurait impliqué tout autant et peut-être plus d'estime et de véritable respect que toute autre désignation plus pompeuse. Chez nous, où l'appellation de *Monsieur* est restée l'appellation commune, plus d'un franc républicain, sans vouloir le blesser, aurait pu se faire scrupule de le saluer d'un autre mot. Mais *Monsieur*, adressé à Louis-Napoléon par la fleur des dynastiques d'alors, *Monsieur*, infligé au prince impérial par ceux qui tenaient de l'Empereur leurs titres et leurs fortunes, c'était tout à la fois une ingratitude, une insolence gratuite, un mépris injurieux de la nation qui avait donné le titre de prince et ne l'avait pas retiré, et un présage maladroit de l'irrévérence à laquelle, en cas de revers, devrait s'attendre la dynastie régnante.

Le prince n'avait pu concevoir la pensée de se défendre. « Pour la première fois, dit-il, il m'est enfin permis d'élever la voix en France et de parler librement à des Français.

» Malgré les gardes qui m'entourent, malgré les accusations que je viens d'entendre, plein des souvenirs de ma première enfance, en me trouvant dans ces murs du sénat, au milieu de vous que je connais, Messieurs, je ne peux croire que j'aie ici l'espoir de me justifier, ni que vous puissiez être mes juges. Une occasion solennelle m'est offerte d'expliquer à mes concitoyens, ma conduite, mes intentions mes projets, ce que je pense, ce que je veux.

» Sans orgueil comme sans faiblesse, si je rappelle les droits déposés par la nation dans les mains de ma famille, c'est uniquement pour expliquer les devoirs que ces droits nous ont imposés à tous.

» Depuis cinquante ans que ce principe de la souveraineté du peuple a été consacré en France par la plus puissante révolution qui se soit faite dans le monde, jamais la volonté nationale n'a été proclamée aussi solennellement, n'a été constatée par des suffrages aussi nombreux et aussi libres que pour l'adoption des constitutions de l'Empire.

» La nation n'a jamais révoqué ce grand acte de sa souveraineté, et l'Empereur l'a dit : « Tout ce qui a été fait sans elle est illégitime. »

» Aussi gardez-vous de croire que me laissant aller aux mouvements d'une ambition personnelle, j'aie voulu tenter en France, malgré le pays, une restauration impériale. J'ai été formé par de plus hautes leçons, et j'ai vécu sous de plus nobles exemples.

» Je suis né d'un père qui descendit du trône sans regret le jour où il ne jugea plus possible de concilier avec les intérêts de la France les intérêts du peuple qu'il avait été appelé à gouverner.

» L'Empereur, mon oncle, aima mieux abdiquer l'Empire que d'accepter par des traités les frontières restreintes qui devaient exposer la France à subir les dédains et les menaces que l'étranger se permet aujourd'hui. Je n'ai pas respiré un jour dans l'oubli de tels enseignements. La proscription imméritée et cruelle qui, pendant vingt-cinq ans, a traîné ma vie des marches du trône sur lesquelles je suis né jusqu'à la prison d'où je sors en ce moment, a été impuissante à irriter comme à fatiguer mon cœur; elle n'a pu me rendre étranger un seul jour à la dignité, à la gloire, aux droits, aux intérêts de la France. Ma conduite, mes convictions s'expliquent.

» Lorsqu'en 1830, le peuple a reconquis la souveraineté, j'avais cru que le lendemain de la conquête serait loyal comme la conquête elle-même, et que les destinées de la France étaient à jamais fixées; mais le pays a fait la triste expérience des dix dernières années. J'ai pensé que le vote de quatre millions de citoyens qui avait élevé ma famille nous imposait au moins le devoir de faire appel à la nation, et d'interroger sa volonté; j'ai cru même que, si au sein du congrès national que je voulais convoquer, quelques prétentions pouvaient se faire entendre, j'aurais le droit d'y réveiller les souvenirs éclatants de l'Empire, d'y parler du frère aîné de l'Empereur, de cet homme vertueux qui, avant moi, en est le digne héritier, et de placer en face de la France aujourd'hui affaiblie, passée sous silence dans le congrès des rois, la France d'alors, si forte au-dedans, au-dehors si puissante et si respectée. La nation eût répondu : République ou monarchie, empire ou royauté. De sa libre décision dépend la fin de nos maux, le terme de nos discussions.

» Quant à mon entreprise, je le répète, je n'ai point eu de complice. Seul j'ai tout résolu : personne n'a connu à l'avance ni mes projets, ni mes ressources, ni mes espérances. Si je suis coupable envers quelqu'un, c'est envers mes amis seuls. Toutefois, qu'ils ne m'accusent pas d'avoir abusé légèrement de courages et de dévouements comme les leurs. Ils comprendront les motifs d'honneur et de prudence qui ne me permettent pas de révéler à eux-mêmes combien étaient étendues et puissantes mes raisons d'espérer un succès.

» Un dernier mot, Messieurs. Je représente devant vous un principe, une cause, une défaite. Le principe, c'est la souveraineté du peuple, la cause, celle de l'Empire, la défaite, Waterloo. Le principe, vous l'avez reconnu, la cause, vous l'avez servie, la défaite, vous avez voulu la venger. Non, il n'y a pas eu désaccord entre vous et moi, et je ne veux pas croire que je puisse être dévoué à porter la peine des défections d'autrui.

» Représentant d'une cause politique, je ne puis accepter comme juge de mes volontés et de mes actes une juridiction politique. Vos formes n'abusent personne. Dans la lutte qui s'ouvre, il n'y a qu'un vainqueur et un vaincu. Si vous êtes les hommes du vainqueur, je n'ai pas de justice à attendre de vous, et je ne veux pas de générosité. »

Tout ce qu'il ajouta dans son interrogatoire se borna à quelques explications dans lesquelles il mit beaucoup de dignité. M. Berryer s'éleva de toute la hauteur de son talent au-dessus de ce procès déplorable, et jamais peut-être la parole entraînante de l'éloquent orateur n'eut un accent plus solennel, que lorsque, s'adressant aux Pairs, il s'écria :

« La main sur la conscience, devant Dieu et devant nous
» qui vous connaissons, dites : S'il eût réussi, s'il eût triom-
» phé, ce droit, je l'aurais nié, j'aurais refusé toute partici-
» pation à ce pouvoir, je l'aurais méconnu, je l'aurais
» repoussé. Moi, j'accepte cet arbitrage suprême, et qui-
» conque d'entre vous, devant Dieu et devant le pays, me
» dira : S'il eût réussi, j'aurais nié ce droit, celui-là je l'ac-
» cepte pour juge. »

L'apostrophe était écrasante ; il n'y fut répondu que par le silence.

Le prince Louis-Napoléon fut condamné à un emprisonnement perpétuel.

Le *Journal des Débats* mit autant d'empressement à annoncer la condamnation de *monsieur Louis Bonaparte* que le *Journal de l'Empire* en avait mis à annoncer la naissance de *Son Altesse Impériale et Royale* le prince Charles-Louis-Napoléon. Sans doute qu'en 93, obéissant à une semblable inspiration, ses rédacteurs, lâches valets prêts à prendre le ton de tout régime qui les paie, ne se fussent pas refusés au plaisir d'appeler Louis XVI *Capet* tout court. *Væ victis!*

Le public vit, dans la suppression du titre de prince, une petitesse inexcusable dont il était honteux pour ses auteurs, tant elle lui semblait de mauvais goût ; quant à l'arrêt, on n'avait pas compté sur une plus grande modération ; on savait que le gouvernement ne devait pas paraître désarmé, mais on espérait déjà qu'après avoir sagement détourné le glaive, il comprendrait bientôt que, pour son honneur, ce n'était pas assez.

Le Prince avait été ramené dans sa cellule, lorsque le greffier de la cour des Pairs vint, d'une voix émue, lui lire sa condamnation. Il répondit : « Au moins, Monsieur, je mourrai en France. »

Telle fut l'issue de ce fatal procès. Avant, pendant comme après les débats, Louis-Napoléon ne cessa de se préoccuper du sort de ses co-accusés : ce fut là toute sa sollicitude. Il ne négligea rien de ce qui lui était possible pour adoucir leur situation. Fidèle ensuite au culte des souvenirs, et ne sachant d'ailleurs où s'arrêterait, à son égard, l'irritation du pouvoir, il se hâta de rembourser à d'anciens serviteurs les pensions qu'ils tenaient de son aïeule l'impératrice Joséphine et de sa mère la reine Hortense. Ainsi, lorsque les courtisans se croyaient obligés à donner en spectacle leurs ambitieuses misères, par une noble et généreuse prévoyance, Louis-Napoléon justifiait, dans un temps monarchique, ce que madame de Staël rapporte quelque part des plus mauvais jours de notre révolution, où, disait-elle, il n'y eut pas d'action déplorable qui n'eût sa compensation dans quelque trait d'honneur et de loyauté ; et les honnêtes gens lui sauront gré d'avoir voulu, des régions élevées d'une haute infortune, montrer que s'il y a en France trop d'oublieux ingrats, il s'y trouve aussi de nobles âmes pour qui les besoins du cœur restent les mêmes dans tous les temps, et en dépit de la désolante maxime de M. Persil.

Tout est dit sur cette triste phase de la vie du Prince. Le duc Pasquier remplit jusqu'au bout ce qu'il appelait ses redoutables fonctions. Si les cachots ont des verroux pour tout le monde, l'éternel duc avait des interrogatoires appropriés à tous les classes de prévenus : républicains, princes de la famille impériale, hommes restés fidèles aux Bourbons de la branche aînée, honnêtes gens, assassins et fripons, tout passait sous son terrible niveau, et tous recevaient de ces petits conseils qu'il savait donner avec une bonhomie doucereuse dont l'art n'appartenait qu'à lui seul. — Accusé, vous vous compromettez. — Prenez garde, vous allez aggraver votre position. — M. Pasquier était un homme précieux. Pourquoi fut-il duc et chancelier de France ? Parce qu'en changeant toujours avec les besoins, répondra l'histoire, il resta toujours le même. Pourquoi fut-il académicien, ce personnage aux œuvres à naître ! — Parce qu'il fut chancelier et duc.

II

HAM.

C'était le 6 octobre 1840, à quatre heures, que le Prince avait entendu la lecture de l'arrêt. A minuit, on le fit monter dans une voiture, sans lui permettre de voir aucun de ses amis, et sous l'escorte d'un lieutenant-colonel de la garde municipale, il fut conduit à Ham où il arriva le lendemain à midi.

Le général Montholon et le docteur Conneau avaient obtenu, sur leur demande et sur celle du prince, de passer auprès de lui le temps de leur détention. Semblable autorisation avait été accordée au valet de chambre du prince, Charles Thélin qui, bien qu'il n'eût pas été condamné, n'avait pas voulu se séparer de son maître.

Le général Montholon avait été un des aides de camp de Napoléon à qui il avait donné les plus grandes preuves d'attachement jusqu'à la dernière heure, non pas de la fortune, mais de la vie du glorieux Empereur.

L'amico suo, non della ventura.

Disgracié en 1812, il s'était fait courtisan du malheur en 1815. « On m'abandonne, lui avait dit l'empereur Napoléon, au moment où il lui fallut subir les cruelles conséquences de Waterloo, m'abandonnerez-vous aussi? — Non, sire, » avait répondu Montholon avec une émotion profonde, et il avait tenu parole. Après avoir été, à Sainte-Hélène, le compagnon assidu des souffrances de l'illustre captif, il avait voulu mettre le comble à sa mission de dévouement, en ne se séparant pas du prisonnier de Ham. Ainsi, à vingt ans de distance, le noble général Montholon retrouvait dans une forteresse de la Picardie un autre Longwood d'où il écrivait :

« La chose qui, comme Français, me navre le plus, c'est de penser que l'Empereur, à Sainte-Hélène, était moins maltraité par les Anglais, que son neveu ne l'est en France par des Français. » Aussi, oubliant sa propre infortune, s'appliquait-il sans cesse à adoucir, par les soins de l'amitié et les aimables qualités de son esprit, le long avenir de douleur auquel le Prince était destiné.

Nous dirons plus tard quel était le docteur Conneau, dont l'intimité affectueuse était encore une consolation pour le prisonnier. Quant au fidèle Thélin, il était une des plus anciennes connaissances de Louis-Napoléon. Attaché, dès son enfance, au service de l'impératrice Joséphine, il était entré fort jeune à celui de la reine Hortense, qui eut bientôt assez de confiance en lui pour le mettre à la tête de sa maison. Déjà il avait donné des preuves d'un dévouement bien rare, lorsqu'il reçut de la reine Hortense, auprès de qui aucun service n'était oublié, un témoignage précieux de l'estime qu'elle avait pour lui. Cette princesse, à son lit de mort, exprima le désir que Thélin restât auprès de son fils. Ce vœu a été religieusement rempli. A Arenenberg, à Londres, à Strasbourg, en prison et jusque dans les cachots de la Conciergerie, partout on retrouve Thélin ; partout, avec une incomparable ferveur de zèle et de constance, il se montre heureux de consacrer sa vie au meilleur des maîtres. Excellent serviteur ! Mais que disons-nous? Le Prince lui donne le titre d'ami, et l'on conviendra que jamais ce titre ne fut mieux mérité.

Avec la force d'âme, il n'est position si fâcheuse qu'on ne parvienne à dominer. En s'élevant par la pensée jusqu'à la source providentielle de toute justice, le Prince avait surmonté l'idée de son malheur. Mais il est des hommes qu'irrite la résignation, et pour ceux-là c'est un besoin, et ils se font un mérite de la rendre de plus en plus difficile par le luxe improvisé d'un surcroît de rigueurs. Dans leurs rapports avec les cabinets étrangers, ils invoquent, pour se justifier, *la raison d'État, la nécessité politique*, paroles obscures dont le peuple n'essaie pas même de comprendre le sens. Mais pour le peuple, si par hasard ils n'en sont pas venus au point de braver entièrement son opinion, ils ont d'autres mots : C'est, lui disent-ils, l'intérêt du pays, le maintien de l'ordre et de la tranquillité qui exigent impérieusement les mesures contre lesquelles s'est élevé un concert de réprobations. On ne punit point ; seulement on se met prudemment sur la défensive pour préserver la société de nouveaux et terribles déchirements. C'est en tenant un pareil langage, que les grands ministres rédigent, pour les petits ministres, des programmes de vexations sans nombre qui sont ensuite exécutés par ces derniers avec une ponctualité minutieuse. « *Quand l'autorité descend dans la boue*, a dit M. Guizot (et quel homme doit mieux s'y connaître que celui qui, depuis 1830, a répandu tant de fange sur la patrie), *la responsabilité y descend avec elle.* » Le but qu'on se propose en accumulant les vexations, c'est de livrer le prisonnier à une irritation nerveuse qui ne lui laisse pas un instant oublier l'horreur de sa situation. On sait qu'à la fin, le plus grand courage peut être miné par les petits ennuis, comme la pierre par la chute incessante de la goutte d'eau. Alors peut venir un moment où le patient, excédé, harassé, faiblira, et se prêtera enfin à laisser s'aplanir certaines difficultés méprisées tout haut par les ordonnateurs de ces coups d'épingle, mais à la suppression desquelles ils attachaient pourtant une grande importance.

Le prince Louis-Napoléon eut à subir, avec toute l'extension et les variantes d'arbitraire dont elle était susceptible dans son application, la partie confidentielle de cette élastique consigne ministérielle confiée à l'intelligence des hauts préposés à la garde de sa personne. Se promène-t-il sur le rempart, dans un espace long tout au plus de soixante pas sur à peine vingt de largeur, les nombreuses sentinelles placées, soit à l'intérieur, soit à l'extérieur de la forteresse, jusque sur l'escalier et à la porte de sa chambre, ne suffisent pas pour veiller sur ses mouvements; il faut encore qu'un gardien le suive pas à pas, comme le spectre de Banco. On a vu que Thélin s'était volontairement enfermé avec son maître : pendant toute une année, on n'agît pas autrement avec lui que s'il eût été détenu en vertu d'une condamnation. On savait que cette injustice envers un si digne serviteur faisait souffrir le Prince, et l'on se donnait en même temps la satisfaction de le priver de mille petits services qu'avec un peu plus de liberté Thélin aurait pu lui rendre. Ainsi les portes du fort restent impitoyablement fermées sur ceux-là même que leur dévouement y a fait entrer. Défense expresse était faite aux soldats de rendre au Prince le salut militaire; mais, pour eux, c'était le neveu de l'empereur Napoléon; ses exploits, ses grandes victoires, ses revers, ses malheurs, les mille anecdotes de sa vie étaient plus que jamais les entretiens du corps de garde et de la chambrée. La présence d'un Bonaparte, c'était dans la troupe une occasion de réveil pour des souvenirs qui l'électrisaient. On avait admiré, on s'était exalté, on arrivait en faction encore plein d'enthousiasme; le neveu de l'Empereur venait-il à passer : on pensait en être aperçu, et, au risque d'être condamné à quatre jours de salle de police, on lui présentait les armes.

La santé du prisonnier s'affaiblissait de jour en jour. Après bien des pourparlers et plusieurs rapports officiels, il fut reconnu que l'exercice du cheval lui était nécessaire. On en fit venir un ; mais il ne fut pas permis au Prince de le monter ailleurs que dans l'enceinte étroite et mal pavée de a clour du château. Bien que ce fût un lieu de promenade peu convenable, il se décida à l'accepter. Alors il devint l'objet de la curiosité collective des geôliers, des soldats, et des habitants de Ham, groupés aux abords des guichets. Le commandant lui-même se tenait au milieu de la cour, et tout le poste était sous les armes aussi longtemps que le Prince n'était pas rentré. Il ne pouvait consentir à se donner de la sorte en spectacle ; aussi eut-il bientôt renoncé à son exercice favori qui, dans ce moment, lui était cependant indispensable.

Pour être admis à visiter le Prince, il fallait s'adresser au ministre de l'Intérieur, qui n'accordait que très-difficilement une permission. L'avait-on obtenue, malgré la signature du ministre, elle n'était valable pour le commandant qu'après avoir été visée par le commissaire de police de la ville de Ham, à qui il était expressément recommandé d'être sans cesse sur le qui-vive le plus défiant. Ham, sa forteresse, ses abords et toutes les routes qui y conduisent étaient à cette époque le point de mire de tous les espions qui vivent d'inventions et de rapports mensongers ; ils étaient à la piste des moindres apparences qui pouvaient leur permettre de forger une imposture dont ils pourraient tirer quelque profit. C'est à eux que, par une matinée de juin 1841, la paisible ville de Ham dut d'être envahie par une petite armée ; gendarmerie de tous les environs, cavalerie d'Amiens, artillerie de La Fère, tout avait été mis en mouvement ; il s'agissait de s opposer à l'enlèvement du prisonnier par deux mille ouvriers venus de la plaine Saint-Denis ! L'alerte fut aussi complète qu'inutile ; la peur du ridicule fit rappeler les troupes le lendemain de leur arrivée, et la police, qui avait fait son métier, se reposa après tant de bruit.

Les ouvriers de la plaine Saint-Denis arrivant au nombre de deux mille, c'était par trop grotesque ! Là, certes, n'était pas le danger, et la police aurait pu avoir un sujet de crainte un peu moins absurde. Jamais des troupes ne passaient dans Ham sans donner au prisonnier des marques d'intérêt qui faisaient le désespoir du commandant. On défendait aux soldats d'entrer dans la citadelle, mais ils s'en consolaient en restant presque toute la journée à proximité des murs, et à portée de voir le Prince quand il se promènerait sur le parapet. Venait-il à paraître, les bonnets agités en l'air, et même les cris, lui prouvaient la sympathie que son nom et ses malheurs inspiraient. Ces démonstrations répétées chaque fois qu'arrivait un nouveau régiment, étaient très-significatives. La police les trouvait assez naturelles pour ne pas s'en émouvoir, tandis que, au contraire, elle se faisait des monstres de véritables puérilités sur lesquelles n'eût pas dû s'arrêter son attention.

Des offres sérieuses furent faites au prince Louis-Napoléon : la police n'en a jamais rien su. Par contre, un capitaine au long cours ayant demandé la permission de communiquer avec le prisonnier de Ham, à qui il devait remettre un message du gouvernement de l'Amérique centrale relatif an canal de Nicaragua, la police ne manqua pas de trouver à cette démarche tous les caractères d'un projet d'évasion.

Injonction fut donc faite au commandant de la forteresse de se tenir sur ses gardes, et en exécution de cet ordre, la surveillance fut portée à l'excès : le zèle stipendié des agents secrets s'exalta jusqu'à la vision : en veut-on une preuve? la voici : M. de Querelles, impliqué dans l'affaire de Boulogne, était parvenu à s'échapper; il vivait paisiblement en Prusse, lorsque la police de Paris signalait à celle de Ham son arrivée certaine à Saint-Quentin. Cette police si renommée ne se manifestait coup sur coup que par l'énormité de ses bévues. Elle ne brillait pas dans l'exercice de la grande surveillance; aussi, pour se consoler de son ineptie, se cramponnait-elle avec une sorte de rage à cette petite surveillance qui s'exerce sans finesse, et descend dans des détails trop perceptibles pour tromper qui que ce soit.

Vers la fin de novembre 1845, le Prince demanda que Thélin pût aller à Paris, où des affaires l'appelaient au sein de sa famille. La permission fut immédiatement accordée; mais, par une de ces coïncidences qu'avec un peu de bonne volonté on pourrait regarder comme fortuites, le commissaire de police de Ham reçut en même temps l'autorisation de s'absenter; il se trouvait également avoir besoin de se rendre dans la capitale : il s'arrangea donc pour monter avec Thélin dans la même voiture, et pour ne pas revenir avant lui. Évidemment ce fonctionnaire avait ordre de ne pas perdre de vue le valet de chambre du Prince, et la permission nécessaire à celui-ci n'avait été si facilement obtenue que, parce qu'en épiant toutes ses démarches, on espérait surprendre quelque dessein secret; on s'empressait généreusement de saisir l'occasion de le mettre à même de se trahir par quelque imprudence.

Les sévices purement matériels par lesquels peut être aggravée la privation de la liberté, furent remplacés par des sévices d'un autre genre. On tenait un Napoléon, on en usait comme envers un Napoléon, et la tradition de Sainte-Hélène strictement observée devenait ici l'équivalent de ce qui se faisait au Mont-Saint-Michel ou à Doullens à l'égard d'autres prisonniers. Décemment, en traduisant une infamie par une autre, on ne pouvait oser davantage sans révolter, en Europe, le sentiment public, même parmi les rois et les grands. Le Prince fut en butte à cette tyrannie de tous les instants. Il ne lui opposa d'abord que de la résignation ; il croyait qu'à la fin on se lasserait de le trouver impassible ; mais après s'être fait violence pendant neuf mois, il pensa qu'il était de son devoir de ne pas autoriser plus longtemps par son silence un état de choses intolérable. Il adressa donc, le 22 mai 1841, au ministère, une protestation pleine de convenance et de dignité, où il exposait avec une franchise amère la situation pleine d'outrages à laquelle on le réduisait.

Cet acte eut pour effet d'amener le gouvernement à des mesures plus conformes à sa véritable dignité, et, dès ce moment, le valet de chambre du prisonnier reçut la permission d'aller en ville.

S'il était au pouvoir des hommes de fixer quelque chose, on aurait dû regarder le sort du Prince comme étant irrévocablement fixé. Telle était sans doute l'opinion des amis nombreux et dévoués qui ne lui demandaient que de se prêter à sa délivrance, et qui le virent avec autant de regret que d'étonnement écarter toute pensée d'évasion. Par horreur de l'exil, il refusait de quitter sa prison de Ham ; pour lui, une prison au milieu de la France, c'était encore une patrie ! « Revenu des illusions de la jeunesse, écrivait-il alors, je » trouve dans l'air natal que je respire, dans l'étude, dans » le repos de ma prison, un charme que je n'ai pas ressenti

» lorsque je partageais les plaisirs des peuples étrangers. »

Dans son infortune, le prisonnier de Ham fut heureux qu'aucun des philanthropes amis du ministre n'éprouvât le besoin de savoir ce que peut durer un Bonaparte. Soumis au régime cellulaire, quel n'eût pas été le sort du Prince, si à l'un d'eux fût venue la fantaisie de connaître au juste ce qu'il faudrait de temps pour anéantir moralement un jeune homme qui a du sang de Napoléon dans les veines, qui aspire à de hautes destinées, qui a toujours vécu dans une pensée d'avenir et qui unit à une intelligence supérieure une robuste constitution! Si le Prince put songer quelquefois à ce qui serait arrivé si ces messieurs ne l'eussent pas oublié, combien de consolations durent lui apporter les comparaisons qu'il était à même de faire. Ces quarante pas de rempart, qu'il ne lui était pas interdit de parcourir, devenaient un parc immense, ses chambres délabrées, un palais magnifique, et puis, à la même table que lui, venait encore s'asseoir un ami fidèle; puis un serviteur dévoué était là attendant ses ordres; puis enfin, jusque parmi ces agents du pouvoir dont il avait tant à se plaindre, il s'en trouva deux M. Villemain et M. Salvandy, qui, voulant s'honorer par une de ces attentions délicates dont l'opinion publique sait toujours gré, mirent à sa disposition tous les trésors de nos bibliothèques nationales. L'approbation ne manqua pas à la convenance de ce procédé.

Les livres étaient pour le prisonnier des amis bien précieux, car l'ange tutélaire qui avait veillé sur les jours de son enfance et de sa jeunesse, lui avait donné le goût des lettres, ces bonnes et fidèles compagnes qui, au dire de Cicéron, nous sont toujours secourables, à la ville, en voyage, à la campagne, enfin partout..... même en prison. C'était surtout la matinée que le Prince consacrait à ses travaux littéraires et à ses études de prédilection. Sur l'étroit espace de rempart qu'on lui avait abandonné et qui était devenu pour lui le monde entier, il s'était réservé un modeste coin de terre où il cultivait quelques fleurs, notamment celles pour lesquelles la reine Hortense, qui les aimait toutes, avait une préférence marquée. Il retrouvait ainsi de bien chers souvenirs et l'un des bonheurs de son enfance. Depuis que le Prince n'était plus au secret, il avait la liberté d'écrire à ses amis absents et de recevoir leurs lettres ; à la vérité, il ne lui était pas donné d'en rompre le cachet, plaisir dont la poste nous laissait user quelquefois, lorsque le cabinet noir voulait bien n'être pas trop indiscret.

Il est un moment où la prison disparaît, en quelque sorte, et l'on peut ne s'y croire pas plus enfermé qu'on ne le serait partout ailleurs. A cette heure où la nuit a jeté sur la nature entière son vaste manteau d'égalité, le prisonnier serait presque disposé à se faire l'illusion qu'il est libre ; et puis, pour lui, c'est un jour de passé. On aime encore à laisser des jours en arrière, lors même qu'on a devant soi la perpétuité. Le soir venu, le commandant du fort faisait sa ronde ; après s'être assuré que tout le monde était à son poste, il mettait les clefs dans sa poche, heureux de songer que les ténèbres suspendant les dangers de sa responsabilité, elle ne recommencerait que le lendemain. Tout était bien clos, bien gardé : il pouvait donc oublier un instant son triste métier. Il était tout fier alors de ne plus sentir en lui que le militaire, et à ce titre, il venait partager, avec le général Montholon et le docteur Conneau, l'honneur de ces soirées intimes pendant lesquelles ils aidaient le Prince à trouver, dans les distractions du whist, un délassement de son travail de la journée.

L'humeur habituelle du Prince était le calme dans l'aménité, le calme sérieux et digne. Sa position étant, comme on l'a vu, complétement acceptée par lui, il trouvait dans cette acceptation une force qui le mettait constamment au-dessus de son malheur. Il ne s'en jouait pas; c'eût été plus ou moins que du stoïcisme, mais il le supportait sans jamais s'en laisser abattre, sans jamais rencontrer dans la mémoire du passé un sujet de tourment. « Si je suis sans joie, disait-il quelquefois, je suis aussi sans remords. »

Dans sa prison de Ham, comme à la Conciergerie, il ne s'inquiétait que du sort de ses amis; sans cesse il s'occupait d'eux et des moyens de venir efficacement à leur secours, et il ne s'endormait jamais plus satisfait que lorsqu'il avait réussi.

Pour garder le Prince, il n'y avait pas moins de 400 soldats, sous les ordres d'un officier supérieur (le commandant aussi si l'on veut). C'était la garnison du fort qui fournissait tous les jours au moins soixante hommes pour les différents postes. Outre cette force militaire, il y avait la brigade des guichetiers, porte-clefs et gardiens, qui ne devait en quelque sorte jamais perdre de vue le prisonnier. Le commandant avait l'autorité et l'œil sur tout ce monde, employés et militaires. Ce qui paraîtra bien étrange, c'est que, dans le principe, le ministère poussa l'imprévoyance jusqu'à confier la garde de la forteresse à des troupes qui avaient connu le Prince, soit à Strasbourg, soit à Boulogne. Leur bienveillance pour lui était telle qu'alors il lui eût été facile de s'évader. Souvent, lorsqu'il se promenait sur le rempart, des fenêtres de la caserne, il se proférait des cris tellement sympathiques, que ne pouvant autrement les faire cesser, on mit des cadenas aux croisées. Forcés de renoncer aux acclamations, les soldats se rejetèrent sur les manifestations silencieuses, et tous les matins, on était obligé de badigeonner à la chaux les murs que, durant la nuit, ils avaient chargés d'inscriptions.

Il était expressément défendu aux officiers de causer avec le Prince ; mais, malgré les sévérités de la discipline, ils ne pouvaient se résoudre à lui montrer de l'indifférence. Un coup d'œil, un sourire, une fleur, un bouquet de violettes parlaient pour eux.

Au dehors, on cédait à la même attraction, et les personnes qui venaient s'installer aux fenêtres de la cantine, d'où l'on pouvait voir le prisonnier, éprouvaient un tout autre sentiment que celui de la curiosité. La police aurait bien voulu supprimer ces marques d'intérêt pour le neveu de l'Empereur, car, à ses yeux, il était comme un de ces excommuniés du XIIIe siècle, dont on n'approchait pas sans encourir l'anathème. A qui en douterait, nous citerions l'anecdote suivante :

La ville de Ham a le bonheur de posséder plusieurs maîtres d'école. Un jour, l'un d'eux se dit : Il n'est si notable personne dans le département de la Somme que mon voisin le prince Louis-Napoléon. Petits ou grands, tous s'entretiennent de lui en cette cité : Je vais donner les prix à mes élèves, pourquoi ne le prierais-je pas d'accorder quelque témoignage d'approbation à celui qui sera jugé le plus méritant? C'est un encouragement qui profitera à tous par l'idée qu'ils y attacheront. Le maître fit parvenir sa requête, et le Prince s'empressa de lui envoyer quelques médailles, qui furent publiquement distribuées, sans que les autorités y trouvassent à redire. L'une de ces médailles avait été frappée à l'occasion du retour des cendres de l'Empereur, les autres étaient commémoratives de ses victoires.

Quand les confrères de l'instituteur surent comment sa demande avait été accueillie, ils n'hésitèrent pas à faire la leur, d'où nouveaux envois de médailles et nouvelles distributions.

Nul homme de bon sens ne soupçonnerait la gravité du cas dans lequel s'étaient mis nos braves pédagogues, en donnant à des enfants, à titre de récompense, des médailles napoléoniennes qui venaient du prisonnier de Ham. Or, le recteur de l'académie d'Amiens ne fut pas plutôt informé du fait, qu'il accourut en poste, fit venir devant lui les instituteurs et les tança avec autant d'indignation que s'ils eussent compromis la sûreté de l'État.

On ne doit pas s'attendre qu'une prison soit un palais où se trouve tout le confortable qu'on peut raisonnablement désirer ; mais quand, dans les journaux dont il dispose, le pouvoir fait dire qu'un prisonnier est traité presque avec magnificence, et qu'on y fait sonner bien haut sa générosité, force est de croire qu'avant tout, ce détenu si favorisé va passer ses jours en un endroit à peu près logeable. Le Prince occupa d'abord l'appartement de M. de Polignac, et plus tard, celui qu'avait habité le comte de Peyronnet. Mais depuis que les ministres de Charles X avaient quitté cette demeure, elle s'était furieusement délabrée. Ce n'étaient plus que chambres décarrelées, plafonds à jour, papiers en lambeaux, méchantes croisées toutes disjointes, et portes qui, si bien fermées qu'elles fussent quant à la sûreté, ne livraient pas moins passage à l'aquilon. Tel était l'état de ces lieux affreusement humides en toute saison. La santé du neveu de l'Empereur ne tarda pas à en recevoir de fâcheuses atteintes. Alors seulement, on pensa à faire des réparations indispensables, et tant pour cet objet que pour l'ameublement et ses accessoires de rigueur, le fils d'un ancien chambellan de l'Empereur, M. de Rémusat, ministre de l'Intérieur, mit à la disposition du commandant une somme de 600 francs. Il fallait nouveau carrelage, nouveaux plafonds, nouvelles portes, nouvelles croisées ; enfin que ne fallait-il pas ? Et pour tout cela, 600 francs seulement étaient accordés. De la part du ministre, était-ce dérision ou inadvertance ? On demanda au Prince de fournir de ses propres deniers le complément de la dépense nécessaire pour remettre en état cet appartement si peu convenable ; mais il n'y voulut jamais consentir. « Ce n'était pas à lui, disait-il, de réparer les prisons du gouvernement. »

L'ordinaire du Prince était apporté de la cantine, qui recevait, pour cet objet, sept francs par jour. Ce prix avait été fixé, une fois pour toutes, par le lieutenant-colonel de gendarmerie, *embrassé à Montereau par l'Empereur*, M. Lardenois, qui avait accompagné le prince Louis-Napoléon de Boulogne à la Conciergerie, et de la Conciergerie à Ham. Le gendarme qui y avait conduit les ministres de Charles X, avait mieux fait les choses : on payait pour leur service de table dix francs par tête.

Le prisonnier avait arrangé sa vie aussi bien que possible dans sa position. Voici, à très-peu d'exceptions près, quel était l'emploi de sa journée : il se levait habituellement assez matin, et se mettait au travail jusqu'au déjeuner, qui était servi à dix heures. Ce repas terminé, il se promenait sur le rempart, ou bien il allait donner ses soins à la platebande de fleurs qu'il avait établie le long du parapet. Il rentrait ensuite pour lire sa correspondance, écrire à ses amis, ou reprendre ses lectures et ses travaux jusqu'au dîner, après lequel venait la conversation avec ses compagnons de captivité, puis la visite du commandant, et alors commençait la partie de whist, dont nous avons parlé ; ainsi s'achevait la soirée. Peu d'incidents, on le pense bien, interrompaient cette longue monotonie du lendemain, toujours semblable à la veille. Quelque peu de la brutalité des vieux temps aurait brisé cette insipide uniformité ; mais de nos jours, on a remplacé l'acerbité cruelle d'autrefois par un système de sourde oppression et de vexations patelines qu'on savait rendre sensibles au prisonnier dans tout ce qui le touchait de plus près. Soit de près, soit de loin, on l'étreignait sans cesse dans un inextricable réseau de consignes, de gardes, de gardiens, d'espionnage. Au dedans, étaient ceux qui ne le quittaient pas plus que son ombre ; au dehors, la police veillait à sa manière et s'ingéniait, afin de prouver combien elle était utile, à forger des rapports, souvent insignifiants, quelquefois fantastiques, et toujours parfaitement ridicules. La grande mystification des deux mille terrassiers ou maçons partis de la plaine Saint-Denis pour délivrer le Prince, était son ouvrage. Et c'est pour solder de tels misérables qu'il y avait dans nos budgets un chapitre de fonds secrets !

Mais c'est trop insister sur Ham, sur ses remparts, sur ses ponts-levis, sur sa garnison, sur ses geôliers, sur les familiers d'une bien inutile inquisition politique ; il est temps d'appeler l'attention sur des objets d'un plus grand intérêt : nous allons parler des écrits du Prince.

III

LES ŒUVRES DU PRISONNIER.

Si le Prince avait été vaincu par les événements, il prenait sur eux sa revanche, et restait, à son tour, maître du champ de bataille. Matériellement captif, il était libre par l'essor de sa pensée, dont l'activité incessante ouvrait devant lui les portes d'un autre univers. Là, de cette prison qu'il ne considérait déjà plus que comme une retraite favorable à ces méditations profondes et patientes dont la solitude seule fait mûrir les fruits, il s'élançait, ardent investigateur, dans les vastes domaines de la science; puis, interrogeant les maîtres de celle-ci, s'initiant de plus en plus à leurs travaux, à leurs découvertes, aux conquêtes de leur persévérance et de leur génie, il demandait à la puissance intime de sa propre nature la force d'ajouter au moins une parcelle d'or au riche trésor de leurs lumières. Et pendant qu'il cherchait, afin d'avoir en même temps ses guides et ses juges, il entrait en relation avec ces rois de l'entendement, dont l'incontestable et féconde initiation dans toutes les branches du savoir restera la plus réelle et la plus durable des gloires de la France.

Le prisonnier s'occupait plus particulièrement de physique et de chimie. De Ham, il adressa à M. Arago des observations sur la production des courants électriques, et cette communication, qui lui valut les éloges de l'Académie, fut jugée assez importante pour qu'elle en ordonnât l'insertion dans le compte-rendu de ses séances. Ce n'était pas la première fois que le nom d'un Bonaparte se trouvait inscrit aux fastes de notre Institut national, par les appréciateurs les plus compétents de ce qui doit contribuer aux progrès de la science.

M. Arago conçut dès lors une haute opinion de la capacité du Prince. Aussi quand ce secrétaire perpétuel, ce spirituel Plutarque des hommes de génie, poursuivant sa tâche de biographe, se fut proposé de montrer à quels titres le vainqueur d'Italie avait fait partie de l'illustre compagnie qui comptait dans son sein les Lagrange, les Laplace, les Fourcroy, les Monge, les Chaptal, les Bertholet, il crut que personne n'était plus en état que le prisonnier de Ham d'indiquer, d'après ses souvenirs de famille, comment et dans quelles circonstances d'étude plus ou moins favorables s'était développée la prodigieuse aptitude de Napoléon aux sciences exactes. Il s'agissait de puiser dans les traditions de sa jeunesse, des données positives d'où l'on put conclure ce qu'il avait dû à la puissante spontanéité de sa riche organisation d'une part, et de l'autre, à la méthode d'enseignement et à la force de ses professeurs. C'est là ce que fit le prince Louis-Napoléon, à qui M. Arago avait demandé des renseignements sur l'éducation mathématique de l'Empereur. La lettre que notre célèbre astronome reçut de lui à cette occasion, et qui fut alors reproduite dans la plupart des journaux, est des plus remarquables.

Chaque jour faisait tomber une portion de l'épais bandeau qui couvrait les yeux de ceux dont les préventions contre le neveu de l'Empereur avaient été jusque-là si habilement entretenues.

Déjà, comme on l'a vu, le Prince s'était fait connaître par quelques écrits qui annonçaient un incontestable talent de publiciste. Ses *Considérations sur l'organisation constitutionnelle de la Suisse et sur la défense de son territoire* avaient fait quelque sensation. Mentionnées avec éloge dans une des séances de la diète helvétique, elles lui avaient fait décerner le titre de citoyen de la République, qualification honorifique que les Suisses ne sont pas dans l'usage de prodiguer. Les idées que Louis-Napoléon avait émises à cette époque, et qui n'étaient que celles qui ont été reprises depuis, tendaient à la réforme nécessaire de ce fractionnement fédéral qui annulle la Suisse au milieu des autres États de l'Europe, et à la résurrection de l'unité nationale, à l'ombre d'un pouvoir central vigoureux issu de la souveraineté du peuple. Il voulait une Suisse libre, indépendante et forte, une Suisse capable de faire respecter son territoire et le nôtre, auquel, ferme dans cette importante neutralité qui est son état naturel, elle pourrait toujours servir de boulevart.

Les *Idées napoléoniennes*, diversement appréciées, suivant qu'on se déclarait pour ou contre le but que se proposait leur auteur, avaient été la seconde publication politique du Prince. Ce livre, regardé comme le programme d'un parti qui pouvait bien revivre avec les passions de son temps, l'amour de la gloire, le dévouement à l'honneur national, mais que l'on supposait en général peu soucieux de cet autre bien qu'on nomme la liberté, se présentait comme le développement de tout ce qui avait été en germe dans la pensée si constamment active de Napoléon. Les *Idées napoléoniennes* étaient l'exposé de ses vues pour un avenir de paix qui lui avait échappé; elles exhumaient l'utopie pratique de ce vaste génie, et la complétaient en l'appropriant à la situation nouvelle qui s'était produite, et qu'il ne lui avait pas été donné de prévoir de si loin. C'est là un beau travail qui prouvait des études approfondies, un grand fond de patriotisme et d'honnêteté, la puissance et l'habitude de réfléchir avec fruit sur des circonstances graves, et un sincère désir d'équité. Aussi les *Idées napoléoniennes* excitèrent-elles l'intérêt au plus haut degré. A Paris, il s'en fit quatre éditions; elles furent traduites dans toutes les langues de l'Europe. Chacun s'accordait à reconnaître dans leur auteur un esprit d'une rare portée spéculative, un homme de bonne foi et un homme politique dont les qualités et les défauts avaient du moins l'avantage de ne rappeler aucune des écoles qui ont fait jusqu'à ce jour le malheur des peuples.

Cette publication, en fixant un instant l'attention générale sur le neveu de l'Empereur, en le signalant à la considération de ses concitoyens, produisit tout ce qu'elle pouvait produire, car la France d'alors n'était mûre encore ni pour aucun homme, ni pour aucun événement; et par suite de la grande déception de 1830, elle était plus que jamais en défiance de tout changement.

Les fragments historiques 1688 *et* 1830 furent la première œuvre de la captivité du Prince. Ainsi que l'a dit l'éditeur de cet écrit, auquel le public fit un accueil mérité : « Pour l'Angleterre, 1688 fut le commencement d'une ère de prospérités et de grandeurs ; — pour la France, 1830 est le commencement d'une ère de sacrifices et de commotions dont nul ne peut prévoir le terme. » Ceci s'écrivait en 1840 et dès lors, pour tout esprit un peu observateur, le contraste était bien autrement complet, car déjà la physionomie qu'allait prendre l'époque se dessinait sans équivoques, et certes ce n'eût pas été la calomnier que d'ajouter aux commotions et aux sacrifices *la préconisation du plus vil égoïsme, l'abandon pusillanime de l'honneur en toute occasion, les lâchetés les plus inouïes, la démoralisation sociale résultant d'une préméditation machiavélique, la corruption organisée sur la plus vaste échelle, enfin du haut en bas, dans toute la hiérarchie, une iniquité insolente, monstrueuse, des scandales sans fin, des infamies partout, une hideuse, une ignoble contre-révolution faite à coups de mauvaises mœurs, de cupidité et de brutalité encouragées par la récente aristocratie de la bassesse.* Le prisonnier de Ham n'eût osé pressentir alors tout ce qu'enfanterait de souverainement méprisable le système dont le légiste Dupin a si bien condensé toute la turpitude dans cette maxime du plus révoltant cynisme : « *Chacun pour soi, chacun chez soi.* » Il lui manquait encore bien des éléments constitutifs d'une dissemblance qui allait devenir si manifeste, il faudrait dire si scandaleuse, qu'aux derniers jours du règne de Louis-Philippe, les gens probes du parti conservateur ne pouvaient s'empêcher d'être honteux de leur confiance, dont l'aveugle et stupide obstination avait fait tant de mal.

Le prince Louis-Napoléon annonçait tout d'abord l'objet de son livre. « La raison, écrivait-il, qui m'engage à livrer à l'impression, ces réflexions historiques, est le désir de prouver que je ne suis pas tel que mes ennemis ont voulu me dépeindre, un de ces débris des dynasties déchues, qui n'ont conservé de leur ancien rang que de ridicules prétentions, et que les événements ont vieilli sans les instruire... Faible rejeton de ce chêne immense qu'on a abattu, sans pouvoir en extirper du sol français les puissantes racines, ma seule force est dans l'estime de mes concitoyens et ma seule consolation dans la pensée de m'en être toujours rendu digne. » Son but, il nous l'apprend, est de repousser d'injustes attaques, par le simple exposé de ses convictions et de ses pensées. « Je n'ignore pas, continue-t-il, que le silence convient au malheur ; il est inutile au vaincu de refaire à la fortune le procès qu'il a subi de la part des hommes; cependant lorsque les vainqueurs ont abusé de leur victoire au point de s'en venger comme d'une défaite, appelant à leur aide la calomnie et le mensonge, ces armes de la faiblesse et de la peur, la résistance devient un devoir, et se taire serait lâcheté....... Il me suffit pour venger mon honneur, de prouver que si je me suis embarqué audacieusement sur une mer orageuse, ce n'est pas sans avoir d'avance médité profondément sur les causes et les effets des révolutions, sur les écueils de la réussite comme sur les gouffres du naufrage. »

Guillaume d'Orange, par ses idées, par l'énergie de son âme, par ses sentiments, par sa foi inébranlable dans la puissance du dévouement populaire, est un caractère politique auquel le Prince accorde la plus grande estime. Guillaume lui plaît, lorsqu'aux ambassadeurs étrangers, qui lui offraient une paix honteuse, il répond : « Je défendrai ma patrie jusqu'à mon dernier soupir, et je mourrai dans le dernier retranchement. » Il le montre faisant valoir pour les uns son droit héréditaire pour les autres ses principes, pour tous les intérêts communs ; il l'approuve lorsqu'il témoigne ne vouloir rien accepter que du vote libre de la nation, lorsqu'il reconnait qu'on n'impose jamais sa volonté, ni sa personne, à un grand peuple ; lorsqu'il le voit constamment s'identifier avec la masse de la nation, dont les intérêts étaient, pour lui, les premiers de tous, et le faire toujours, avec une telle évidence, que jamais on ne s'avisa de lui supposer une arrière-pensée.

Louis-Napoléon met habilement en relief, ce caractère, si audacieux, si ferme, si résolu et si sincère en même temps, et dans les actes de la carrière politique de Guillaume, il trouve l'idéal d'une mission à remplir, dans toute situation analogue.

Sous un voile des plus transparents, se dessinent les mobiles auxquels Louis-Napoléon a cru qu'il était de son devoir d'obéir. Ce sont ces mobiles incompris qu'il réussit à rendre sensibles, en esquissant à grands traits et avec une connaissance approfondie de l'histoire, l'état de la société anglaise, de ses mœurs, de ses opinions et de ses intérêts, sous le règne de Charles Ier, pendant le protectorat de Cromwel, et toute cette période de nouvelles déceptions, qui vit le rétablissement des Stuarts sur le trône et leur chute définitive. Fortement impressionné sans doute par le succès de l'intervention à laquelle l'Angleterre dut de pouvoir sortir enfin d'une situation où rien de ce qu'elle avait espéré ne s'était réalisé, où au contraire tout ce qu'elle avait maudit tendait sans cesse à se reproduire et à s'aggraver, il s'était persuadé, c'est du moins ce qu'il faudrait conclure des *Fragments*, si on les accepte comme une explication, il s'était persuadé, disons-nous, qu'à notre époque et dans notre pays, un concours de circonstances, à quelques égards semblables à celles qui avaient déterminé l'entreprise de Guillaume, le conviait à imiter son dévouement. Sans admettre cette identité qui ne se présente jamais dans la succession des temps, des événements, des générations ou même des individus, et en tenant compte de la différence du milieu dans lequel il est certain que les causes et les effets se modifient sans cesse, il lui sembla apercevoir dans l'ensemble de la société française en proie à une recrudescence de honte, de misère et d'oppression, des besoins auxquels l'influence possible de son nom, de sa position personnelle, et la pureté de ses intentions devaient répondre, et il conçut le dessein périlleux de recréer, pour la France, l'état provisoire dans lequel elle s'était trouvée à la suite de la victoire de 1830, et de faire ainsi naître une occasion nouvelle de trancher de grandes questions par la plus vaste et la plus libre manifestation des vœux du peuple. Son initiative, en une telle circonstance, lui avait paru non-seulement motivée, mais encore entièrement obligatoire. Voyant, après un règne de huit ans, la lutte entre les partis s'envenimer de plus en plus et se prolonger outre mesure, et convaincu que ces agitations étaient incompatibles avec tout ce qui peut constituer la prospérité et la gloire d'une nation, il se préoccupe exclusivement de rechercher l'idée qui pourrait pacifier tous ces conflits.

Cette idée salutaire était évidemment celle qui détruisait le plus de préjugés et d'injustices, en froissant le moins d'intérêts. Dès lors, elle ne pouvait être qu'une vérité, et même la vérité nationale, puisque, pour convenir au plus grand nombre, elle devait nécessairement se constituer de l'essence des vérités éparses et les confirmer toutes. De la sorte, elle arrivait à être généralement comprise, appréciée, soutenue, et passait à l'état de cause nationale, mais elle ne se consolidait jamais avant d'avoir, au pouvoir, un représentant dont les intérêts se confondissent avec ceux des masses. Le prince Louis-Napoléon raisonne dans l'hypothèse où cette cause doit toujours avoir un représentant suprême.

Et en effet, ce représentant existait, c'était lui-même; mais, pour qu'il se révélât, il fallait, après l'expulsion de Louis-Philippe, toutes les détresses et tous les désordres de 1848; il fallait que la nation, lasse de ses agitations, de ses incertitudes, de ses alarmes, reconnût enfin que pour y mettre un terme, elle devait confier ses destinées au seul homme qui put se flatter de puiser une irrésistible force d'influence dans le souvenir populaire du plus grand nom des temps modernes, dans la mémoire d'un règne durant lequel la France était montée à l'apogée de toutes les gloires.

Louis-Napoléon déplorait l'état d'abaissement auquel sa patrie se trouvait réduite. La nation naguère si fière, il faudrait presque dire si heureuse, de tenir le premier rang parmi les nations de l'Europe, ne devait-elle pas horriblement souffrir des humiliations auxquelles l'exposait le honteux et coupable système de la paix à tout prix? Ne devait-elle pas se sentir révoltée de l'infériorité croissante à laquelle la vouait cette inconcevable lâcheté? Ne devait-elle pas s'apercevoir que, depuis 1830, elle avait été plus ravalée et moins sûre de son indépendance, que, même après 1815, sous les Bourbons de la branche aînée? Egalement outragés, le patriotisme, comme l'instinct belliqueux du peuple le plus brave de la terre, n'attendaient sans doute que le moment favorable pour aider à un grand changement politique. La connaissance du moment précis où, en pareil cas, il y a opportunité d'agir, sans trop compter sur le hasard, ne peut résulter que d'une initiation à cette multitude de détails intimes qui ne se révèlent pas à distance. Le seul foyer d'observations qui ne fussent point décevantes était la capitale, où s'étaient succédées tant d'émeutes, où les troubles avaient été poussés quelquefois jusqu'à l'insurrection, où les divers éléments d'opposition se dessinaient dans leur force et dans leur couleur. Hors de là, point d'indication à recueillir d'après laquelle on pût, avec un espoir quelque peu fondé, prendre une de ces grandes déterminations définitives qui enflamment la multitude et obtiennent ainsi un immense concours.

Dans les *Fragments historiques* (1688 *et* 1830), le prince Louis-Napoléon retrace sommairement et caractérise avec la plus grande justesse d'appréciation les faits qui devaient nécessairement amener la chute des Stuarts. Ces faits et leurs conséquences, il semble que, dans l'intérêt de la France, il ait voulu les jeter en avertissement au gouvernement anti-progressiste qui, depuis dix-sept ans, n'avait cessé de se mettre en travers des idées, et de s'épuiser en efforts pour tuer tout ce qu'il avait pris l'engagement de vivifier. Cet avertissement, il ne l'articule pas, mais sa teneur ressort trop nettement d'une récapitulation des plus saisissantes, d'après laquelle il est impossible de ne pas conclure que si les Stuarts avaient un système politique, c'est précisément ce système que nous avons vu appliquer chez nous par les habiles qui se vantaient de nous donner une révolution de 1688. La leçon est constamment celle-ci : « *Vous creusez un gouffre où vous disparaîtrez, prenez garde.* »

C'est de sa prison de Ham que le Prince adresse cet avertissement tendant à faire éviter un avenir dont on n'était que trop fondé à avoir la prévision. Il voudrait que sa patrie ne restât pas exposée à de nouveaux troubles, et à ceux qui auront mission de l'en préserver, convaincu que l'exemple est quelquefois plus fort que le conseil, il rappelle la conduite de Guillaume d'Orange ayant à surmonter les plus grandes difficultés. Quel moyen emploiera-t-il, dit l'auteur des *Fragments?* — Un seul, et il lui réussira infailliblement : « C'est de rester fidèle à la cause qui l'a appelé, et de la faire triompher, à l'intérieur, par sa justice, à l'extérieur, par son courage. »

En 1688, les difficultés étaient des plus réelles, elles étaient immenses ; en 1830, elles n'existaient pas : il fallut que l'intrigue les créât pour avoir l'emploi de son habileté. Le Prince formule avec la plus énergique concision les vérités auxquelles la catastrophe des Stuarts a donné une sanction que nous avons vu confirmer depuis par la catastrophe de Louis XVI, par la chute de Charles X et de Louis-Philippe. C'est ainsi qu'il dit : « Le plus grand ennemi d'une religion est celui qui prétend l'imposer ; — le plus grand ennemi de la royauté, celui qui la dégrade ; — le plus grand ennemi du repos de son pays, celui qui rend une révolution nécessaire. » Plus loin, il ajoute : « Si Guillaume III eût suivi la politique des Stuarts, il eût été renversé, et les ennemis de la nation anglaise, en voyant encore de nouveaux besoins de changements eussent accusé le peuple d'inconséquence et de légèreté, au lieu d'accuser les gouvernants d'aveuglement et de perfidie ; ils eussent dit que l'Angleterre était une nation *ingouvernable;* ils l'eussent appelée, comme Jacques II la nomme dans ses mémoires, *une nation empoisonnée.* Mais, en dépit de ces accusations, la cause nationale, tôt ou tard, eût triomphé, car Dieu et la raison eussent à la fois été pour elle. »

Enfin l'auteur arrive à ces grandes conclusions :

« Le sort des Stuarts prouve *que l'appui étranger est toujours impuissant à sauver les gouvernements que la nation n'adopte pas.* »

» Et l'histoire d'Angleterre dit hautement aux rois :

» *Marchez à la tête des idées de votre siècle, ces idées vous soutiennent.*

» *Marchez à leur suite, elles vous entraînent.*

» *Marchez contre elles, elles vous renversent.* »

Le Prince, qui est l'ennemi de toute inaction, et surtout de celle de la pensée, voulut aborder l'histoire de Charlemagne, ce colosse que Napoléon contemplait de loin avec l'admiration que mérite et que commande toujours la grandeur. Charlemagne fut un merveilleux archétype du guerrier législateur, et s'il ne jeta pas les fondements d'un empire qui dût lui survivre, du moins, de sa main vigoureuse et avec toute la puissance du génie, lança-t-il l'Europe dans une nouvelle voie de civilisation. Il donna ses capitulaires, établit les cours d'assises, fit surveiller l'exécution des lois dans toutes les provinces par des commissaires, sous le nom de *Missi dominici*, en même temps qu'il institua des écoles publiques et que, dans les assemblées du Champ-de-Mai, composées des trois ordres, il inaugura une sorte de gouvernement représentatif.

Les écoles publiques! L'avenir était là, et les lumières qui, toujours plus vives et plus pures, irradiaient de ces foyers à mesure qu'ils se multipliaient, devaient montrer un jour tout ce qu'il y avait à perfectionner et tout ce qu'il y avait à supprimer dans cette transformation de la société pour que le droit de tous y fût également consacré. Napoléon avait pu désirer de faire pour son époque et pour celle qui la suivrait, ce que Charlemagne avait fait pour la sienne;

mais, sous une foule de rapports, Napoléon était trop de son temps, et, ce qui est encore plus vrai, trop lui-même pour s'astreindre aux errements d'autrui.

Les hommes de cette taille conçoivent et n'imitent pas. Le prisonnier de Ham ne songea donc pas à faire de l'histoire de Charlemagne un mirage des plans et des vues de Napoléon. Ce n'était pas une œuvre d'allusion qu'il méditait, mais une œuvre de vérité et de bon jugement. Il s'adressa, en conséquence, à l'illustre auteur de l'*Histoire des Français*, au savant Sismonde de Sismondi, pour lui demander des renseignements sur les meilleures sources à consulter, et il en reçut une réponse qui aura d'autant plus de prix aux yeux du lecteur, qu'elle émane d'un des hommes les plus érudits de l'Europe. Voici cette réponse :

De Chênes, en Suisse, le 22 juin 1841.

« Mon prince,

« J'ai été profondément touché, autant que flatté, de la lettre que Votre Altesse Impériale m'a fait l'honneur de m'écrire. Je craignais, après l'insistance que j'avais mise en 1838 dans nos conseils (1), d'avoir perdu toute part à votre bienveillance. Je sentais bien qu'en effet je différais foncièrement sur la politique avec Votre Altesse, et quant au principe démocratique que vous admettez dans toute sa rigueur, tandis que je cherche la liberté dans l'harmonie entre les éléments divers de la société, et quant au développement que vous donneriez aux instincts militaires, tandis que tous les miens sont pour la paix, et quant aux heureux résultats que vous attendez des révolutions violentes, tandis que le maintien d'un ordre existant me paraît à lui seul un grand bien, et j'espérais peu que vous admettriez avec candeur des différences d'opinion, lorsque ces opinions s'étaient traduites en actions, et qu'elles avaient aujourd'hui pour Votre Altesse Impériale de si douloureuses conséquences.

« Permettez-moi de vous féliciter aujourd'hui, mon prince, sur l'énergie de caractère avec laquelle vous vous retournez vers l'étude pour

(1) M. de Sismondi s'était opposé à ce que le prince pût prolonger son séjour en Suisse.

lui demander les consolations qu'elle peut si bien donner. Le nom de Napoléon est, dès longtemps, uni à celui de Charlemagne, et à mille ans de distance, les deux restaurateurs de l'Empire devront souvent être comparés.

» Je voudrais pouvoir aider Votre Altesse Impériale dans ses recherches, mais les documents sur ce règne ne sont pas nombreux; ils ont été tous réunis, tous publiés depuis longtemps. Je doute qu'il y ait absolument rien à ajouter au contenu du tome V[e] des *Scriptores rerum Gallicarum et Franciscarum* de Don Bauquet. C'est un volume in-folio de 850 pages, et il semble d'abord que c'est beaucoup, mais en le feuilletant, on s'aperçoit bientôt combien il est aride, combien ses annales ou chroniques, dont il y a une vingtaine, sont de sèches et stériles répétitions l'une de l'autre; combien les anecdotes recueillies par Genhard ne sont que des scènes d'intérieur, combien celles du moine de Saint-Gall ont l'air apocryphes. Dans la collection des mémoires relatifs à l'histoire de France de M. Guizot (Paris, 1824), se trouve traduit au tome III, à peu près tout ce qui a quelque valeur au tome V[e] des *Scriptores*. S. Michel Lorent, dans sa *Summa historiæ Gallo-Franciscœ* (*Argentorati*, 1790), a indiqué toutes les sources de l'histoire des Carlovingiens, avec cette érudition exacte et scrupuleuse qu'on ne trouve guère que chez les Allemands. Un Anglais, dans ces dernières années, a publié une histoire de Charlemagne; je ne puis retrouver son nom (1). »

»Mais, pour faire connaître le grand homme, une autre chose qu'il faut étudier, car de ces courtes chroniques il ne peut sortir rien de nouveau, c'est l'état des provinces de l'empire romain qu'il faut d'abord bien comprendre, avec leur mélange de races, vivant chacune sous une loi différente; c'est l'organisation des peuples de race germanique, et chez eux et dans leurs conquêtes; c'est l'état de la propriété, la condition de la terre, les rapports des maîtres avec les cultivateurs, l'accroissement démesuré de l'esclavage qui, à mes yeux du moins, fut la cause principale de la ruine des Carlovingiens, c'est enfin la discipline militaire et les changements qui y furent successivement introduits, depuis la légion romaine jusqu'aux armées de Charlemagne. En suivant ces branches diverses d'études, et en remontant au travers des siècles de Charlemagne à Auguste, Votre Altesse Impériale arrivera enfin à comprendre et à expliquer ce singulier phénomène d'un barbare qui veut renouveler la civilisation, qui porte la souveraineté là où est le savoir, de la race conquérante à la race conquise, qui accomplit en un règne ce que les Romains n'avaient pu faire en plusieurs siècles, de

(1) M. James.

soumettre et en même temps de faire entrer dans la civilisation toutes ces races, si fières de leur indépendance, qui habitaient le nord et le levant de l'Europe jusqu'à la mer glaciale; mais comment en même temps il use, il épuise le genre humain qui lui est soumis, de manière qu'à dater du jour de sa mort, commence la plus rapide, la plus honteuse, la plus désespérante décadence. Vous voyez, mon Prince, que si je comprends comment l'éclat des conquêtes a fait comparer Napoléon à Charlemagne, je sens que c'est là seulement qu'existe un rapport, et que l'influence de ces deux grands hommes sur les temps qui les ont suivis est absolument opposée.

« Daignez, prince, me conserver la bienveillance dont vous me donnez de si flatteuses assurances, et me croire, avec respect,

« De Votre Altesse Impériale, le très-humble serviteur. »

« J.-C.-L. de SISMONDI. »

L'histoire de Charlemagne dut rester en projet : c'était du passé, et le présent est devenu exigeant. De toutes parts, le prince est assailli, débordé par les actualités qui excitent toute sa sollicitude, et il se sent pressé, pour être utile à son pays, d'émettre son avis dans les questions qui surgissent. Malgré les murs qui l'enferment, malgré l'isolement dans lequel il est retenu, malgré les geôliers qui épient ses moindres mouvements, il est en France, et on n'a pu faire qu'il n'y remplisse pas ses devoirs de citoyen. Pénétré des besoins de son époque, il tourne ses idées vers ces intérêts matériels qui, inscrits d'une manière si pompeuse sur le drapeau du juste-milieu, ne sont pas traités par ses ministres avec plus de respect et de sagacité que d'autres intérêts non moins sacrés, ceux de la religion et de la morale, dédaignés par ces esprits étroits comme des superfluités.

On se rappelle avec quelle insistance la suppression d'une de nos industries les plus productives, la fabrication du sucre indigène, fut demandée par nos colonies, qui attribuaient à la rapide extension qu'elle avait prise, le malaise de leur situation. La Restauration, plus intelligente, mais surtout plus soucieuse des intérêts de la France que le Gouvernement qui lui succéda, avait su protéger à la fois et les colonies et l'industrie sucrière, fille de l'Empire. Elle avait secondé la fabrication indigène en l'exemptant d'impôts et en mettant des droits sur les sucres de provenance coloniale. Elle avait favorisé la production d'outre-mer comme celle de la métropole, en facilitant leur exportation et en élevant à des taux prohibitifs le tarif des sucres étrangers.

Mais depuis 1830, la destruction de la fabrication indigène, aussi bien que la ruine des colonies, semblait un système arrêté; et sous l'influence anglaise, masquée du prétexte de l'intérêt des colons, prétexte si spécieux, qu'eux-mêmes, aveuglés sur la véritable cause de leur détresse commerciale, n'hésitaient pas à soutenir le perfide projet des partisans de nos ennemis et des leurs, grandit la conspiration ayant pour but de donner à l'Angleterre un éclatant témoignage de bienveillance, en lui sacrifiant notre industrie sucrière. Les premières tentatives pour arriver à un résultat si funeste soulevèrent en France les plus vifs mécontentements; l'intérêt des colonies, fût-il réel, n'y parut pas assez puissant pour mériter la préférence sur l'intérêt de la métropole. L'abandon de la fabrication continentale était, sous tant de rapports, évidemment préjudiciable au pays, que, malgré l'habituelle facilité de la législature à souscrire à tous les plans ministériels, lorsqu'elle fut appelée à l'autoriser de son vote, elle se montra, dans les premiers moments, moins disposée que de coutume à affronter les répugnances qui s'étaient manifestées dans le pays.

Les adversaires de la fabrication indigène se résignèrent alors à attendre une meilleure occasion; ils travaillèrent avec ardeur à la faire naître, et pour se donner des auxiliaires, ils réussirent à persuader à plusieurs de nos villes maritimes, que l'industrie qu'ils voulaient proscrire faisait un tort des plus graves, soit au commerce intérieur, soit à la marine marchande. A les entendre, la navigation était la principale pépinière où se formaient les bons marins, et si l'on maintenait, contrairement aux intérêts coloniaux, les sucreries de la métropole, autant valait renoncer pour toujours à la prépondérance de la France sur les mers.

La question était de la plus haute importance. Les avantages et les inconvénients de la fabrication de sucre indigène furent discutés dans une foule d'écrits. Les hommes qui, depuis 1811, n'avaient épargné ni efforts ni sacrifices pour doter la France de cette nouvelle industrie, dont l'introduction chez nous avait été pour l'Angleterre un juste sujet de s'alarmer, s'indignèrent que, même au prix d'une indemnité, on songeât à la faire disparaître au moment où elle devenait florissante, et allait être pour la patrie une source abondante de richesses, et pour eux un dédommagement de leurs travaux et la récompense de leurs succès. Il y eut pendant quelque temps comme une arène ouverte où se précipitèrent avec une égale ardeur les adversaires et les défenseurs de la fabrication continentale. La lutte fut des plus passionnées; mais à travers tous les arguments qui s'étaient produits pour ou contre, il devenait de plus en plus difficile de découvrir le moyen de concilier tous les intérêts.

Quelqu'un cependant le cherchait avec un profond sentiment d'impartialité et la ferme volonté d'intervenir, après s'être armé d'une incontestable compétence. Ce quelqu'un était le prince Louis-Napoléon qui, de sa prison, avait suivi le débat avec une vive sollicitude pour les parties directement intéressées. Après avoir étudié tout ce qui avait été dit et écrit dans cette controverse, afin de s'éclairer, il publia, au mois d'avril 1842, son *Analyse de la question des sucres*, où le sujet était envisagé sous toutes ses faces avec une entière connaissance de cause. « J'espère, dit le Prince dans sa préface, avoir analysé et présenté sous son véritable jour une question que les partisans de la liberté du commerce se plaisent à déplacer et à obscurcir. Je crois avoir été impartial; la prospérité des colonies ne m'est pas moins à cœur que le développement de l'industrie indigène; et si, d'un côté, la fabrication du sucre a droit à toutes mes sympathies; comme création impériale, d'un autre côté, je ne puis oublier que ma grand'mère, l'impératrice Joséphine, est née dans ces îles où retentissent aujourd'hui les plaintes contre la concurrence des produits de la métropole. D'ailleurs, quelque gloire que je mette à défendre les fondations de l'Empereur, ma vénération pour le chef de ma famille n'irait jamais jusqu'à me faire préconiser ce que ma raison repousserait comme nuisible à l'intérêt général de ma patrie. Si je croyais l'invention d'Achard contraire au bien-être du plus grand nombre, je l'attaquerais malgré son origine impériale : *Je suis citoyen avant d'être Bonaparte*.

Dans son *Analyse*, de tous points si remarquable, le Prince ne perd pas un instant de vue ce qu'exigent le droit et la justice, et il prouve partout qu'il sait se placer à ce point élevé d'où le véritable homme politique domine tous les faits et en découvre toutes les conséquences. Où trouverait-on des pages plus que celles-ci empreintes de l'esprit moderne et progressif : « L'agriculture, dit le prince Louis-Napoléon, est le premier élément de la prospérité d'un pays, parce qu'elle repose sur des intérêts immuables et qu'elle forme la population saine, vigoureuse, morale des campagnes. L'industrie repose trop souvent sur des bases éphémères, et quoique, sous certains rapports, elle développe davantage les intelligences, elle a l'inconvénient de créer une population malingre qui a tous les défauts physiques provenant d'un travail malsain dans des lieux privés d'air, et les défauts moraux résultant de la misère et de l'agglomération d'hommes sur un petit espace.

» La fabrication du sucre indigène, loin de participer à ces défauts, réunit en elle, au contraire, tous les avantages de l'agriculture et de l'industrie, et même, à notre avis, elle résout, sinon complétement, au moins en grande partie, un des problèmes les plus importants du temps présent, le bien-être des classes ouvrières. » Et il développe admirablement cette idée. »

Après avoir fait, sur des données exactes, le dénombrement, soit des ouvriers, soit des femmes et des enfants occupés directement par les trois cent quatre-vingt-neuf fabriques existantes à cette époque, l'auteur de l'*Analyse*, arrivant à son résumé, s'écrie : « On sacrifierait le travail libre de cent mille Français au travail forcé de quatre-vingt-dix mille esclaves!

» On sacrifierait un revenu annuel de quatorze millions pour l'agriculture, de huit millions pour les classes ouvrières, enfin un mouvement d'argent de cent millions à une augmentation de recette pour le trésor de sept à huit millions tout au plus.

» Il y aurait, dans ce cas, violation de tous les droits, car les produits du sol français doivent avoir la priorité sur les produits des tropiques; les colonies ont été établies dans l'intérêt de la métropole, et non la métropole dans l'intérêt des colonies.

» Il y aurait violation de principes, car les intérêts de l'agriculture et de l'industrie ne doivent pas être lésés au profit du commerce extérieur, et encore moins au profit du fisc.

» Enfin il y aurait violation manifeste des intérêts généraux, car la prospérité de sept départements, dont la population s'élève à quatre millions d'habitants, serait immolée à trente et un mille colons, et l'intérêt des consommateurs à deux îles de l'Océan (la Martinique et la Guadeloupe). »

Rien n'échappe au Prince de ce qui se lie, ou de loin ou de près, à la question qu'il traite avec une supériorité dont il n'y eut pas alors un autre exemple. La loi dont on menace est mauvaise : il est amené naturellement à dire comment se préparent et s'élaborent les bonnes lois. En conséquence, il rappelle quelle doit être, sous un bon gouvernement, l'institution du conseil d'État. Les ennemis de la cause qu'il défend invoquent le principe de la liberté du commerce, et il prouve par des chiffres que si l'on venait à mettre en pratique leurs funestes théories, la France perdrait, en richesses, une valeur d'au moins deux milliards; deux millions d'ouvriers resteraient sans travail, et notre commerce serait privé du bénéfice qu'il tire de l'immense quantité des matières premières qui sont importées pour alimenter nos manufactures. Il oppose à l'imagination anglaise du libre échange l'énumération des principales industries qui doivent le jour au système protecteur, et qui seraient complétement ruinées si on laissait entrer librement les produits étrangers.

Les colonies, dans les prétentions qu'elles soutiennent, ne semblent pas soupçonner que l'inévitable émancipation des noirs va, dans un prochain avenir, changer la condition de leur prospérité; il les rappelle à cette prévision, en leur indiquant les mesures qui sont véritablement dans leur intérêt. L'abolition de la traite mène nécessairement à l'abolition de l'esclavage, et celle-ci à l'abandon de la culture de la canne.

Les ouvrages les moins étendus sont souvent les plus substantiels. L'*Analyse de la question des sucres*, bien que resserrée dans 140 pages, fit une grande sensation dans le monde qui se préoccupe des hauts intérêts du pays, et contribua peut-être à redresser l'opinion qu'on avait pu se faire du Prince, en ajoutant foi aux insinuations hostiles. On ne le jugea plus d'après les échecs de Strasbourg et de Boulogne, et ceux-là même qu'on avait vus le moins disposés à l'absoudre de ces deux tentatives, étaient obligés de convenir que le conspirateur, dont ils avaient voulu ridiculiser la témérité, était non-seulement un homme de courage, mais aussi un homme de bonne foi, de réflexion et de haute capacité. Impossible de déployer plus de savoir, de montrer plus de logique, de mieux saisir l'importance d'un fait capital d'industrie, dans l'enchaînement des faits, ou de même nature, ou d'un autre ordre qui leur est corélatif, que ne l'avait fait le prince Louis-Napoléon dans son plaidoyer pour le sucre indigène.

L'*Analyse de la question des sucres* était l'œuvre d'un homme d'État qui a l'intelligence de tous les devoirs d'un gouvernement vraiment national. Le comité représentant les intérêts des fabricants qui réclamaient le maintien de leur industrie, ne crut pas pouvoir mettre sous les yeux des conseils généraux consultés par le gouvernement, un meilleur document que la brochure du Prince : il accompagna cet envoi d'une circulaire où, après avoir énuméré sommairement quelques-uns des principaux résultats de la fabrication du sucre de betterave, il rappelait que ces faits étaient avérés, connus de tout le monde, constatés par un grand nombre de brochures, et *surtout*, ajoutait-il, *par celle que vient de publier le neveu de l'homme illustre,* qui est venu, envoyé de la puissance divine, mettre fin aux maux qui désolaient notre belle patrie, rétablir le règne des lois, développer et souvent créer toutes les industries qui font la prospérité de la France, et au nombre desquelles figure la fabrication du sucre de betterave, qui serait restée enfouie dans les cabinets des chimistes, sans les décrets de l'Empereur et l'impulsion que sa volonté puissante a imprimée à cette étonnante découverte.

Vers la même époque, le prisonnier de Ham fit paraître ses *Réflexions sur le recrutement de l'armée* (1). Cet écrit se recommande encore par une étude approfondie de la matière et par des vues d'une haute portée.

Tous les militaires s'accordaient à reconnaître que les *Réflexions sur le recrutement* étaient le travail d'un homme fort et qui avait longtemps médité sur le sujet; ils le proclamaient parfaitement au courant de la spécialité, et son livre était

(1) Depuis qu'il était détenu, le Prince n'avait pas cessé de s'occuper de tout ce qu'il jugeait pouvoir être de quelque utilité à sa patrie. Il ne voyait pas de plus noble passe-temps. Il chercha alors à introduire dans les pratiques de l'art militaire plusieurs améliorations importantes. En 1841, il adressa au maréchal Soult, alors ministre de la guerre, des observations sur *les amorces fulminantes* et les *attelages*, avec prière de les soumettre au comité d'artillerie. Il proposait pour les fusils à percussion un système de *cartouches d'amorces* qui assurait la conservation des capsules entre les mains des soldats, en facilitant le placement d'un objet aussi petit, malgré le défaut d'adresse, l'émotion du combat, la rigueur du froid ou l'obscurité de la nuit.

Le Prince indiquait aussi, à l'usage de l'artillerie, la confection d'une lance à feu que l'on peut allumer sur-le-champ sans avoir recours à la

évidemment l'œuvre d'une plume amie, un témoignage de bienveillance qui leur était donné ; à ce titre, il méritait doublement leurs suffrages.

En 1843, il était depuis longtemps passé de mode de se poser en antagoniste des admirateurs de Napoléon, ou plutôt d'imiter ses détracteurs, lorsque, sans doute par amour du paradoxe historique, un écrivain d'un immense talent, un poëte, un artiste dont l'imagination nuageuse tient les opinions politiques dans ce vague où, entre le socialisme et la démocratie, elles flottent, effleurant les extrêmes, sans jamais se dessiner nettement, M. de Lamartine enfin, puisqu'il faut le nommer, porta sur le Consulat et sur l'Empire un jugement entièrement contraire à la vérité. D'assez vives attaques étaient dirigées par lui contre la mémoire de l'Empereur, dans une lettre adressée à M. Chapuis de Montlaville. La mémoire de l'Empereur ! c'est le patrimoine de la

mèche, qui, par une pluie violente, est très-exposée à s'éteindre. On sait que dans les guerres de l'Empire, souvent des pièces de canon ont été prises faute de moyens prompts pour enflammer les lances et faire feu... Le Prince décrit ensuite un procédé des plus ingénieux pour atteler momentanément à des pièces des chevaux non dressés. Au moyen de ce procédé, expérimenté à Londres, d'après les indications de sir Francis Head, ancien gouverneur du Canada, la cavalerie peut prêter son concours à l'artillerie pour la tirer de tous les mauvais pas où un surcroît de forces est nécessaire. On ne craint plus dès lors d'être réduit à abandonner des canons faute de chevaux pour les enlever, et les cavaliers, après avoir exécuté une brillante charge sur une batterie, ont du moins l'avantage de la rendre décisive, en opérant, à l'instant même, l'enlèvement des pièces.

France, mais c'est aussi celui de tous les membres de la famille impériale. Le prince Louis-Napoléon, qui, toujours avec un soin religieux, on pourrait dire avec toute la ferveur d'une piété vraiment filiale, s'est institué le conservateur d'un si noble héritage, ne faillit pas à cette tâche. Sa réponse à M. de Lamartine lui fit d'autant plus d'honneur dans le public, qu'elle était une réfutation tout à fait victorieuse et pleine de convenance, d'un jugement qui n'a été ratifié jusqu'ici par aucun écrivain, et qui ne le sera certainement jamais. Cet écrit du prince Louis-Napoléon offrait un intérêt trop limité à la circonstance qui l'avait fait naître, pour que l'examen que nous en ferions ici ne fût pas regardé comme un hors-d'œuvre. Nous nous bornerons à reproduire textuellement ici ces quelques lignes qui terminent la réponse du Prince.

« Je ne puis comprendre qu'un homme qui accepte le magnifique rôle d'avocat des intérêts démacratiques reste insensible aux prodiges enfantés par la lutte de toutes les aristocraties européennes contre le représentant de la révolution, qu'il soit inflexible pour ses erreurs, sans pitié pour ses revers, lui dont la voix harmonieuse a toujours des accents pour plaindre les malheurs, pour excuser les fautes des Bourbons. Eh quoi! M. de Lamartine trouve des regrets et des larmes pour les violences du ministère Polignac, et son œil reste sec et sa parole amère au spectacle de nos aigles tombant à Waterloo et de notre Empereur plébéien mourant à Sainte-Hélène!

» C'est au nom de la vérité historique, la plus belle chose qu'il y ait au monde après la religion, que M. de Lamartine vous a adressé sa lettre : c'est également au nom de cette même vérité historique que je vous adresse la mienne. L'opinion publique, cette reine de l'univers, jugera qui de nous deux a saisi sous son véritable aspect l'époque du Consulat et de l'Empire. »

Le jugement porté par l'illustre M. de Lamartine était d'avance infirmé par l'opinion publique; il devait rester sans écho et surtout sans influence sur une génération qui déjà, depuis un quart de siècle, était devenue la postérité pour Napoléon. Sous un règne tout de contraste par les sentiments, comme par l'action, avec le règne impérial, on avait pu faire avec impartialité, au milieu des plus tristes comparaisons, la balance entre les éloges et le blâme dus au Consul et à l'Empereur.

Mais revenons au Prince.

Le temps de sa captivité était, comme on le voit, rempli par une grande variété d'études et de travaux sérieux qui montraient l'étendue de ses connaissances auxquelles il s'efforçait d'ajouter sans cesse, s'enquérant de tout avec une persévérante curiosité d'attention souverainement intelligente, coordonnant tout, classant tout dans sa mémoire, et rapportant tout, dans son esprit, avec une rare faculté de discernement, à un grand but d'utilité pratique sans laquelle les spéculations, les conceptions, les systèmes se résolvent en oiseuses théories, toujours funestes, en ce qu'elles retardent le progrès en appelant les hommes avides d'innovations sociales à s'user dans des tentatives de réalisation sur de séduisantes impossibilités. Telle n'est point la manière du prince Louis-Napoléon : il va directement, avec le bon sens, à ce qui est à notre portée, à ce que les matériaux du présent lui indiquent comme actuellement applicable. C'est par le chemin e plus court qu'il désire marcher aux améliorations que réclame la société; l'avenir est ainsi plus saisissant et surtout moins douteux, du moins en aperçoit-on les résultats. Rien ne le prouve mieux qu'un petit écrit qui fut encore le fruit de sa détention. « Il est naturel, dans le malheur, de songer à ceux qui souffrent. » Ainsi s'exprime le Prince dans la préface de l'opuscule, qu'il publia en 1844, sur l'*Extinction du paupérisme*. Tarir les sources de la misère et du vice en appelant les masses à participer à tous les bienfaits de la civilisation, offrir un asile dans nos campagnes aux victimes étiolées de l'industrie des villes, régénérer en même temps les corps malades et l'esprit avili de la classe nombreuse des travailleurs, tel est le problème que le prisonnier de Ham s'est proposé de résoudre. « C'est dans le budget, dit-il, qu'il faut trouver le premier point d'appui de tout système qui a pour but le soulagement de la classe ouvrière; le chercher ailleurs est une chimère, » et, en homme pratique, il développe des vues très-applicables, que les rêveurs du socialisme ont feint de comprendre dans leur sens, afin de pouvoir dire qu'il s'était enrôlé sous leur bannière. Sceller pour toujours la réconciliation du pauvre et du riche, rendre à jamais impossible le réveil de leurs inimitiés, c'est avoir trouvé la plus belle, la plus sainte des solutions sociales. Le travail du prince Louis-Napoléon n'avait pas d'autre objet; aussi ne pouvait-il manquer de rencontrer de nobles sympathies. Le poëte qui a peut-être le plus réfléchi sur la malheureuse condition du prolétaire, l'excellent Béranger, du fond de sa retraite de Passy, écrivait à l'illustre prisonnier :

« Prince,

» J'ai l'honneur de vous remercier de l'envoi que vous m'avez fait de votre dernier écrit. Il doit vous mériter les suffrages de tous les amis de l'humanité. L'idée que vous émettez dans votre trop courte brochure, est une de celles qui pourraient le mieux améliorer le sort des classes ndustrielles et travailleuses. Il ne m'appartient pas, prince, de juger de l'exactitude des calculs dont vous l'appuyez, mais j'ai trop souvent fait des rêves qui avaient le même but que votre généreuse intention, pour ne pas en apprécier toute la valeur. Par un hasard même dont je suis fier, mes utopies du coin du feu se rapprochent singulièrement du projet que vous développez si clairement, et si bien appuyé de raisons victorieuses.

» C'est moins par vanité, prince, que je vous parle ici de mes rêvasseries que pour faire juger de la satisfaction que votre ouvrage a dû me procurer.

» Il est bien à vous, au milieu des ennuis et des souffrances de la captivité, de vous occuper ainsi, prince, de ceux de vos concitoyens dont les maux sont si nombreux et si menaçants; c'est la meilleure manière et la plus digne du grand nom que vous portez, de faire sentir le sort des hommes d'État qui hésitent si longtemps à vous rendre la liberté et une patrie.

» Avec mes vœux pour que vous recouvriez enfin l'une et l'autre, agréez, prince, l'assurance de mes sentiments de haute considération,

» J'ai l'honneur, Prince, d'être votre très-humble serviteur.

» Béranger. »

Passy, 30 juin 1844.

Cette lettre contenait la plus juste appréciation de l'importance d'un écrit auquel le public honnête et éclairé fit le plus bienveillant accueil. On ne pouvait qu'applaudir aux bonnes intentions et aux vœux de l'auteur qui avait, du reste, la modestie bien rare de ne pas croire avoir rien laissé à faire à plus habile que lui.

Mais abordons un autre ordre de faits.

En 1835, le Prince avait fait paraître son *Manuel d'artillerie*. L'artillerie devait naturellement être l'arme de prédilection du neveu de l'Empereur. Aussi le Prince, sans négliger ses autres études, s'en était-il occupé plus particulièrement.

Il avait de bonne heure formé le dessein de rassembler des matériaux pour un grand ouvrage, destiné à retracer l'histoire des armes à feu depuis 1328, époque de leur première apparition en Europe. Nécessairement, il dut longtemps réfléchir au plan comme aux difficultés d'une telle entreprise, et à tout ce qu'elle comportait de développements. Libre, il lui eût été moins pénible de la mener à bonne fin ; captif, il n'y renonça pas et songea sérieusement à mettre ses *études sur le passé et l'avenir de l'artillerie* en état d'être livrées à l'impression. C'était un grand édifice à élever ; tout ce qui vient de la conception et de la vue d'ensemble, si nécessaire pour coordonner, il le possédait, car ce sont là des dons de nature ; il était, en outre, parfaitement au courant de tout ce qui se rattachait à l'état présent de l'artillerie : mais pour ce qui est relatif au passé, les investigations à faire étaient immenses, et son séjour forcé dans les murs de Ham, leur étaient peu favorables. Dans l'avant-propos des *Études sur le passé et l'avenir de l'artillerie* dont les deux premières parties, les seules qui aient été publiées, font vivement désirer la continuation, le prince exprime le regret que l'idée émise un jour par l'Empereur n'ait pas été exécutée : « Cet homme, dit-il, qui a pensé à tout, voulait que les savants créassent des catalogues raisonnés par ordre de matière où tous les auteurs qui ont écrit sur une branche quelconque du savoir humain, fussent classés par siècles et jugés d'après le mérite de leurs œuvres. De cette manière, ceux qui désireraient écrire l'histoire d'un art ou d'une science, ou faire un voyage lointain, trouveraient facilement les sources authentiques où ils devraient aller puiser leur renseignements. Aujourd'hui, au contraire, l'homme qui désire s'instruire ressemble à un voyageur qui pénètre dans un pays dont il n'a pas la carte topographique et qui est obligé de demander son chemin à tous ceux qu'il rencontre. C'est, en effet, ce qui m'est arrivé, et si j'ai trouvé qnelques cœurs secs qui ne m'ont pas répondu, j'en ai trouvé d'autres, qui ont bien voulu, par une louable générosité, me donner tous les renseignements dont ils pouvaient disposer. Ma position exceptionnelle me force à taire leurs noms, mais je conserverai avec reconnaissance le souvenir de leurs bons procédés. Une personne surtout, amie d'enfance, a bien voulu faire pour moi les recherches nécessaires dans les manuscrits de la Bibliothèque royale. Si mon ouvrage a quelque valeur, c'est à elle que je le devrai, car c'est par elle que me sont venus les documents les plus intéressants et les plus précieux. »

Pour le prisonnier, il y avait plus que du courage à ne pas reculer devant la grandeur de la tâche qu'il s'était proposée, à persister dans la volonté de la remplir, malgré les fâcheuses conditions dans lesquelles il se trouvait placé. Et d'abord, il ne devait pas se dissimuler que dominés, d'une part, par un sentiment trop exclusif, de l'autre, par la crainte de s'aliéner les bonnes grâces du pouvoir, les hommes dont l'opinion pourrait faire autorité se garderaient bien de s'expliquer sur le mérite de son livre; ensuite, que de motifs pour les divers organes de la publicité de le passer sous silence ! Dans le prisonnier de Ham, les légitimistes ne verraient-il pas un compétiteur, dont il ne leur convenait pas de proclamer le talent et le savoir? A leur tour les démocrates, trop rigoureux dans leur préventions, ne croiraient-ils pas dangereux d'appeler l'attention sur un *Bonaparte*, et la crainte de paraître recommander un prétendant ne leur ferait-elle pas un devoir d'éviter toute occasion de lui rendre justice? N'était-il pas encore évident que les dynastiques de l'opposition s'abstiendraient de toute approbation, de peur de se donner un air de *Bonapartisme?* Quant aux feuilles ministérielles, il n'est besoin de dire qu'injonction leur était faite de ne jamais entretenir leurs lecteurs de tout écrit émané du prisonnier de Ham. Le prince qui n'aspirait qu'à faire une œuvre utile, sans se préoccuper du retentissement qu'elle pourrait avoir, ne se laissa rebuter par aucune de ces considérations. « Pour entreprendre un travail d'une si longue haleine, dit-il en terminant sa préface, il me fallait un puissant mobile. Ce mobile, c'est l'amour de l'étude et de la vérité historique. J'adresse donc mon ouvrage à tous ceux qui aiment les sciences et l'histoire, ces guides dans la prospérité, ces consolations dans la mauvaise fortune.

Maintenant, il nous faudrait dire de quels objets il est traité dans les *Études sur le passé et l'avenir de l'artillerie;* mais on aimera mieux tenir ces détails de l'auteur lui-même :

« Quelle est, dit-il, la série des progrès réalisés jusqu'à nos jours dans l'art de lancer des projectiles au moyen de la poudre? »

« Quelle influence ces progrès ont-ils exercée sur l'art de la guerre et sur la société elle-même? »

« Par quels moyens ont-ils été obtenus? »

« Enfin, quels sont les progrès réalisables dans un avenir prochain? »

« Telles sont les questions que je me suis proposé de traiter. »

Admirablement conçu dans son ensemble, ce livre du Prince contient les détails les plus précieux. Ils offrent une lecture des plus instructives pour les militaires et des plus attachantes, même pour les gens du monde. Il y a là beaucoup à apprendre, et souvent ce qu'on y apprend donne un éclatant démenti à tout ce qu'on avait dû croire auparavant. La vérité a ici tout l'attrait de la nouveauté, et la vérité seule avait du prix pour l'auteur. « Je n'ai pas, dit-il, voulu faire un roman, mais une histoire consciencieuse; et tout en étudiant avec amour l'artillerie dans ses origines et dans ses effets, j'ai cherché à ne pas exagérer les résultats généraux qu'elle a produits. Le rôle qu'elle a joué dans les batailles où s'est décidé le sort des nations, le rôle qu'elle a joué dans les siéges où le pouvoir central était sans cesse aux prises avec la féodalité, la part qui lui revient dans les progrès de la civilisation, dans l'application des sciences les plus diverses, sont des faits que j'ai cru suffisant d'indiquer à leur place, pour les faire apprécier à leur valeur. »

La première partie des *Études sur le passé et l'avenir de l'artillerie* (1) doit être suivie de quatre autres, dont la seconde a paru récemment, et dont la dernière est spécialement consacrée aux améliorations futures démontrées comme conséquence des progrès de l'artillerie depuis cinq cents ans (2).

En s'emparant d'une des faces de l'histoire, le prince a su élargir son sujet, et sans sortir des limites de la spécialité, sans chercher la variété dans des digressions, par la nouveauté des aperçus et par l'indication claire et précise de corrélations qui n'avaient pas encore été saisies, il a réussi à se préserver de l'aridité reprochée à la plupart des écrivains militaires. On conçoit qu'après avoir posé, d'une manière si remarquable, les bases d'un semblable travail, le Prince dut avoir plus que jamais la conscience de ses forces, et que la

(1) Les *Études sur le passé et l'avenir de l'artillerie*, formeront 5 vol. in-4°, avec figures. Les tomes 1er et 2e sont en vente à la librairie militaire, chez Dumaine, neveu et successeur de la Guioncé, rue et passage Dauphine, n° 36.

(2) La seconde partie de ce beau travail n'a paru qu'en 1851. — Le général Paixhans, un des appréciateurs les plus compétents, en fait d'artillerie, en a rendu, dans le *Constitutionnel*, un compte où il signale le livre du prince président comme une œuvre de la plus grande valeur.

certitude de pouvoir le mettre à fin dut souvent adoucir l'amertume de sa captivité.

Les nombreux visiteurs admis à s'entretenir avec le prisonnier, s'étonnaient que dans sa conversation il ne fût jamais question de lui, mais seulement des grands intérêts de la France et des progrès qu'il ambitionnait pour elle. On vient de voir quels étaient les sujets de ses habituelles méditations. Tout ce qu'on avait porté à la connaissance du public, tout ce qu'on avait pu en apprendre par la divulgation de ses plus intimes confidences ne permettait pas le moindre doute sur la pureté de ses intentions. Enfin, en faisant abstraction de toutes les considérations de naissance ou de fortune, dans tous les partis, parmi ceux même qui s'étaient montrés les plus courroucés contre lui, on ne pouvait s'empêcher de le tenir pour un homme d'une remarquable distinction, et, soit qu'on vît dans son malheur une expiation légitime, soit qu'on le jugeât moins sévèrement, on était obligé de reconnaître qu'il en supportait le poids avec une inaltérable dignité. Les démocrates eux-mêmes, qui l'avaient tant blâmé d'avoir voulu ressusciter le parti napoléonien, et rappelé les quatre millions de votes en vertu desquels il était destiné au trône, commençaient à oublier ce grief. Il leur revenait en mémoire qu'après la révolution de 1830, le Prince avait alors vingt ans, plein d'une brûlante et civique ardeur, il avait demandé à servir, comme simple soldat, sous les drapeaux de l'armée française. A cette époque, un gouvernement vraiment national nous eût rendu la frontière du Rhin, et l'on ne doutait pas alors que pour la recouvrer, on ne fût à la veille de prendre les armes. Dans cette circonstance, il était venu s'offrir, et on lui avait répondu par un nouvel acte de bannissement. Si l'on n'avait pas repoussé le citoyen, peut-être que le prétendant ne se fût jamais révélé, et qu'il eût laissé sommeiller éternellement le plébiscite de l'an XII. Plus que tous les autres peut-être, ils condamnaient une rigueur qui n'avait eu sa raison d'être que dans ce qu'on appelle la raison d'État. A leurs yeux, l'ostracisme prononcé contre la famille de Napoléon était d'une souveraine iniquité. De la part de la sainte alliance et des Bourbons qu'elle avait ramenés, un pareil acte était un procédé de haine; après la victoire du peuple en juillet, on ne savait plus comment le qualifier, car le rappel des Bonaparte n'aurait été qu'une grande, mais bien tardive réparation.

Plus on reconnaissait dans le Prince ces qualités éminentes qui font partout les grands citoyens, plus on regrettait que l'idée du devoir qui lui semblait prescrit par sa naissance, sa foi dans le prestige du grand nom qu'il porte, une décevante appréciation des hommes et des choses trop étroitement enchaînés aux démoralisantes apparences des intérêts matériels, un fallacieux mirage des maux dont la mesure était loin d'être comblée, tant la patience est inépuisable où il y a lassitude; enfin tout cet ensemble, tout ce concours de circonstances, ou imprévues ou fortuites, dont se compose la fatalité, toutes ces espérances, tous ces calculs dans lesquels l'inconnu plane sur l'avenir, l'eussent deux fois précipité dans des entreprises qui avaient eu pour lui un dénouement si funeste. Plus on sympathisait avec le prince, plus on aspirait à le savoir libre.

Ses anciens comme ses nouveaux amis ne cessaient de faire des vœux pour que les portes de la forteresse lui fussent enfin ouvertes, comme elles l'avaient été à des prisonniers qui, aux yeux de la France et du monde entier, étaient peu dignes d'inspirer l'intérêt, car, fauteurs irréfléchis d'un despotisme en délire, ils avaient ensanglanté les pages que leur consacrerait l'histoire. Plus que jamais on avait pris une haute opinion de son caractère : par son cœur, par sa haute intelligence, par ses lumières, par sa logique, enrichie des données de l'expérience, il s'était mis hors de ligne. On avait eu la preuve la plus énergique que, pour obtenir son élargissement, il ne s'abaisserait devant aucun pouvoir ; on lui savait gré de cette fermeté si digne, mais en même temps on redoutait, pour son propre bonheur, une inflexibilité, une persistance d'un tout autre genre, et si, dans l'avenir, quelque événement qu'on ne pouvait prévoir relevait les chances d'un prétendant impérial, plus on s'éloignait de ses idées, plus on devait craindre d'avoir alors à le traiter en adversaire. On l'admirait, on l'aimait, et pourtant on ne pouvait se défendre d'avoir, à son égard, des préventions, peut-être même de pénibles pressentiments. C'est ce que, dans une lettre au Prince, exprimait, avec son élégante facilité et sa franchise habituelle, un des grands écrivains de notre époque, l'inimitable Georges Sand, dont les œuvres resteront comme un des plus beaux monuments de la littérature française. Par ses relations avec toutes les supériorités intellectuelles de l'époque, personne n'était en meilleure position pour dire quel jugement avaient porté sur le prisonnier de Ham, ceux-là même qui étaient le plus opposés à ses vues politiques; tous s'accordaient à reconnaître l'éminence de sa capacité et de ses aptitudes et en portaient un témoignage irrécusable, car il n'est glorification plus sincère, plus souverainement impartiale que de la part des antagonistes. Georges Sand ne sait quel titre donner au Prince. Le nommera-t-elle son ami ?

« Je ne peux pas me permettre cela, écrit-elle ; le nom d'ami me serait doux à vous donner, et d'après ce que vous paraissez être, tout l'honneur serait de mon côté. Mais je ne vous suis pas assez connue, et si vous avez entendu parler de moi trois fois dans votre vie, ça dû être deux fois au moins à travers tant de calomnies bouffonnes sur mon excentricité, que je ne me sens pas le droit de vous appeler mon ami. Si nous arrivons à nous connaître, ce que je ne désire pas pour vous, car ce ne pourrait être dans votre prospérité comme *prince* et comme successeur du grand empereur, alors, peut-être, me confirmerez-vous dans ce doux privilége. En attendant, vous n'avez qu'à repousser l'idée que vous me prêtez un peu gratuitement de me considérer comme une personne politique. Oh! non, je n'ai pas cette pensée ridicule, mon cher Prince; j'ai la simplicité de protester, dans ce moment où nous vivons, contre toute politique, et de ne pouvoir me rattacher entièrement à aucune opinion de parti. Je ne suis qu'une pauvre tête pleine d'utopies, et je sais parfaitement que si vous avez eu pour moi un mouvement de sympathie, c'est parce que vous avez senti un bon cœur sous mes rêves. Quant à mon illustration, je n'y tiens pas, et je m'en déferais pour le plus petit progrès social. J'ai dit que vous nous faisiez une douce violence, parce que nous sommes ici deux ou trois qui parlons souvent de vous, et qui disons toujours, après avoir bien protesté contre les dangers de votre avénement à un pouvoir quelconque : il a le don de se faire aimer, il est impossible de ne pas l'aimer; et puis, quand d'autres arrivent et nous disent ceci : Des trois prétendants qu'une révolution pourrait offrir à la bourgeoisie, à l'armée et au peuple (Le duc de B., le prince de J., et L.-B.), c'est ce dernier qui seul a des chances pour fanatiser, ou rassurer les trois pouvoirs révolutionnaires; alors nous nous regardons effrayés et nous voudrions vous ôter de notre cœur, bien qu'il n'y ait guère de votre faute dans tout cela.

» J'ai lu vos écrits. Certainement vous avez la conviction, l'enthousiasme, le sentiment de la grandeur et du talent par-dessus le marché. Mais, permettez-moi de vous le dire, héroïque enfant, vous êtes, comme mon père se serait fait gloire de l'être, un *bonapartiste!!* Et nous aussi, nous aurions porté ce titre avec orgueil contre les anathèmes de l'imbécile restauration, si nous étions de dix ans plus vieux ou de cinquante ans plus jeunes. Mais comment voulez-vous que nous, qui n'avons pas été enivrés par le magnétisme direct de votre *géant* d'oncle, nous nous reportions, dans le passé, à autre chose qu'à la révolution commencée en 89 et finie en 1804? Ah! quoique vous en disiez, cette transformation de la révolution en *sa* personne a pu être nécessaire, providentielle; elle a été à coup sûr magnifique, brillante comme le soleil, mais l'égalité proclamée par la Convention, qu'est-elle devenue sous son glaive? Ne croyez pas que nous voulions répudier son côté sublime, mais son côté fatal, nous ne voulons pas le recommencer; nous ne le croyons plus nécessaire et nous le sentons funeste. Nous avons bien autre chose à garder et à défendre contre l'Europe, que le droit d'élire nous-mêmes notre général et notre empereur! Nous avons à conquérir celui de ne plus élire de monarque et de ne plus souffrir de généraux dictateurs. Enfin, depuis que j'ai cédé à l'entraînement de vous écrire la première, pour vous remercier d'avoir pensé à moi, j'ai l'âme partagée en deux. J'ai besoin de vous admirer et de croire en vous, et je ne sais quel effroi du nom terrible que vous portez. Je me crois obligée de protester contre les rêves de votre courage, et cela me fait horreur cependant, car un prisonnier n'a que ses rêves, et les combattre est inhumain. Vous devriez me haïr! haïr tous ces républicains qui ne savent vous aimer qu'en vous blessant, et en vous affligeant. Un de mes amis racontait l'autre jour, qu'il vous avait dit toutes sortes de choses qui avaient dû vous sembler cruelles, et qu'en voyant que vous lui saviez gré de sa franchise, il s'était retiré si pénétré de votre grandeur et de votre bonté d'âme, qu'il en avait pleuré. Oui, oui, je comprends qu'on pleure de tendresse sur vous, et je comprends aussi qu'on aime mieux se déchirer le cœur, que de trahir la grande conquérante, la grande impératrice, la grande et sainte *Egalité!*

» Allez-vous dire que vous êtes aussi bien son champion que nous? Je l'aurais cru avant de lire votre volume; mais je ne puis plus le croire. Vous devez nous trouver insensés de nous imaginer arriver au but, sans accepter ses moyens puissants, revêtus de formes un peu guerrières, un peu absolues. Moi, je ne sais pas ce que nous serons forcés d'accepter; je ne suis pas assez liée au monde politique pour avoir des prévisions distinctes, mais j'ai peur de celui qui viendrait étendre sur les légions populaires les ailes de l'oiseau impérial. Je n'irai pas, dans ce temps-là, lui frapper sur l'épaule comme Falstaff, en lui disant : Hé! mon cher Prince, me reconnais-tu? » On sait trop de quelle façon Henri V (celui de Shakspeare) répondit à ses joyeux compagnons : *Aym Bardulph and Pistol.* Mais je ne pourrais jamais être certaine que ce jeune aigle ne se laissât pas enivrer par l'odeur de la *poudre*, et qu'il ne s'envolât pas, à travers la fumée de la victoire, beaucoup plus haut qu'il ne s'était promis d'aller.

» Voilà, cher Prince! Pardonnez-moi. Je suis encroûtée, dans le passé, à la *Montagne*, dans l'avenir, à une *plaine* parfaitement nivelée. Je suis une âme fanatique, et pourtant bonne, je vous assure. Ne regrettez pas de m'avoir témoigné de la confiance et de la bienveillance, j'en sens le prix et n'en mésuserai pas. Mais voyez si vous pouvez, si vous devez continuer de faire attention à un être aussi peu gouvernable. Moi, je garderai comme un des plus doux souvenirs de ma vie, le souvenir de vos gracieusetés.

» Vous voyez que je vous traite de *Prince*, puisque vous croyez que votre dignité vous commande de garder ce titre. Ce n'est pas moi qui le trouverai moins légitime que ceux des antiques dynasties; mais, mais.... mais, je n'ai pas le droit de vous donner des conseils. Envoyez-moi promener.

» G. SAND. »

L'aménité du Prince, son patriotisme qu'on ne pouvait révoquer en doute, ses sentiments généreux qui avaient éclaté dans toutes les circonstances de sa vie, ses intentions dont il fallait reconnaître la pureté, lors même que l'on concevait le bien autrement que lui; son exil, son malheur qui datait de son enfance, sa force d'âme au sein de l'adversité, enfin tout ce qui plaît, tout ce qui intéresse vivement dans l'essence et les vicissitudes d'une existence humaine, lui attirait les sympathies et jusqu'à l'admiration des ennemis les plus prononcés du système impérial.

Tous les nobles cœurs, quelles que fussent la couleur de la bannière ou la devise qu'ils avaient adoptée, s'empressaient de lui offrir, comme une compensation au sort qui l'avait frappé, le tribut de semblables témoignages. A l'époque où parut son ouvrage sur la *Révolution d'Angleterre*, il reçut la lettre suivante, où l'une des grandes renommées littéraires du XIXe siècle, le loyal chevalier des vieux temps, de la vieille monarchie, qu'il aurait voulu sauver, lui donnait une approbation à laquelle il dut attacher un prix immense :

» Prince, lui écrivait ce Nestor du royalisme dont la vie fut un culte, au milieu de vos infortunes, vous avez étudié avec autant de sagacité que de force, les causes d'une révolution qui, dans l'Europe moderne, a ouvert la carrière des calamités royales. Votre amour de la liberté, votre courage et vos souffrances vous donneraient à mes yeux tous les droits, si, pour être digne de votre estime, je ne devais rester fidèle à Henri V, comme je le suis à la gloire de Napoléon.

» Qu'il me soit permis, Prince, de vous remercier de l'extrême honneur que vous m'avez fait, en citant mon nom dans votre bel ouvrage : ce précieux témoignage de votre souvenir me pénètre de la plus vive reconnaissance.

» Je suis, avec un profond respect,

» Prince,

» Votre très-humble et très-obéissant serviteur,

» CHATEAUBRIAND. »

Chaque jour apportait au prisonnier quelque nouvelle preuve qu'au dehors le sentiment qu'il inspirait n'était pas de l'indifférence. Aujourd'hui, comme on vient de le voir, c'était Châteaubriand qui, si sa fidélité n'eût pas été engagée ailleurs, n'aurait pas balancé à lui *reconnaître tous les droits.* Étonnante déclaration, si l'on songe par qui elle est faite, et à qui elle s'adresse : *au neveu de Napoléon!* Mais aux sommités du monde intellectuel, et c'est un fait qui honore la civilisation moderne, il est un point culminant où, malgré les dissidences les plus marquées, viennent expirer les haines de parti. Aujourd'hui donc, c'était Châteaubriand qui faisait au Prince les honneurs de la patrie ; le lendemain, c'était au tour du poëte de la gloire et de la liberté, Béranger, sublime chansonnier, condamné, par le deuil de ce qu'il avait espéré, à ce morne silence qui était tout ensemble une leçon et l'amère satyre d'un temps où les plus nobles existences se consumaient entre les regrets du passé et les terreurs de l'avenir.

Cette considération que deux fois le pouvoir établi avait été mis en péril, ou du moins menacé par les entreprises du

Prince, n'entrait pour rien dans les marques d'intérêt qu'on aimait à lui prodiguer, et ce n'était pas pour le plaisir de faire une opposition séditieuse qu'on le félicitait, en quelque sorte, de ressembler si peu à ces fils de maisons royales qui sortiraient inaperçus de ce monde, si le hasard de leur naissance ne les avait destinés, les uns au trône sans conteste, et les autres, mis à l'écart par des vicissitudes politiques, par des usurpations plus ou moins consolidées, aux aventures des prétendants autour desquels il est si ordinaire de voir se grouper l'intrigue, sous les dehors trompeurs de la fidélité et du dévouement. Tandis que d'imbéciles héritiers d'une déchéance trop méritée, de faibles rejetons d'une race usée, empruntaient toute leur valeur, valeur purement idéale, à des actes imaginaires, à un esprit qu'ils n'avaient pas; à des lumières qui leur manquaient, à des intentions qui leur étaient étrangères, à des mots, à des saillies, à des à-propos qui leur étaient attribués par l'intrigue pour qu'ils fussent répandus, répétés, admirés au loin, le prince Louis-Napoléon, préférant aux précaires honneurs de ces asiles royaux, prisons conditionnelles où, à travers les mensonges de la réclame louangeuse et les ténébreux conciliabules, se fomentent les restaurations contre le vœu des peuples, l'amour sincère et désintéressé des hommes qui l'avaient vu grandir parmi eux, son adoption, en quelque sorte fraternelle, par tant de braves gens, l'inscription spontanée de son nom au livre d'or de leur cité, le tranquille séjour de l'Helvétie, où l'air est plein de fières et nobles inspirations, la tradition si riche en souvenirs de liberté, le prince Napoléon, il faut le dire, et c'est une justice que chacun lui rendra, demandait courageusement à l'étude et au travail la puissance d'être un jour utile à sa patrie. Ailleurs, des têtes vides trônaient par anticipation, s'enivrant dans l'entourage d'une de *ces* cours *in partibus* qui chantent l'ignorance et la facile crédulité de leur idole; l'hôte d'Arenenberg, se renfermant dans le cercle étroit de sa famille et de quelques amis, mettait son bonheur à s'instruire; il méditait, il remuait des idées, et bientôt il livrait le produit de ses veilles à ce public dont il brûlait de conquérir l'estime.

L'Empire, dont l'histoire le touchait de si près, lui apparut comme une transaction provisoire entre les idées anciennes et les idées nouvelles, comme une transition habilement ménagée à une complète régénération de l'Europe Il défendit l'Empire et crut que, pour le bonheur et la gloire. de la France, il devait se proposer de le continuer; il concevait, il caressait un système qui conciliait la majesté du pouvoir avec l'impulsion générale imprimée par la civilisation moderne. Il songeait à relever *la cause impériale*, qui, disait-il, *avait le grand avantage d'être pour l'Europe l'emblème d'un pouvoir légitime, tout en représentant en France un principe démocratique.*

Les deux tentatives de Strasbourg et de Boulogne avaient été des apparitions trop soudaines et trop éphémères, pour qu'il fût possible de conclure de leur issue l'état de l'opinion publique en France au moment où elles furent effectuées. Réprimées à l'instant même, elles n'avaient rien offert de consécutif; les premiers développements leur avaient manqué; c'était, pour ainsi dire, deux quasi-événements auxquels il était bien difficile d'assigner une physionomie. Il n'y avait eu là de leçon pour personne, pas même pour le Prince qui avait échoué. C'est seulement pendant son séjour à Ham que, dans quelques entretiens sérieux avec des hommes de la jeune génération française, il lui fut donné d'entendre la vérité sur les partis politiques, et de bien comprendre qu'une société blasée, par conséquent incapable de s'enthousiasmer et de se laisser éblouir par aucun prestige, ne pouvait que patienter. En contemplation de la grandeur réelle, à peine se fût-elle émue : qu'y avait-il alors à espérer du seul souvenir de cette grandeur? Il n'y avait plus que l'excès de l'égoïsme qui put la faire renaître aux sentiments généreux. La phase à parcourir était celle de l'anarchie des intérêts matériels et de leurs saturnales les plus éhontées; c'était la période de toutes les lâchetés, de toutes les corruptions, de tous les désordres; c'était la plus impudente, la plus sacrilége négation de toute morale, de tout respect, de tout amour de l'humanité; le plus ignominieux abandon de toutes les gloires et de toutes les libertés, une indigne violation des droits les plus incontestables, le long et coupable sommeil de toute probité, de tout patriotisme. On était en pleine infamie; la réaction morale s'avançait; elle éclatait au comble de tant de turpitudes.

Mais la crise était prévue : elle ne devait d'abord que déplacer le mal; c'était la fièvre révolutionnaire qui succédait à la torpeur... A qui était-il réservé de la guérir? Le Prince croyait seul avoir le secret de cet avenir, et le temps a prouvé toute sa puissance à cet égard.

Ces occupations que cherchait son active intelligence, d'accord avec ses sympathies, lui dissimulaient jusqu'au principe de son malheur, jusqu'aux rigueurs de sa triste position; il n'était plus le Prince impérial, que pour garder à la gloire du nom qu'il portait la dignité du titre qui lui était échu · hors de là, il mettait son bonheur à se croire citoyen, et, tout entier aux solutions qu'il souhaitait obtenir, aux travaux qui avaient pour lui tant d'attraits, rappelé à toute heure dans le champ de ces chères méditations, à peine trouvait-il, ce qui, dans tous les cas, était la plus disgracieuse rencontre, le loisir de songer qu'il n'était pas libre.

Les ennuis de sa captivité se noyaient ainsi dans de nobles et bien consolantes sollicitudes, lorsque, en 1844, les bruits d'une amnistie prochaine arrivèrent jusqu'à lui. C'était une lueur d'espérance qui pénétrait dans sa triste demeure : mais pouvait-il compter que le sol de cette patrie, qui lui était si chère, ne lui serait pas interdit? Déjà, à une époque antérieure, on avait parlé d'un de ces oublis officiels du passé, qui sont moins une grâce qu'une dette de la politique, assez rassurée pour ne plus craindre de rentrer dans les voies de la justice. A cette nouvelle, le Prince s'était écrié : « Si, en » ouvrant les portes de ma prison, on me disait : Venez avec » nous vous asseoir comme citoyen au foyer national ; la » France ne répudie plus aucun de ses enfants, oh! certes, » alors un vif mouvement de joie s'emparerait de mon âme. » Si, au contraire, on m'offrait d'échanger ma position actuelle contre l'exil, je repousserais une telle proposition, » car ce serait une aggravation de peine. »

Ces bruits d'une amnistie générale prenaient, de plus en plus, de la consistance ; étaient-ils répandus par les plus habiles, et lancés comme *ballons d'essai* dans la circulation, afin de reconnaître le courant de l'opinion ? ou bien encore, devait-on les regarder comme un symptône non équivoque de la réprobation prononcée par cette même opinion contre la continuation de rigueurs désormais inutiles? Souvent le public s'imagine hâter l'accomplissement de ses vœux, en prêtant au pouvoir ses propres désirs. Quoi qu'il en soit, le Prince finit, comme tant d'autres, par croire que le moment approchait où le pont de la forteresse s'abaisserait devant lui pour lui livrer passage. Liberté ! liberté ! Quel autre mot résonnerait plus délicieusement à l'oreille d'un prisonnier ! Mais la liberté sans patrie, oh! qu'il y a encore d'amertume dans cette sentence terrible qui empoisonne, par une cruelle privation, al joie du bien précieux qu'on vient de recouvrer! Le Prince prévoyait trop, pour que son âme n'en fût pas oppressée, qu'au sortir de sa prison il ne retrouverait que l'exil, et quel exil, grand Dieu! l'exil sans choix de lieu, loin des consolations qu'il pourrait espérer au sein de sa famille! Pour celui que la politique poursuit, dans le nom qu'il est fier de porter, il n'est plus de citoyens au milieu desquels il puisse vivre, plus d'amis, plus de parents dont il ne lui soit défendu de se rapprocher. Il est au ban de la diplomatie; sa vie est une perpétuelle mise hors la loi.

Pendant que le prisonnier s'armait de tout le courage de la philosophie contre ce qu'il y avait de profondément pénible dans ces impressions et dans cette certitude du sort qui lui rendait inévitable le souvenir de ses deux fatales tentatives, il lui arrivait par delà l'Atlantique, des témoignages précieux d'estime pour lui, et de vénération pour la mémoire du grand Empereur. Dans la persuasion que l'amnistie qui faisait, en France, le sujet de tous les entretiens, ne se ferait pas longtemps attendre, des citoyens de l'Amérique centrale lui offraient de venir parmi eux chercher un refuge contre les rancunes de la vieille Europe, et les surveillances tracassières.

Le Prince, si toutefois il n'était pas excepté de la grande mesure libératrice réclamée par l'opinion publique, aurait voulu pouvoir se rendre en Italie, pour se consacrer entièrement, auprès de son père, aux sollicitudes de la piété filiale. Mais ce devoir sacré, ce devoir si cher à son cœur, lui serait-il permis de le remplir? L'Italie ne lui serait-elle pas interdite, comme on lui avait interdit la Suisse, peu d'années auparavant? Il avait plus d'un motif de le craindre, et pourtant il hésitait de se vouer à l'exil sur ces lointains rivages où l'on s'honorait de lui ouvrir un asile. Hélas! il n'avait que trop connu ces tortures de l'âme, qui désolent le proscrit, pourtant, s'il le fallait, si la politique restait impitoyable, à force d'être ombrageuse, il s'y résignerait encore. Aussi ne repoussa-t-il pas l'idée des généreux citoyens qui désiraient l'attirer dans leur patrie. Il leur répondit que si le sort l'amenait dans l'autre hémisphère, il aimerait à s'y occuper de quelques grands travaux, comme la jonction des deux Océans par un canal, et il chargea un Français de faire des explorations préliminaires, afin de s'assurer s'il y avait possibilité de réunir les mers au moyen des grands lacs de ces contrées.

Par une coïncidence assez remarquable, au moment où ces explorations avaient lieu, le gouvernement français envoyait en Amérique M. Gazella, pour y faire des études relatives au percement de l'isthme de Panama. Au premier aspect, cet autre mode de communication par un canal paraissait être le plus naturel, mais en réalité, sous le rapport des résultats, il ne méritait pas la préférence.

En 1844, M. Castellan vint à Paris avec la mission de demander pour les États de Guatimala, San Salvador et Honduras, la protection du gouvernement français. Ministre plénipotentiaire de ces États auprès de Louis-Philippe, il offrait de grands avantages commerciaux en échange de cette protection. Mais, contre toute attente raisonnable, ses propositions ne furent point accueillies. Il se disposa alors à quitter l'Europe, mais avant de s'éloigner, il désira avoir une entrevue avec le prisonnier de Ham, et obtint la permission de le visiter. Dans l'entretien qu'ils eurent ensemble, il s'étendit longuement sur l'utilité dont serait un canal qui joindrait les deux Océans, et insista beaucoup pour que le Prince voulut bien prendre la haute direction de cette entreprise gigantesque. On conçoit que, dans sa position, le prisonnier n'eût pas même à donner une espérance éloignée. Tout dépendait d'éventualités dont personne au monde, ne pouvait pressentir la nature.

M. Castellan ne put dissimuler sa surprise de voir le Prince parfaitement instruit de tout ce qui avait trait à l'œuvre proposée. Louis-Napoléon en avait prévu et calculé toutes les difficultés d'exécution; tout était approfondi et résolu d'avance dans son esprit. L'Amérique centrale lui paraissait réservée à de hautes destinées dans un prochain avenir, et, il exposait avec tant de netteté les idées dont la réalisation lui ferait acquérir en peu de temps une grande importance, que M. Castellan le pria de vouloir bien les mettre par écrit. Le prince rédigea en conséquence un *memorandum* qu'il adressa à M. Castellan, en Amérique. Là, après s'être livré à des considérations générales d'un puissant intérêt, il démontrait, en s'appuyant sur les explorations faites par ses amis, que pour rendre l'entreprise facile et des plus profitables, il fallait indispensablement se servir des lacs de Nicaragua et de Léon, ce qui réduirait de beaucoup la dépense pour la construction du canal. On se plaçait ainsi, suivant l'auteur du *memorandum*, dans les meilleures conditions, puisqu'alors le canal traversant des contrées salubres, habitées et fertiles, relierait entre eux de nombreux cours d'eau, des rivières, des fleuves, majestueux véhicules d'abondance et de civilisation, en même temps qu'à son embouchure, il offrirait des ports d'une irréprochable sûreté, et sur divers points de son étendue, de vastes bassins, admirables centres, soit pour la navigation, soit pour le commerce. C'étaient là d'inappréciables avantages qu'on ne rencontrait dans aucune autre direction, et dont serait complétement dépourvue cette artère factice, si l'on s'avisait de l'ouvrir à Panama.

A cette époque, l'ancien roi de Hollande était dans un état de santé assez satisfaisant, et il n'avait point encore fait de démarches pour obtenir la liberté de son fils. On ne pouvait donc soupçonner que le gouvernement français se montrerait de la dernière inflexibilité à l'égard de son prisonnier. C'est pourquoi, dans la persuasion que peut-être bientôt on se lasserait de le retenir, Louis-Napoléon prit en plus grande considération que jamais le colossal projet dont il s'était occupé. Il renonçait sérieusement alors, il faut le croire, à toutes ses illusions antérieures qu'il expiait si cruellement depuis bientôt huit années. L'exil, le terrible exil, ce supplice de son enfance et de sa jeunesse, ce tourment qu'il avait partagé de si bonne heure avec une mère adorée, ce malheur, toujours trop long, toujours croissant, était la seule perspective qui s'ouvrît devant lui. Il sentait trop qu'il ne dépendrait pas de la volonté la plus énergique de le repousser comme une aggravation de peine, ainsi qu'il s'était promis de le faire. Il lui faudrait donc subir ce qu'il avait maudit, ce qu'il appréhendait le plus. Libre, de par le pouvoir qui régnait sur la France, vraisemblablement il ne le serait pas d'aller consoler l'auteur de ses jours. Et ses anciens amis, et ses amis nouveaux, ne serait-il pas forcé de s'éloigner d'eux? Il ne doutait pas de l'attachement de ces derniers à sa personne, mais il savait aussi que son nom leur faisait peur; ils le lui avaient dit; aussi, malgré leurs sympathies pour lui, ne déploreraient-ils peut-être pas trop son absence, au moment où s'agiterait la grande question. Loin de la patrie, loin des plus vivants souvenirs de l'immortel héros, son oncle, et du glorieux théâtre de son histoire encore palpitante, l'affection qu'ils lui vouaient serait pure de toute défiance. Il avait donc la certitude que leurs vœux les plus sincères l'accompagneraient par delà l'Atlantique. Fils de la France, n'allait-il pas encore, là bas, honorer cette mère et lui ménager une bienveillance, lui préparer des relations dont elle tirerait le plus grand parti? Il attachait ainsi à son nom et au nom français la mémoire d'un bienfait impérissable; il méritait, dans les deux mondes, les bénédictions et la reconnaissance des peuples. Toute son ambition était désormais de mener à bonne fin les plans qu'il avait conçus. Après y avoir mûrement réfléchi, il se décida à informer les États de l'Amérique centrale que, dans le cas où il viendrait à recouvrer sa liberté, son intention était d'aller se mettre à la tête de l'entreprise qui devait le plus contribuer à leur prospérité.

M. Castellan donna la plus grande publicité à cette communication qui fut accueillie avec joie dans toute la contrée, dont les principaux habitants demandèrent que l'exécution du canal projeté fut confiée à Son Altesse le prince Louis-Napoléon Bonaparte. En conséquence, M. Castellan lui écrivit de Léon de Nicaragua, le 6 décembre 1845:

Prince,

«Lorsque je me rendis en France, il y a quelques mois, comme ministre plénipotentiaire auprès de S. M. le roi des Français, je voulus, avant de quitter l'Europe, me rendre à Ham. Je désirais avoir l'honneur de vous voir, non-seulement parce que le nom que porte Votre Altesse est populaire dans toutes les parties du monde, mais aussi parce que j'avais appris par moi-même combien on a, en France, d'estime pour votre caractère, de sympathies pour vos malheurs. Je désirais, d'ailleurs, Prince, vous engager à venir dans notre pays, persuadé que vous y trouveriez un champ vaste pour employer votre activité et utiliser vos connaissances qui s'épuisent dans l'inaction. J'ai admiré, Prince, votre résignation et votre amour pour votre pays, qui résistent à la captivité. mais aussi j'ai vu avec plaisir que votre imagination s'exaltait et me comprenait, lorsque je lui parlais des immenses travaux qu'il y aurait à exécuter dans notre pays, dans l'intérêt de la civilisation tout entière. Je fus étonné de voir que vous connaissiez aussi bien que moi les difficultés et les avantages de l'entreprise qui a pour but la réunion des deux Océans, et les idées que vous avez émises sur l'avenir de l'Amérique centrale m'ont vivement impressionnées. Je partis avec le regret de n'avoir pu vous décider à quitter l'Europe, mais avec l'espoir de changer un jour vos déterminations. A mon arrivée, je trouvai ma patrie livrée à de nouvelles révolutions. Mais dès qu'elle fut calmée, je fis part à mes compatriotes de mes impressions.

» Aujourd'hui, Prince, je viens au nom de mon gouvernement, vous offrir d'exécuter, par votre influence, vos lumières, votre courage, un de ces travaux gigantesques qui illustrent les hommes qui les entreprennent, et qui honorent l'époque qui les a vus naître.

» Vous savez qu'il est très-possible d'opérer la jonction des deux Océans par nos lacs et nos rivières ; mais, pour réunir les capitaux et les hommes de science nécessaires pour cette entreprise, il faut que celle-ci ait à sa tête un homme connu par son caractère honorable, par ses connaissances spéciales, indépendant par sa fortune comme par sa position, qui, en un mot, inspire la confiance générale en Europe, comme en Amérique, tout en éloignant de l'esprit susceptible de notre nation, toute crainte de domination étrangère. Personne ne réunit mieux ces différentes qualités que Votre Altesse. Élevé dans une république, vous avez, par votre noble conduite en Suisse, en 1838, montré que les peuples libres pouvaient compter sur votre dévouement. Nous nous adressons donc à vous, persuadés que le roi des Français vous laissera libre, lorsqu'il saura que vous voulez vous dévouer à une entreprise toute pacifique.

» Je joins ici la proposition que vous transmet le gouvernement de l'Etat de Nicaragua.

» Ce que nous offrons à Votre Altesse n'est point indigne d'elle, car, avant 1830, le roi Guillaume de Hollande avait accepté une proposition analogue à celle que nous vous transmettons aujourd'hui.

» Hâtez-vous donc, Prince, d'accourir. Votre oncle s'est rendu immortel par la gloire militaire ; venez parmi nous acquérir une gloire non moins grande pour une œuvre de paix qui ne fera couler que des des larmes de joie. Nous sommes persuadés que le jour où vous toucherez de votre pied le sol de l'Amérique, une nouvelle ère de prospérité aura commencé pour notre patrie. »

Peu de mois après, le Prince reçut du señor Montenegro, ministre des affaires étrangères, une lettre qui lui conférait officiellement les pouvoirs nécessaires à la formation, en Europe, d'une compagnie pour l'immense opération qu'il se proposait de diriger. Le ministre l'informait, en même temps, qu'en vertu d'un décret rendu le 8 janvier 1846, cet ouvrage, sans pareil, qui devait ouvrir un route nouvelle au commerce du monde, prendrait le nom de *Canale Napoleone di Necaragua*. Des instructions spéciales avaient été aussi transmises au señor Marcoleta, chargé d'affaires du même gouvernement, en Belgique et en Hollande. Conformément à ce qui lui était prescrit, ce fonctionnaire se rendit à Ham, auprès du Prince, afin de signer avec lui un traité indispensable pour qu'il pût être donné suite à ce vaste projet, dont l'exécution était de nature à remplir le vide forcé d'une existence qui ne pouvait être consacrée qu'à l'accomplissement de grandes choses.

Nous entrons dans une phase nouvelle de cette longue captivité. L'idée de l'emprisonnement perpétuel semble s'effacer chaque jour. On n'y croit plus dans le public; partout on s'attend à une amnistie prochaine : l'opinion paraît l'exiger, et le pouvoir, indécis sur le parti qu'il prendra, cherche à sonder auparavant les sentiments du prisonnier. On s'inquiète de l'usage qu'il fera de sa liberté; on laisse voir à la fois l'embarras de sa détention et les craintes qu'on a de la faire cesser.

On a vu que le prince Louis-Napoléon avait accepté en entier sa position, avec tout ce qui pouvait survenir, bien ou mal; il en subissait les inconvénients en homme de cœur; il savait, en homme d'esprit, y découvrir des avantages qu'il ne manquait pas de mettre à profit. Les ressources de son intelligence pourvoyaient amplement à son besoin d'activité : il eût été difficile de le surprendre dans un de ces moments de molle indolence dont ne sont pas exempts, au sein du malheur, les caractères les mieux trempés. On sait qu'il proportionnait la variété de ses occupations à celle de ses aptitudes; chez lui, ce n'était pas de l'inconstance, mais un heureux moyen de se distraire, en se mettant successivement en rapport avec plusieurs faces du monde.

Un de ses travaux de prédilection, était son *Histoire de l'artillerie;* ses études et ses correspondances achevaient de remplir ses journées.

Maintenant, il ne peut échapper à une préoccupation d'un tout autre genre. Tout lui annonce que les portes du fort et de l'exil vont s'ouvrir pour lui, dans un avenir prochain : il voudrait y croire et ne pas y croire; son esprit flotte avec anxiété entre l'espérance et le doute. Il faut avoir passé par les épreuves du malheur et les transes de l'indécision, pour savoir combien celles-ci sont bien plus difficiles à supporter qu'un malheur certain.

C'est le propre de la fausse habileté de montrer le but où elle tend par le soin même qu'elle met à le cacher. On a dit que pour être vraiment habile, il faut éviter de le paraître. Les petits hommes qui s'agitaient alors dans la politique contemporaine, ne connaissaient que les voies détournées; le choix de leurs expédients révélait parfois assez d'astuce, mais en général leur pensée était facile à démêler. Dans le nombre des personnes qui, pendant l'été de 1845, visitèrent le Prince, se trouve le fils du maréchal Bessière, le duc d'Istrie, à qui l'Empereur, par son testament, avait fait un legs de cent mille francs. Le vif intérêt qu'il pouvait porter au Prince s'expliquait de reste, soit par le souvenir de cette libéralité, soit par un sentiment héréditaire d'affection. Il lui témoigna combien il déplorait sa longue captivité, et lui manifesta le plus ardent désir de la voir enfin toucher à son terme. Dans l'opinion du duc d'Istrie, aucun membre du cabinet ne pouvait proposer, en conseil, l'élargissement du Prince, à moins que Louis-Napoléon Bonaparte ne fît, par écrit, une déclaration contenant : 1° sa renonciation absolue et définitive à ses droits au *trône de France*; 2° l'engagement formel de ne jamais rien entreprendre contre la dynastie régnante.

Le duc d'Istrie avait-il mission d'entamer une négociation sur ces deux points? Apportait-il au prince les propositions du gouvernement? Si sa proposition était celle d'un envoyé, du moins ne l'avouait-il pas. Quoiqu'il en soit, il répugne trop d'admettre que dans cette démarche assez étrange il n'y avait pas quelque chose de quasi-officiel. Sans s'inquiéter de ce qu'il pouvait en être, le Prince répondit, quant au premier point, qu'il ne pouvait pas renoncer à des droits qu'il n'avait jamais invoqués, et qu'en tout état de cause il n'aurait pu invoquer, puisqu'avant lui c'était son père qui, d'après le sénatus-consulte de 1804, était l'héritier direct de l'Empire. Il ajouta que, pour son propre compte, il n'avait jamais cru à la possibilité d'établir rien de solide en France, sans admettre, comme base première, l'élection générale et le droit immuable de la souveraineté du peuple, c'est-à-dire le suffrage universel tel qu'il s'est exercé dans les mémorables élections du 20 décembre.

Relativement au second point, le Prince se montrait tout disposé à protester de ses intentions pacifiques, et à donner toutes les garanties compatibles avec son honneur. Il fit observer qu'au surplus il était facile, pour tout homme de sens, de comprendre qu'après avoir échoué deux fois, il ne pouvait songer à une troisième tentative, et il finit par conclure que, dût-il rester en prison toute sa vie, on n'obtiendrait jamais de lui une déclaration qu'il croirait honteuse.

Ainsi se termina cette triste entrevue. Il avait pris le nom de Napoléon, il fallait que, par une faiblesse, il ne se montrât pas indigne de le porter.

Comme on le voit, la sérénité qui nait de la résignation avait fait place, chez le Prince, à de vagues espérances. Au calme dont il jouissait avait succédé une sorte d'état de crise. Des amis s'empressaient de confirmer ces bruits que des ennemis peut-être avaient répandus. Quel dénouement assigner à tout ceci? En proie à une agitation sans but déterminé, le Prince se trouvait détourné de ses travaux habituels. Il les interrompait, il ne pouvait plus les reprendre ni les continuer. Quand un malheur est franchement accepté, faire entrevoir à celui qui le supporte un changement possible à sa triste situation, si ce changement ne doit pas s'effectuer, c'est le jeter, par le désappointement, dans de nouvelles angoisses contre lesquelles peut-être il ne retrouvera plus la force qu'il s'était faite. Ah! combien il eût été plus doux pour lui qu'on eût laissé dormir ces instincts mystérieux du cœur qui aspirent toujours au bonheur, puisqu'une fois réveillés à contre-temps, ils deviennent un supplice! Il faut n'avoir pas connu ces épreuves pour ne pas les épargner aux infortunés, et ne pas réprimer, à leur profit, les élans d'une sympathie irréfléchie qui presque toujours manque fatalement son but.

Entre les vacillantes probabilités d'une amnistie et les missions, ou officieuses ou officielles, le prisonnier de Ham était dans de grandes perplexités, quand des nouvelles qu'il reçut d'Italie vinrent combler la mesure de ses souffrances.

On lui mandait de Florence que les premières atteintes d'une maladie grave faisaient craindre pour les jours de son père. Courbé sous le poids de l'âge et des infirmités, seul sur la terre étrangère, le noble vieillard, dans son abandon, tournait ses regards désolés vers la France, où le gouvernement, après lui avoir ravi les douces joies de la patrie, retenait captif le seul fils sur qui reposaient toutes les affections de son cœur ulcéré, mais non abattu, par les longs malheurs de sa vie. Les soins d'un fils eussent été si doux au vieillard ! Il y avait si longtemps que sa tendresse paternelle gémissait dans l'isolement! Le Prince le savait, le sentait, et alors pour lui disparaissait le *Moi*. De la résignation, du calme, il avait pu en avoir lorsqu'il ne s'agissait que de lui seul, mais un tel stoïcisme eût été impossible, cruel même, quand la voix de son père mourant l'appelait à lui. Ce que le Prince n'eût jamais songé à faire, ce qu'il eût regardé comme une faiblesse, avant cet appel d'un père, devenait maintenant à ses yeux un devoir sacré.

Attendre, espérer, juger du cœur des autres par le sien, croire que la raison d'État ou la politique se plieraient aux exigences solennelles de sa position, c'eût été, de la part du Prince, montrer une confiance qui ne lui était pas permise. Il lui fallait agir, il lui fallait seconder de toutes ses forces, de tout son pouvoir, des démarches que la tendresse et l'anxiété paternelles avaient commencées. En cette conjoncture, comme en toute autre, le Prince suivit les inspirations de sa bonne et noble nature.

Nous allons raconter les négociations qui eurent lieu à cette époque. C'est un triste récit à faire, car il faudra nous appesantir sur ce qu'il y a de plus hideux au monde, l'ingratitude, la duplicité, l'indifférence, l'insensibilité, et plus que cela, la dureté envers le malheur.

IV

NÉGOCIATIONS.

C'est vers le milieu d'août 1845 que le comte de Saint-Leu se décida à tenter des démarches pour obtenir la liberté de son fils. Il envoya à Paris M. Peggioli avec des lettres pour MM. Molé, de Cazes et Montalivet ; à l'un d'eux il disait, que la mort est préférable à la prison. Il écrivait à M. de Montalivet : «Vous êtes père et vous devez me comprendre.»

M. de Cazes promit d'abord beaucoup. A la seconde visite que lui fit M. Poggioli, il dit avoir communiqué la lettre du prince au maréchal Soult, président du conseil, à M. Duchâtel, et enfin à M. Guizot, qui la mettrait sous les yeux du roi. Pressé de faire une démarche personnelle M. de Cazes y consentit, mais il ne pouvait, disait-il, en faire connaître le résultat avant que le *Moniteur* eût annoncé l'accouchement de la princesse de Joinville. Bref dix jours s'écoulèrent encore. M. Poggioli se présenta de nouveau, mais M. de Cazes lui déclara qu'il n'avait pu parler au roi, c'est-à-dire qu'il n'avait rien tenté pour le fils de celui dont il avait été le secrétaire et l'ami. Cinq semaines plus tard, dans une dernière visite, M. Poggioli eut le regret de se convaincre que si le grand référendaire avait la mémoire des choses récentes, il n'avait pas celle des choses anciennes.

M. Molé se montra moins oublieux : Ministre, il aurait justifié la confiance que le roi de Hollande mettait en lui. M. de Montalivet, à qui il fallut écrire trois fois pour obtenir une audience, ne voulait pas abuser de son crédit auprès du roi; il dit qu'il parlerait à M. Duchâtel et ne parla à personne. Cette voix solennelle d'un vieillard dont la vie entière commandait tant d'estime et de respect, cette prière d'un père demandant à voir son fils une dernière fois avant de mourir, tout semblait irrésistible, tout fut méconnu.

Cependant le prisonnier, informé qu'il avait été vaguement question d'exiger de lui des garanties qu'on ne spécifiait pas, engagea M. Poggioli à faire tenir à M. Duchâtel la lettre suivante :

Fort de Ham, le 25 décembre 1845.

« Monsieur le ministre de l'Intérieur,

» Mon père, dont la santé et l'âge réclament les soins d'un fils, a » demandé au gouvernement qu'il me soit permis de me rendre auprès » de lui.

» Ses démarches sont restées sans résultat.

» Le gouvernement, m'écrit-on, exige de moi une garantie formelle.

» Dans cette circonstance, ma résolution ne saurait être douteuse. Je » dois faire tout ce qui est compatible avec mon honneur pour pouvoir » offrir à mon père les consolations qu'il mérite à tant de titres.

» Je viens donc, Monsieur le ministre, vous déclarer que si le gou- » vernement français consent à me permettre d'aller à Florence remplir » un devoir sacré, je m'engage sur l'honneur à revenir me constituer » prisonnier dès que le gouvernement m'en témoignera le désir.

» Recevez, Monsieur le ministre, l'expression de ma haute estime.

» *Signé :* Louis-Napoléon Bonaparte. »

Le prince faisait part en même temps à M. Poggioli de la résolution où il était de subordonner la question de sa liberté à celle de son honneur. « La garantie que j'offre, lui écrivait-il, est la seule réelle pour le gouvernement, et la seule que je puisse honorablement offrir. » M. Poggioli ne se lassait pas d'insister auprès du ministère ; mais la solution se faisait attendre. Vers la fin de décembre il vit encore M. Duchâtel et n'en put obtenir que ces paroles : « C'est une affaire grave : je la soumettrai au conseil. » Trois jours après M. Duchâtel dit au zélé négociateur : « Le conseil a décidé qu'on ne pouvait admettre la demande du prince, parce qu'elle est contraire aux lois, et que ce serait accorder la grâce pleine et entière, sans que le roi en eût le mérite. » Le ministre ayant engagé M. Poggioli à transmettre cette décision au prince, celui-ci le pria de lui répondre directement et officiellement, ce qui eut été tout à fait dans les convenances puisque le prince avait écrit directement au ministre.

Pour notifier au prisonnier un refus si peu motivé M. Duchâtel eut recours à l'entremise du commandant du fort. « Veuillez, lui mandait-il, dans sa dépêche, dire de ma part, au prince, que j'ai soumis sa demande au conseil des ministres, et que le conseil n'a pas cru pouvoir l'accueillir. Cette mise en liberté provisoire serait la grâce déguisée, et, quel que soit le rang de ceux qui ont été condamnés, la grâce ne peut être obtenue que de la clémence du roi. »

Le prince prit alors le parti de s'adresser à Louis-Philippe; et il écrivit, le 14 janvier, cette lettre qui était le plus grand sacrifice qu'il lui fût donné de faire au devoir de la piété filiale :

« Sire,

» Ce n'est pas sans une vive émotion que je viens demander à Votre » Majesté, comme un bienfait, la permission de quitter, même mo- » mentanément, la France, moi qui ai trouvé depuis cinq ans, dans » l'air de la patrie, un ample dédommagement aux tourments de la » captivité : mais aujourd'hui mon père, malade et infirme, réclame » mes soins; il s'est adressé, pour obtenir ma liberté, à des personnes » connues par leur dévouement à Votre Majesté; il est de mon de- » voir de faire de mon côté tout ce qui dépend de moi pour aller au- » près de lui.

» Le conseil des ministres, n'ayant pas cru qu'il fût de sa compé- » tence d'accepter la demande que j'avais faite d'aller à Florence, en » m'engageant à revenir me constituer prisonnier dès que le gouver- » nement m'en témoignerait le désir, je viens, Sire, avec confiance, » faire appel aux sentiments d'humanité de Votre Majesté, et renou- » veler ma demande en la soumettant, Sire, à votre haute et généreuse » intervention.

» Votre Majesté, j'en suis convaincu, appréciera, comme elle le mé-
» rite, une démarche qui engage d'avance ma reconnaissance, et, tou-
» chée de la position isolée sur une terre étrangère d'un homme qui
» mérita sur le trône l'estime de l'Europe, elle exaucera les vœux de mon
» père et les miens propres.

» Je prie, Sire, Votre Majesté, de recevoir l'expression de mon pro-
» fond respect.

» *Signé* : NAPOLÉON-LOUIS BONAPARTE.

» Fort de Ham, le 14 janvier 1846. »

Le prince de la Moskowa remit la lettre au roi qui parut satisfait et déclara, avant même de l'avoir décachetée, qu'il trouvait suffisante la garantie qui avait été offerte par le prisonnier. Le prince n'en eut pas moins à essuyer un nouveau refus, plus dur encore que le premier. La copie de sa lettre au roi ayant été envoyée aux ministres, par le commandant du fort, M. Duchâtel répondit le 25 janvier que le conseil ayant délibéré sur *cette copie*, le résultat de la délibération était que : « Ce serait la grâce par voie indirecte, et que pour que la clémence du roi pût s'exercer, il fallait que la grâce fût méritée et franchement avouée. »

En traçant ces lignes, M. Duchâtel oubliait, sans doute, que le prisonnier avait pour père un homme illustre par ses talents et ses vertus, qu'il avait eu pour oncle Napoléon, et que la famille dont le fort de Ham renfermait le courageux représentant, tenait par les nœuds de la parenté et de l'alliance à plus d'une maison régnante. Comment aussi, ne s'était-il pas souvenu qu'il était lui-même le fils d'un dignitaire de l'Empire ?

Il est, dans la vie, des moments où il semble que tous nos chagrins passés, toutes nos peines présentes viennent fondre, à la fois, sur notre cœur. Le prisonnier était dans cette cruelle situation. Cependant le découragement ne s'était pas emparé de lui, et bien qu'il sût à quels hommes il avait affaire, il lui arriva, ce qui est dans notre nature à tous, quand nous désirons ardemment; il put espérer contre toute espérance. C'était là, comme toujours, un surcroît de malheur et qui constitua la plus rude des épreuves par lesquelles le Prince eût passé. Pour ne pas rester au-dessous de la vérité, il faut renoncer à dire tout ce qui se réunit alors de souffrances et d'agitations pour bourreler son âme; on ne peut se l'imaginer : mais ce qui se concevra mieux, ce qui n'étonnera pas, c'est qu'à la douleur d'un fils blessé dans ses plus chères affections, se soit mêlé le sentiment d'une indignation profonde.

Le Prince avait été saisi, les armes à la main, lorsqu'il accourait pour renverser le pouvoir établi. Armés à leur tour de la loi, des hommes, préposés à la défense de ce pouvoir, étaient autorisés à envoyer à la mort celui qui s'était déclaré son ennemi. Mais l'opinion publique, plus forte qu'eux, et une mémoire vénérée, sinon de ceux qu'on nomme les grands, du moins de tout un peuple, leur inspira la bonne pensée d'épargner les jours du neveu de l'Empereur. Au lieu d'une sentence de mort, qui eût été pour eux une tache indélébile, ils portent contre lui l'arrêt d'une détention perpétuelle. On ne pouvait espérer mieux de leur modération, car rendre la liberté au prisonnier, ainsi que l'exigeait une complète générosité, c'eût été manquer de précaution contre une agression nouvelle. Garantir au Prince la vie sauve, qu'était-ce autre chose que s'acquitter, en partie du moins, selon le vœu de la patrie, d'une dette envers l'illustre chef qui avait été en France la plus haute personnification du sentiment national ? Une telle immunité était de plein droit, et dans ses effets, pour ne pas être illusoire, elle devait s'étendre jusqu'où le permettrait la prudence. Elle devait même aller jusqu'à l'élargissement, aussitôt qu'il paraîtrait ne présenter aucun danger. Sans la perspective de cette éventualité, la mort était évidemment préférable.

Dans l'intention des juges, la détention perpétuelle n'avait pu être considérée comme une pénalité, mais comme une mesure de sûreté, comme un sacrifice fait à la paix publique, à la tranquillité de l'État. La perpétuité n'était qu'une menace, ou pour mieux dire, ce n'était qu'un mot, et le gouvernement, ce qui eût été de la meilleure politique, devait saisir avec empressement la première occasion de l'effacer. La circonstance venue, toute idée blessante de clémence devait en être écartée. Ainsi le voulait la délicatesse, et si, dans l'arsenal de nos codes, il ne se trouvait pas une loi pour favoriser un procédé, à la fois si noble et si touchant, il fallait la faire.

Ces prescriptions du simple bon sens n'étaient malheureusement pas à la portée des hommes pour qui c'était un devoir de s'intéresser au sort du Prince, et qui étaient le plus à même d'adoucir sa captivité et d'y mettre un terme, dès qu'il n'y aurait plus d'inconvénient à le faire. Tous, ou presque tous, devaient à l'Empereur la position qui les avait rendus possibles dans les fonctions les plus hautes, sous un autre gouvernement ; eh bien ! on aura peine à le croire, pas un d'eux, pendant près de six ans que son neveu fut enfermé dans le château de Ham, ne se risqua à lui témoigner la moindre sympathie, tant était grande la circonspection de ces parvenus ; et quand le Prince demande à aller embrasser son père mourant, ils lui répondent (poussa-t-on jamais plus loin l'insolence !) qu'il lui faut mériter sa grâce par une bassesse ! Sa grâce ! Mais ce n'était pas elle qu'il implorait, ce n'était, comme on l'a vu, que la permission d'aller à Florence remplir un devoir sacré, et il s'engageait sur l'honneur à revenir se constituer prisonnier, dès que le gouvernement lui en témoignerait le désir. Le caractère du prisonnier, sa franchise connue, le respect qu'il portait à son nom, que de motifs de ne pas douter un instant de l'inviolabilité de sa parole! On y crut sans doute, mais, sous le prétexte sans valeur d'une responsabilité qu'on ne voulait pas compromettre, rien ne fut accordé.

La publicité et le recours au parlement étaient désormais les seuls moyens à tenter.

Le Prince fit connaître à quelques députés influents le refus qu'il venait d'essuyer, et la forme plus qu'inconvenante dans laquelle il avait été exprimé. Il suffisait d'exposer une telle conduite de la part des ministres, pour qu'elle fût hautement blâmée. Plusieurs membres de la Chambre, sans distinction de parti, leur firent de vives représentations. On remarqua, parmi eux, MM. de Vatry et de Lascazes, dévoués l'un et l'autre à la dynastie régnante. La cause du prince fut prise également à cœur par les députés les plus distingués de l'opposition, MM. Dupont (de l'Eure), Arago, de Lamartine, Odilon Barrot la plaidèrent avec un zèle bien digne du succès. De son côté, un ex-ministre, M. Thiers, en sa qualité d'historien de l'Empire, ne craignit pas et jugea même de bon goût de s'y intéresser. Assis encore aux conseils de la France, sans doute ce serviteur si souple et si retors, cet esprit si fertile en expédients, eût inventé quelque fin de non-recevoir plus intelligente, et surtout moins choquante, que celle qui était opposée au prisonnier. Peut-être aussi aurait-il senti, dans cette circonstance, que le comble de l'habileté était de n'en point avoir, c'est-à-dire d'accorder sans négociations et sans conditions le congé demandé. Quoi qu'il en soit, M. Thiers, à qui le prince avait écrit, lui fit parvenir cette réponse :

« Prince,

» J'ai reçu la lettre que vous m'avez fait l'honneur de m'adresser
» pour me faire part du refus qu'on avait opposé à votre demande. Le
» désir d'embrasser un père mourant, accompagné de la promesse de
» vous constituer prisonnier à la première réquisition du ministre de
» l'intérieur, aurait dû être accueilli; quant à moi, il me semble qu'une
» telle mesure pourrait être adoptée sans inconvénient pour la respon-
» sabilité du ministre qui l'aurait prise. Je suis fâché, Prince, de ne
» pouvoir vous être utile en cette circonstance d'aucune manière
» quelconque. Je n'ai aucune influence sur le gouvernement, et la pu-
» blicité vous servirait peu. Dans toute occasion où il me sera possible
» de soulager votre infortune, sans manquer à mon devoir, je serai
» heureux de pouvoir donner une marque de sympathie au nom glo-
» rieux que vous portez.

» Recevez, Prince, l'hommage de mon respect.

» A. Thiers.

» *Membre de la Chambre des Députés.* »

16 *février* 1846.

M. Odilon Barrot avait pensé pouvoir aplanir les difficultés en arrêtant, avec M. Duchâtel, la rédaction d'une seconde lettre que le Prince ferait remettre au roi. On y avait glissé ce paragraphe : « J'espérais que le gouvernement de Votre Majesté verrait dans cet engagement (celui de se reconstituer prisonnier), une garantie de plus, et un lien nouveau ajouté à ceux que *devait* m'imposer la reconnaissance. » Ce qu'on pouvait induire de ces mots, c'est que par le fait de la tentative de Boulogne, le Prince avait déjà *failli à la reconnaissance* envers le roi. Nous avons raconté précédemment comment, après avoir été arraché de sa prison de Strasbourg, le Prince fut embarqué de force à Lorient, lorsqu'il demandait avec les plus vives instances à être traduit devant la justice du pays. Bientôt en butte aux calomnies de la presse stipendiée qui, profitant de son absence, s'acharnait à le poursuivre de ses mensonges jusqu'au lit de mort de sa mère, il s'était vu froissé dans ce qu'il avait de plus cher au monde, son honneur et ses sentiments de famille. Signer une lettre pareille, où se trouvait introduite pour le passé la mention de cette reconnaissance à laquelle il aurait manqué, c'était donner raison aux calomniateurs ; c'était non-seulement les absoudre, mais les déchaîner de nouveau ; après la réponse offensante du ministère, c'était passer sous les fourches caudines, et, selon les belles expressions du Prince, écrivant à son père, il était prêt à tout traverser, pour recevoir ses embrassements et sa bénédiction, tout, excepté la honte.

Des personnes qui s'intéressaient au Prince, les unes l'engageaient à signer, les autres, soupçonnant quelque piége, étaient d'un avis contraire. Parmi les premières, il y en eut qui se hasardèrent à lui représenter qu'une démarche arrachée par la force ne peut pas lier. Dans ce cas, alléguaient-elles, on se trouve dégagé d'avance par la nécessité où l'on est réduit. Mais la nécessité n'était pas une raison que la haute probité du Prince pût admettre. La nécessité ! Il est un sanctuaire qui doit rester inaccessible, impénétrable à son empire. S'il n'en était pas ainsi, que serait la vertu sur la terre ? Fontenelle l'a dit : « Un amusement qui ne conviendrait qu'aux loisirs d'une vie paisible. »

Nous avons sous les yeux les lettres de deux des plus honorables membres de la Chambre des députés. L'une est de M. Marie, l'autre de M. Ferdinand Barrot. Le premier souhaitait que le Prince ne signât pas, le second, qui l'avait d'abord engagé à signer, le félicite de son refus.

Deux sentiments se partagent l'âme du Prince et la déchirent : accablé d'ans et d'infirmités, son père implore son assistance. Penché vers la tombe, c'est de lui que le noble vieillard attend son unique et dernière consolation. Le Prince

a entendu, il entend cette voix si chère qui lui crie de venir, mais l'honneur peut le retenir, l'honneur le sollicite, et l'honneur, cette religion dont il fut toujours le rigide observateur, est aussi un des commandements de son père. On ne saurait se figurer les angoisses du prisonnier dans les étreintes de cette douloureuse alternative, et ce qu'il lui a fallu d'énergie pour se décider. Cependant, lorsque M. Poggioli présenta à sa signature la lettre si compromettante, il n'hésita pas. Le Prince refusa de faire un pas de plus : « Je mourrai
» en prison, s'écria-t-il, si des rigueurs sans exemple m'y
» condamnent, mais on ne m'amènera jamais à abaisser
» mon caractère. Mon père, d'ailleurs, qui a porté dans la
» bonne et la mauvaise fortune un cœur si ferme et si con-
» stant, mon père qui a pris pour devise : *Fais ce que dois,*
» *advienne que pourra*, mon père, j'en suis sûr, trouverait
» ma liberté achetée trop cher, si elle l'était au prix de ma
» dignité et du respect que je dois à mon nom. » Et le lendemain, le Prince remettait à M. Poggioli, pour M. Odilon Barrot, la lettre suivante écrite sous l'empire de la plus noble émotion :

« Fort de Ham, le 2 février 1846.

» Monsieur,

» Permettez-moi, avant de répondre à la lettre que vous avez bien voulu m'écrire, de vous remercier, ainsi que vos amis politiques, de l'intérêt que vous m'avez témoigné, et des démarches spontanées que vous avez cru devoir faire pour alléger le poids de mon infortune. Croyez que ma reconnaissance ne manquera jamais aux hommes généreux qui, dans des circonstances si pénibles, m'ont tendu une main amie.

» Maintenant, je dois vous dire pourquoi je ne crois pas devoir signer la lettre dont vous m'envoyez le modèle. L'homme de cœur qui se trouve seul en face de l'adversité, seul en présence d'ennemis intéressés à l'avilir, doit éviter tout subterfuge, toute équivoque, et mettre la plus grande netteté dans ses démarches ; comme la femme de César, il faut qu'il ne puisse pas même être soupçonné. Si je signais la lettre que vous et beaucoup de députés m'engagez à signer, je demanderais réellement grâce sans oser l'avouer, je me cacherais derrière la demande de mon père comme un poltron qui s'abrite derrière un arbre pour éviter le boulet. Je trouve cette conduite peu digne de moi. Si je croyais honorable et convenable d'invoquer purement et simplement la clémence royale, j'écrirais au roi : Sire, je demande grâce.

» Mais telle n'est point mon intention. Depuis bientôt six ans, je supporte sans me plaindre une réclusion qui est une des conséquences naturelles de mes attaques contre le gouvernement. Je la supporterai encore dix ans, s'il le faut, sans accuser ni le sort, ni les hommes ! Je souffre ; mais tous les jours je me dis : Je suis en France, je conserve mon honneur intact, je vis sans joies, mais aussi sans remords, et tous les soirs je m'endors satisfait. Rien de mon côté ne serait venu troubler ce calme de ma conscience, ce silence de ma vie, si mon père ne m'eût manifesté le désir de me revoir auprès de lui pendant ses vieux jours. Mon devoir de fils vint m'arracher à ma résignation, et je me décidai à une démarche dont je pesai toute la gravité, mais qui portait en elle ce caractère de franchise et de loyauté que je désire mettre dans toutes mes actions. J'écrivis au chef de l'État, à celui-là seul qui eût le droit légal de changer ma position ; je lui demandai d'aller auprès de mon père ; je lui parlai *de bienfait*, *d'humanité*, *de reconnaissance*, parce que je ne crains pas d'appeler les choses par leur nom. Le roi a paru satisfait de ma lettre ; il a dit au digne fils du maréchal Ney, qui avait bien voulu se charger de la remettre, que la garantie que j'offrais était suffisante ; mais il n'a point encore fait connaître sa détermination. Les ministres, au contraire, statuant sur une copie de ma lettre au roi, que je leur avais envoyée par déférence, abusant de ma position et de la leur, m'ont fait transmettre une réponse qui prouve un grand mépris pour le malheur. Sous le coup d'un pareil refus, ne connaissant même pas encore la décision du roi, mon devoir est de m'abstenir de toute démarche, et surtout de ne pas souscrire à une demande en grâce déguisée en piété filiale.

» Je maintiens tout ce que j'ai dit dans ma lettre au roi, parce que les sentiments que j'y ai manifestés étaient profondément sentis et me paraissent convenables ; mais je n'avancerai pas d'une ligne. Le chemin de l'honneur est étroit et mouvant ; il n'y a qu'un travers de main entre la terre ferme et l'abîme.

» D'ailleurs, croyez-le bien, Monsieur, si je signais la lettre dont il s'agit, on se montrerait encore plus exigeant. Le 25 décembre, j'écris une lettre assez sèche à M. le ministre de l'Intérieur, pour lui demander d'aller auprès de mon père. On me répond poliment. Le 14 janvier, je me décide à une démarche très-grave de ma part, j'écris au roi une lettre où je n'épargne aucune des expressions que je crois convenables à la réussite de ma demande. On me répond par une impertinence.

» Ma position est claire et simple, je suis captif ; mais je me console en respirant l'air de la patrie. Un devoir sacré m'appelle auprès de mon père, et je dis au gouvernement : Une circonstance impérieuse me force à vous demander comme un bienfait de sortir de France. Si vous m'accordez ma demande, comptez sur ma reconnaissance, et comptez-y d'autant plus que votre décision aura l'empreinte de la générosité ; car il n'y a aucun compte à faire de la reconnaissance de ceux qui auraient consenti à s'humilier pour obtenir un avantage.

» En résumé, j'attends avec calme la décision du roi, de cet homme qui a comme moi traversé trente années de malheur.

» Je compte sur l'appui et la sympathie des hommes généreux et indépendants comme vous.

» Du reste, je m'en remets à la destinée, et je m'enveloppe d'avance dans ma résignation.

» Recevez, Monsieur, la nouvelle assurance de ma haute estime.

» *Signé :* NAPOLÉON-LOUIS BONAPARTE. »

Il n'y eut, soit en France, soit à l'étranger, qu'un concert unanime d'approbation pour une résolution qui montrait tant de fermeté dans le malheur. Il fallait être ennemi du Prince pour ne pas être touché, jusqu'à l'admiration, de ce qu'il y avait de digne et de vraiment antique dans un si beau caractère.

Le Prince ne tarda pas à recevoir la réponse de M. Odilon Barrot. Elle exprimait ce mélange de regret et de satisfaction qu'on éprouvait dans le public. « Mon Prince, lui écri-
» vait l'honorable député, tout en m'affligeant de la déter-
» mination que vous avez prise, je n'ai pas la force de
» blâmer le sentiment qui vous l'a dictée. Dans le temps où
» nous vivons, l'élévation et la noblesse de l'âme se ren-
» contrent assez rarement, pour que je ne sois pas très-dis-

» posé à les honorer, même dans ce qu'elles peuvnet avoir
» d'exagéré. »

Nous rapporterons ici un passage de l'ouvrage anglais qui nous a signalé l'existence des documents authentiques que nous publions. Après cette remarque, qu'il est toujours sage, de la part des hommes ayant une position politique, de suivre ces impulsions de l'âme qui resteront éternellement la meilleure sauvegarde contre les basses tentations de la ruse, l'auteur de ce livre ajoute : « Si le Prince eût signé la
» lettre en question, il n'eût pas, pour cela, été mis en li-
» berté. C'est ce qui nous a été affirmé de la manière la
» plus positive par un député ministériel, qui avait eu, à ce
» sujet, une longue conversation avec M. Duchâtel. « *Nous*
» *l'amènerons à demander grâce.* » Telles furent les indignes
» paroles de ce ministre sans entrailles; ce qui revenait à
» dire : On ne laissera sortir de Ham le prince Louis-Napo-
» léon qu'avili et déconsidéré aux yeux de ses concitoyens.
» Le but qu'on se proposait était un assassinat moral ; la
» droiture du Prince, encore plus que son tact et sa saga-
» cité, ruina le système par lequel on se flattait d'y parve-
» nir. »

Le refus du prisonnier ne termina pas les négociations. Trente-trois députés, l'élite de la Chambre, résolurent de tenter une dernière démarche. Après en avoir délibéré dans une salle de conférences du Palais-Bourbon, la réunion décida que M. Odilon Barrot demanderait une audience au roi. L'audience fut accordée sur-le-champ. Introduit auprès de Louis-Philippe, le chef de la gauche dynastique fut très-éloquent ; il employa toutes les brillantes ressources de son esprit à faire ressortir le contraste frappant que présentait la position des deux familles qui de nos jours avaient été appelées au trône par suite d'une révolution. Il montra la famille Bonaparte proscrite, persécutée, ses membres disséminés dans le monde, l'héritier du nom de l'Empereur languissant en prison, les autres mourant dans l'exil, et *lui* (Louis-Philippe) régnant paisiblement, au sein des splendeurs du pouvoir, entouré de tous les soins, de tous les charmes d'une famille adorée.

Le roi dit à M. Odilon Barrot qu'il n'exigeait pas que le prisonnier s'abaissât à demander sa grâce; qu'il était convenable, cependant, que le Prince reconnût que c'était à l'autorité royale qu'il devait de pouvoir se rendre auprès de son père. Louis-Philippe blâma ensuite énergiquement la réponse de M. Duchâtel, et, s'il faut en croire l'auteur que nous citons, il l'aurait qualifiée de *réponse de geôlier*. L'entretien fut clos sur ce mot sanglant, et puis... toute la solution de cette affaire, qui déjà traînait furieusement en longueur, fut, comme auparavant, renvoyée au ministre.

M. Odilon Barrot, en se retirant, conservait quelque espoir, mais il put bientôt se convaincre que toute démarche était désormais inutile; et au moment où, comptant sur le succès, le Prince se disposait à adresser des remerciements au roi, il eut la douleur de lui annoncer qu'une dernière tentative avait été inutile.

« Mon Prince, » lui écrivait-il le 25 février 1846, « nous
» avons échoué dans notre nouvelle négociation, et si je
» vous en préviens si tard, c'est que, hier encore, quelque
» espoir m'était laissé. On se rejette sur les circonstances
» actuelles, l'état de l'Italie, celui de la Suisse... On aurait
» cependant passé sur ces circonstances, si une garantie plus
» *explicite* eût été donnée dans votre lettre, parce qu'alors
» on se serait dispensé d'en saisir le conseil. Mais la politi-
» que n'ayant point été mise hors de cause, il a bien fallu
» se rendre aux considérations d'ordre public qui ont pré-

» valu dans le conseil. Ainsi, quant à présent, avec les cir-
» constances, *pas de mise en liberté.* »

Plusieurs personnes, placées assez haut pour croire à l'efficacité de leur influence, essayèrent encore de vaincre cette impitoyable résistance ; mais leurs efforts n'aboutirent qu'à rendre de plus en plus évident le mauvais vouloir. Un des membres les plus distingués de la chambre des lords d'Angleterre entreprit, à son tour, de faire sortir de son inflexibilité le gouvernement. Comme on parlait toujours, mais sans rien spécifier, d'engagements qu'aurait dû prendre le Prince, le noble lord demanda à celui-ci quelle garantie il se proposait de donner. Alors le prisonnier, voulant aller jusqu'à la dernière limite, sans manquer à la dignité de son nom, écrivit au noble lord, qu'il l'autorisait à déclarer au gouvernement français que, dans le cas où il obtiendrait sa liberté, il s'engageait à se retirer en Amérique, après avoir passé un an en Italie, auprès de son père.

Mais cette proposition, qui ne devait soulever aucune objection sérieuse, ne fut pas l'objet de la moindre attention; tout au plus garda-t-on envers le généreux étranger les égards dus à son caractère et à la loyauté de sa démarche. L'on poussa même l'impolitesse jusqu'à la laisser sans réponse, tant les ministres de cette époque tenaient peu à conserver intacte cette vieille réputation nationale d'urbanité qui fut un des honneurs de la France. Peut-être aussi, en se dispensant de donner des explications, pressentaient-ils que le citoyen d'un pays libre, l'officieux intermédiaire, aurait peine à comprendre ce tissu de ruses composé des fils embrouillés de la faiblesse et du pouvoir.

En acceptant l'offre chevaleresque du Prince, de se constituer prisonnier après avoir fermé les yeux de son père, le gouvernement se fût montré généreux. Il aurait forcément neutralisé à jamais tout ce qu'il y avait de tendances agressives dans les desseins de son prisonnier, tout ce qu'il y avait de ressentiment dans son cœur. Louis-Napoléon ne pouvait plus se dire libre que par la grâce du prince; ou bien, si, pour accomplir sa promesse, il était obligé de venir se réintégrer dans sa prison, il lui fallait ne plus oublier qu'il avait dû à la mansuétude du roi d'avoir pu recevoir la bénédiction paternelle; et, dans ce cas encore, il était lié par la reconnaissance. Il y aurait de l'extravagance à supposer qu'il songeât jamais à se heurter contre les écueils qu'il avait deux fois affrontés. Il eût été d'une sage politique, et qui dit politique dit prévoyance, de s'y prendre de manière à ce qu'il ne restât jamais au fond de cette âme aucun levain d'amertume. Il ne fallait pas qu'une fois libre physiquement et moralement, le Prince pût faire entendre ces plaintes si légitimes : « Vous avez été sourds à ma prière; prisonnier, vous avez voulu m'avilir, et lorsque j'ai reconquis la liberté, vous m'avez encore fermé le chemin qui devait me réunir à mon père mourant. »

QUATRIÈME PARTIE.

L'ESPOIR DÉÇU.

I

L'ÉVASION.

Nous transcrivons, d'un manuscrit qu'on a bien voulu nous communiquer, les curieuses péripéties de cette évasion racontée au narrateur avec une scrupuleuse fidélité, sans doute par M. Thélin lui-même.

« L'évasion, avec tous ses dangers, était maintenant le seul espoir du prisonnier. La tenter et ne pas réussir, c'était certainement s'exposer à une captivité plus dure et peut-être se vouer au ridicule d'une mésaventure. Le prince, qui avait supporté sa longue infortune avec tant de fermeté, qui avait affronté sans s'émouvoir les baïonnettes de Strasbourg et les balles de Boulogne, ne pouvait s'aguerrir à l'idée de braver cet ennemi insaisissable dont, en France plus qu'ailleurs, les atteintes sont toujours mortelles. Son imagination se le représentait comme un fantôme moqueur, se dressant devant lui avec tous ses sarcasmes et venant ajouter une insulte de plus à sa situation. C'était là une fâcheuse disposition ; toutefois elle ne l'arrêta pas, et le désir de revoir encore une fois son vieux père la lui fit surmonter.

» L'évasion avait donc été résolue; il ne s'agissait plus que d'en concerter le plan. En attendant, pour amener le commandant à se relâcher de sa vigilance, et écarter de sa pensée qu'on eût besoin de la mettre en défaut, il était nécessaire d'entretenir dans son esprit la croyance à une amnistie prochaine. Il fut facile de lui persuader que, d'après les renseignements secrets que le prince recevait de ses amis de Paris, le ministère paraissait décidé à proclamer une amnistie générale, vers le mois de juin, aux approches des élections, ainsi que cela avait eu lieu antérieurement.

» Après avoir hésité entre plusieurs projets, le prince finit par adopter le plus simple qui consistait à trouver un prétexte pour faire venir des ouvriers dans la prison, à emprunter les vêtements de l'un d'entre eux et à sortir du fort sous ce déguisement. Ici le hasard servit merveilleusement le prince, car au moment où il rêvait au prétexte dont il pourrait se servir, le commandant vint lui annoncer que, d'après la demande qu'il avait adressée depuis plus d'un an au ministère, il avait été décidé qu'on réparerait les escaliers et les corridors des bâtiments que le prince habitait avec le général Montholon, le docteur Conneau et Charles Thelin. Ces deux derniers, dont le premier avait subi une condamnation à cinq années de détention, étaient libres de leurs actions et avaient la faculté de se rendre en ville toutes les fois qu'ils le jugeaient convenable.

» Quoique l'on pût naturellement induire de la conduite du prince, pendant les cinq mortelles années qui venaient de s'écouler, qu'il n'avait pas l'intention de s'évader, et malgré l'idée répandue et entretenue à dessein d'une amnistie prochaine, l'esprit inquiet du commandant et son intérêt personnel, suffisaient à alimenter ses soupçons et le portaient à prendre des mesures de précaution que ses subalternes regardaient comme inutiles et même comme ridicules.

» La tombée de la nuit ramenait invariablement un surcroît de vigilance. Une fois dix heures sonnées, le commandant qui, nous l'avons dit, venait assez régulièrement passer la soirée chez le prisonnier, ne manquait jamais de s'assurer si les gardiens étaient à leur poste, au bas de l'escalier; puis il se retirait enfermant tout le monde et mettant la clef dans sa poche.

» Des trois gardiens, chargés de la surveillance immédiate, deux se tenaient toujours au bas de l'escalier.

» Le prince avait observé qu'à certains jours de la semaine, l'un de ces derniers, qui allait chercher les journaux, s'absentait pendant un quart d'heure, laissant durant ce court espace de temps, la garde à son camarade resté seul; il devenait alors plus facile de détourner l'attention de celui-ci. Il fallait encore éviter les sentinelles, mais cette nécessité n'était pas ce qui inquiétait le plus le prince. Dans les premiers temps de sa détention, comme on était persuadé qu'il ne voulait pas s'échapper, toutes les consignes étaient dirigées contre le dehors, parce qu'on craignait alors qu'une troupe de ses partisans n'essayât de l'enlever. D'après les ordres les plus sévères, on ne pouvait approcher du fort, ni stationner sous ses murs. La sortie n'était pas interdite, mais il était défendu de laisser entrer qui que ce fût. A cet effet, les sentinelles étaient donc principalement placées, soit sur le haut des remparts, soit à l'extérieur, afin d'empêcher tout attroupement. Quelques-unes de ces dispositions avaient été changées : les factionnaires étaient moins nombreux, mais, relativement au peu d'étendue du fort, il leur était très-facile d'en dominer tous les points. Ce n'était donc qu'à la faveur d'un travestissement, qu'on pouvait espérer de tromper leurs regards.

» Voici ce qui fut convenu entre le prince et les confidents de son dessein. Après avoir demandé au commandant la permission de se rendre à Saint-Quentin, ainsi que cela lui était arrivé déjà plusieurs fois, Thelin devait se procurer ostensiblement une voiture, et au moment où il quitterait la citadelle pour aller la chercher, le prince, déguisé en ouvrier, sortirait en même temps que lui. Cette combinaison offrait deux avantages ; le premier de mettre Thelin à même de détourner l'attention de dessus le soi-disant ouvrier, en jouant avec le chien du prince, le fidèle *Ham*, qui était très-connu et très-aimé de la garnison ; le second de pouvoir toujours appeler à lui, afin d'opérer une diversion, toutes les personnes qui, prenant le prince pour un ouvrier, seraient tentées de lui adresser la parole.

» Il y avait déjà huit jours que l'on travaillait dans la prison, et ces huit jours avaient été employés par le Prince et par ses amis à étudier avec soin les habitudes des ouvriers, et les mesures extraordinaires de surveillance adoptées à leur égard. Cette surveillance était très-grande à leur entrée et à leur sortie en masse. Lorsqu'ils arrivaient par la première grille du château, ils étaient tenus de défiler un à un et de passer sous l'inspection d'un sergent de planton et d'un portier-consigne préposé spécialement à la garde de la première porte d'entrée. Le commandant lui-même était présent à la sortie du soir, pendant laquelle se répétait cette minutieuse inspection. Aucune de ces particularités n'échappait au Prince et à ses amis. Ils observaient, en outre, que toutes les fois que les ouvriers allaient dans quelque coin de la citadelle, ils étaient strictement surveillés. Mais avaient-ils besoin de sortir du fort pour aller chercher quelque outil ou quelques matériaux, comme alors ils suivaient le chemin le plus droit, à travers la grande cour, sous les fenêtres du commandant et à la vue de toute la garnison, et qu'on était à même de les apercevoir pendant tout le trajet, ils n'inspiraient aucune défiance et pouvaient, sans difficulté, franchir les grilles et les ponts-levis. Il y avait de l'audace à prendre cette voie, et de la même manière; mais elle présentait le plus de chances de succès, et le Prince se détermina pour elle.

» Il devait quitter sa prison dès sept heures du matin. Il avait choisi ce moment de la journée pour plusieurs raisons : d'abord parce que le commandant, dont toutes les craintes étaient éveillées le soir, avait l'habitude de ne se lever qu'à huit heures, ensuite parce qu'alors on pouvait espérer de ne trouver qu'un seul gardien au guichet; enfin parce qu'il fallait être en mesure d'arriver à Valenciennes assez à temps, pour partir à quatre heures par le convoi du chemin de fer. Le Prince n'avait rien communiqué de son projet au général Montholon. Il eût craint de le compromettre par des confidences inutiles, et pourtant il lui aurait été bien difficile de ne pas lui faire part de son dessein, si, dans ce moment même, ce vieil ami si dévoué à la cause impériale ne se fût trouvé indisposé.

» Tout devait être prêt pour le samedi 23 mai, jour où, par le tour du service et à l'heure fixée, il ne devait y avoir au guichet qu'un seul gardien. Mais, par un hasard qui parut d'abord bien malencontreux, le Prince reçut, précisément ce jour-là, la visite de personnes qu'il avait connues pendant son séjour en Angleterre, et qu'il s'était attendu à voir plus tôt. Il fallut forcément remettre le départ au lundi 25. Les conséquences de ce retard étaient bien graves ; on n'était pas sûr que le surlendemain les ouvriers revinssent aussi nombreux qu'ils l'avaient été jusque-là, et l'on était certain qu'il y aurait alors deux gardiens de service au lieu d'un. Quoi qu'il en soit, le Prince voulut qu'une circonstance qui se présentait si mal à propos pût du moins lui servir à quelque chose. Il pria ses visiteurs de vouloir bien lui prêter, pour son valet de chambre qui devait faire un voyage, le passeport de leur courrier. On pense bien qu'ils s'empressèrent d'accéder à cette demande : Thélin allait se trouver ainsi parfaitement en règle. Quant au Prince, il s'était déjà procuré par un de ses amis, à Paris, un passe-port dont il ne fit, du reste, aucun usage.

» Le dimanche se passa dans de grandes anxiétés. Les réparations étaient presque entièrement terminées, et le peu d'ouvrage qui restait à faire ne nécessitait pas un grand nombre d'ouvriers. Afin d'ajouter aux occupations du lundi, le prévoyant Thélin demanda qu'on disposât plusieurs rayons dans un petit réduit qui servait de cave.

» La difficulté ne consistait pas seulement à passer sous les yeux de soixante hommes de garde et des guichetiers, mais encore à éviter d'être rencontré dans l'escalier, et par les ouvriers eux-mêmes qui accomplissaient leur besogne sous la surveillance de l'entrepreneur des travaux et du garde du génie. On peut se peindre l'émotion du prisonnier, lorsqu'à l'approche de l'instant décisif, il se représentait les obstacles qui se dressaient de toutes parts devant lui.

» Pour bien comprendre l'agitation à laquelle il dut être en proie, les terribles réflexions qui vinrent l'assaillir au milieu de tant d'impossibilités apparentes qui seraient diversement jugées, il faut se reporter, comme il le faisait, aux brûlants souvenirs de son passé. Deux fois, il avait risqué sa vie pour une cause qu'il croyait devoir faire revivre au prix des plus grands sacrifices; après l'échec, ces deux malheureuses tentatives avaient été qualifiées d'*échauffourées*, et le ridicule, déversé par les adulateurs de tout ce qui prospère, avait coulé à pleins bords sur les revers. S'il échouait demain, ne lui imputerait-on pas encore une entreprise d'insensé? Cet intérêt qu'avaient accumulé sur lui six années de souffrances courageusement supportées, cette considération que lui avaient méritée ses travaux, tout s'évanouissait, tout était oublié, jusqu'au motif sacré qui l'appelait à braver tant de dangers. Quel thème superbe pour les ironiques contempteurs, s'il venait à être découvert et repris sous son humble vêtement d'emprunt! Quel sceau de vulgarité et d'extravagance ils attachaient à sa personne! Décidément, s'écriaient-ils, le prince Louis est fou; une pareille équipée n'a pas de nom! Se flatter de passer en plein jour, sans être reconnu, devant des gardiens qui le voyaient journellement depuis six ans, s'aventurer avec cette témérité au milieu d'une soixantaine de personnes, et puis prendre une voiture retenue ostensiblement la veille par un valet de chambre qui est sous la surveillance de la police, oh! c'est vraiment le comble du délire! et la foule de dire : Pauvre jeune homme! — L'évasion, au contraire, réussissait-elle, au sentiment de la multitude, d'ordinaire pourtant si crédule, elle était incroyable, et c'était le gouvernement qui l'avait favorisée! Mais, de cette dernière version, le Prince ne s'inquiétait guère.

»Un ami bien dévoué au prisonnier de Ham, le docteur Conneau, était chargé du rôle *diplomatique* après le départ. Le temps marchait, et trop rapide et trop lent à la fois. Enfin le lundi 25, de grand matin, le prince, le docteur et Thélin, tous trois sans souliers pour ne pas faire de bruit, et embusqués près des fenêtres, derrière des rideaux qu'ils se gardaient bien de remuer, observaient ce qui se passait dans la cour, et attendaient avec impatience l'arrivée des ouvriers. Tout était encore silencieux à l'intérieur du fort; on n'entendait que les pas des sentinelles qui se promenaient devant leurs guérites.

»Par un hasard singulier, le seul soldat de la garnison qu'on eût voulu éviter était en ce moment en faction à la porte même du Prince. Cet homme, qui avait été pendant longtemps planton du commandant, avait des habitudes de surveillance telles que le Prince lui-même l'avait plusieurs fois remarqué épiant avec la plus grande attention, lorsqu'il était de service, tous les mouvements des ouvriers, les examinant de très près, et leur demandant où ils allaient. Le zèle d'un pareil argus était inquiétant. Le prince fut d'autant plus contrarié de sa présence, que vraisemblablement sa faction devait se prolonger jusqu'à sept heures, et qu'il était de la dernière importance de partir auparavant, si l'on ne voulait pas avoir à redouter un troisième gardien. Heureusement toutefois, et par un hasard, non moins singulier que celui qui avait amené à la porte du prince la seule sentinelle qui pût être hostile, les heures de garde avaient été changées par suite de la revue du dimanche, et l'effrayant grenadier fut relevé à six heures.

» Il avait été arrêté entre le prince et ses deux affidés, qu'après avoir attiré les deux hommes de peine et les ouvriers dans la salle à manger, pour leur offrir la *goutte du matin*, Thélin précéderait le prince dans l'escalier pour détourner l'attention des gardiens. Quant à éloigner ces derniers, sous un prétexte ou sous un autre, il ne fallait pas y songer, car, l'avant-veille, le commandant ne les ayant pas trouvés exactement à leur poste, leur avait enjoint, sous peine d'être chassés immédiatement, de s'arranger pour que deux au moins d'entre eux restassent toujours au guichet, tant qu'il y avait un ouvrier dans la prison. La remontrance était trop récente pour qu'ils l'eussent oubliée.

» Le prince, une fois dans la cour, Thélin devait se laisser dépasser par lui, mais en le suivant de près afin d'être à portée, comme nous l'avons dit, de dérouter, en les interrompant par son propre appel, ceux qui, prenant son maître pour un ouvrier, seraient tentés de lui adresser la parole.

» Il était un peu plus de cinq heures quand les ponts-levis se baissèrent et les ouvriers furent introduits dans le fort. Ils passèrent entre deux files de soldats sous les armes. Ils étaient d'abord peu nombreux et en général plus proprement vêtus que de coutume, sans doute à cause du lundi. Comme le temps était magnifique, ils n'avaient plus leurs sabots. Les premiers qui parurent n'étaient que les maçons ou les peintres; les menuisiers n'arrivaient pas et pourtant c'était en menuisier que le prince devait s'évader. Dès lors, il devenait à craindre que la trop scrupuleuse fidélité du costume ne trahît le déguisement. Le prince, pour ressembler davantage aux ouvriers qu'il voyait, voulut un moment renoncer aux sabots, ce qui eût été fâcheux, car ceux qu'on lui avait préparés et dans lesquels il devait mettre des bottes à talons, le grandissaient de quatre pouces, et cette exagération de la taille produisait un changement extraordinaire dans tout l'aspect de sa personne.

» Concevoir et exécuter sont deux choses essentiellement différentes. Ici, comme on l'a vu précédemment, le plan était d'une extrême simplicité, mais la grande difficulté consistait à saisir avec résolution le moment propice pour descendre rapidement l'escalier et franchir les portes pendant que les ouvriers seraient occupés à boire, et que le docteur et Thélin s'évertueraient à distraire les gardiens de la vigilance qui leur avait été si expressément recommandée. Il fallait donc que tout fût prêt d'avance, afin de ne pas laisser échapper l'instant favorable ; il fallait que le prince fût tout habillé et coupât ses moustaches ; ces apprêts étaient indispensables, ils étaient urgents ; mais, d'un autre côté, si quelque contre-temps imprévu venait à rendre le départ impossible, ce jour-là, la suppression des moustaches ne serait-elle pas, pour le commandant, une révélation qui anéantirait sans retour tout espoir de s'évader ! La prudence exigeait et défendait à la fois toute précipitation. Le docteur penchait pour la défense ; aussi priait-il instamment le prince de différer jusqu'à la dernière extrémité, une opération si insignifiante en elle-même, mais qui avait ici le caractère alarmant d'un parti pris, sur lequel on ne pouvait plus revenir. Le prisonnier ne put s'empêcher de sourire, lorsqu'à la vue du rasoir faisant une fonction inaccoutumée, une véritable consternation se peignit sur le visage des personnes qui l'entouraient.

» Durant cette heure qui allait s'écouler encore, avant de quitter la prison, combien d'accidents pouvaient survenir, combien de circonstances pouvaient se présenter qui obligeraient à remettre le départ au lendemain ! Dès ce moment, le danger avait commencé, et avec lui, un paroxisme d'émotions croissantes qu'aucune plume, aucune éloquence au monde ne sauraient décrire. Si à tous le cœur battait, ce n'était par aucun pressentiment pusillanime : il ne s'agissait ni des baïonnettes par lesquelles le prince devait passer, ni des balles qui pouvaient le frapper mortellement, car la consigne de toutes les prisons est de tirer sur le prisonnier qui s'échappe. Une telle fin, si elle se présentait, était envisagée sans effroi par le prince et par ses amis, malgré tout l'attachement qu'ils lui portaient. Ne valait-il pas mieux pour lui qu'il terminât ainsi tout d'un coup son existence, que de la traîner opprimée et languissante sous l'affreuse main des geôliers ? Cette chance, avec une recrudescence de rigueurs, était la seule crainte du prince. Déterminé, dans tous les cas, à vendre chèrement sa vie, il prit avec lui un poignard. Il possédait un talisman, une sorte d'amulette sacrée ; c'étaient deux lettres, l'une de sa mère, l'autre de Napoléon. Jamais il ne se séparait de ces gages précieux d'une douce et constante tendresse et des souvenirs les plus chers; il allait placer sous son vêtement le petit portefeuille où ils étaient renfermés, lorsqu'il lui vint à la pensée que si on le fouillait à la frontière, ces papiers pourraient le trahir. Il eut un instant d'hésitation, mais le docteur Conneau, qu'il consultait du regard, ayant paru vouloir l'affermir dans sa touchante superstition du cœur, le sentiment l'emporta sur les conseils de la prudence. Le prince cacha religieusement sur sa poitrine les deux seules reliques qu'il eût alors de la grandeur passée de sa noble famille. La lettre de l'Empereur était adressée à la reine Hortense; on y lisait ces mots prophétiques : « J'espère qu'il grandira et se rendra digne des destinées qui l'attendent. » C'était en parlant du prince que l'Empereur s'exprimait ainsi.

» Les préparatifs de toilette se firent vivement: le prince passa un premier vêtement assez dégagé et assez semblable à celui d'un courrier du commerce ou d'un commis voyageur; il dissimula le tout sous une blouse et un pantalon d'une usure et d'une vétusté non équivoques; un tablier bleu à l'avenant, une perruque à longs cheveux noirs et une mauvaise casquette complétèrent le costume, et quand il se fût un peu graissé la figure et noirci les mains, il ne manqua plus rien à la métamorphose. On touchait au moment de l'action; toute émotion disparut alors et le prince déjeuna comme de coutume. Le repas terminé, ce fut l'affaire de quelques minutes, il chaussa ses sabots, s'arma d'une pipe de terre raisonnablement culottée, et comme il avait maintes fois remarqué qu'allant et venant, beaucoup d'ouvriers apportaient ou remportaient des planches, il détacha un des longs rayons de sa bibliothèque, le mit sur son épaule et se disposa à partir avec ce fardeau derrière lequel pouvait toujours disparaître un côté du visage.

» A sept heures moins un quart, Thélin appela tous les ouvriers qui se trouvaient dans l'escalier et les fit entrer dans la salle à manger où l'homme de peine *Laplace*, invité comme eux, fut chargé de leur verser à boire. Confier à ce dernier cette tâche d'échanson, c'était le meilleur moyen de se débarrasser de lui. Cette utile diversion ainsi opérée, Thélin vint avertir le prince qu'il n'y avait pas un instant à perdre. Aussitôt celui-ci descendit l'escalier au bas duquel étaient les deux gardiens *Dupin* et *Issalé* ainsi qu'un ouvrier qui travaillait à la rampe. Il échangea quelques mots avec les premiers qui lui dirent bonjour et qui, présumant bien, à le voir porter son paletot sur le bras, qu'il allait à Saint-Quentin, lui souhaitèrent un bon voyage. Pour assurer le passage du prince, il fallait au moins neutraliser le coup d'œil d'un des deux gardiens. Thélin, sous prétexte de lui faire une communication qui l'intéressait, attira Issalé dans le guichet et se plaça de manière à ce que celui-ci, pour l'écouter, fût obligé de tourner le dos à la porte.

»Au moment où le prince quittait sa chambre, déjà quelques ouvriers sortaient de la salle à manger située à l'autre extrémité du corridor. La rencontre eût été périlleuse, mais le docteur sut à propos les occuper par quelques questions que lui suggéra sa présence d'esprit, et aucun d'eux ne remarqua le prisonnier qui descendait lestement l'escalier. Arrivé aux dernières marches, le prince se trouva face à face avec le gardien Dupin, qui recula pour éviter la planche dont la position horizontale ne lui permit pas de voir un profil qu'il aurait trop bien reconnu. Le prince franchit ensuite les deux portes du guichet en passant derrière Issalé, pendant que Thélin le retenait à causer; puis il s'élança dans la cour. Alors un garçon serrurier qui était descendu immédiatement après lui et qui le suivait de très-près, se mit à hâter le pas pour lui adresser la parole; mais Thélin l'appela, et, comme il était l'homme aux prétextes, celui qu'il improvisa l'engagea à remonter.

» Au moment où le prince passait devant la première sentinelle, la pipe glissa de sa bouche et tomba aux pieds du soldat. Sans se déconcerter, il s'arrêta et se baissa pour la ramasser; le soldat le regarda machinalement et sans y avoir autrement porté attention, il reprit sa marche monotone. Ce fut presque un miracle que, malgré son déguisement, le prisonnier, dont le signalement avait été la principale étude de quiconque de loin ou de près avait mission de veiller sur lui, pût éviter d'être reconnu. À chaque pas, pour ainsi dire, il y avait quelqu'un d'intéressé à le découvrir. A la hauteur de la cantine, il passa tout près de l'officier de garde qui lisait une lettre, et plus près encore peut-être du garde du génie et de l'entrepreneur des travaux qui, un peu plus loin, étaient également occupés à examiner des papiers. Son chemin obligé le conduisit au milieu d'une vingtaine de soldats qui se réchauffaient au soleil, devant le corps de garde; le tambour regarda d'un air moqueur l'homme à la planche que la sentinelle ne parut pas même apercevoir.

» Le portier-consigne était sur la porte de sa loge d'où il dirigeait ses regards vers Thélin, qui se tenait toujours en arrière et s'efforçait d'attirer l'attention, en jouant bruyamment avec *Ham* qu'il menait en laisse. Le sergent de planton posté à côté du guichet regarda fixement le prince, mais cet examen fut interrompu par un mouvement de la planche dont l'une des extrémités pointée sur la figure du soldat qui tenait le verrou l'obligea à se ranger. Il ouvrit aussitôt la porte en détournant la tête; le prince sortit et la grille se referma. Thélin alors souhaita le bonjour au portier-consigne et sortit à son tour.

» Entre les deux ponts-levis, le prince vit venir droit à lui, du côté où son visage n'était pas caché par la planche, deux ouvriers qui, de la distance où ils étaient, le considéraient d'une façon d'autant plus inquiétante, qu'en élevant la voix, ils manifestaient leur étonnement de rencontrer en ce lieu un menuisier qui ne fût pas de leur connaissance. Peut-être leur surprise se bornerait-elle à cette simple expression, sans qu'ils en vinssent à un éclaircissement. Dans cette supposition, le prince fit la seule chose qu'il y eût à faire : feignant d'être fatigué de porter la planche sur l'épaule droite, il la plaça sur l'épaule gauche; mais ces hommes paraissaient si curieux, qu'un instant il crut ne pas pouvoir leur échapper... Dieu! qu'allait-il devenir? Que ferait-il s'il était découvert? Enfin ils étaient tout près de lui, et ils semblaient s'apprêter à lui parler, lorsqu'il eut la satisfaction de les entendre s'écrier : « *Ah! c'est Berthoud!* » Oui, c'était Berthoud pour eux, et le prince était sauvé! et il devait à une inconcevable méprise d'être pour toujours, du moins il l'espérait, hors de ces murs dans lesquels il avait été enfermé cinq ans et neuf mois.

» Le prince ne connaissait pas la ville de Ham; mais un plan qu'en avait fait le docteur Conneau lui servait à se guider. Il prit sans hésiter le chemin qui devait, par les remparts, le conduire à la route de Saint-Quentin, tandis que Thélin allait chercher le cabriolet retenu la veille.

» Dirons-nous maintenant les sentiments tumultueux qui s'agitent dans le cœur du fugitif? les réflexions, les pensées d'espérance ou de crainte, de joie ou de tristesse qui se croisent à la fois ou se succèdent dans son esprit? Le bonheur de la délivrance le fait tressaillir, mais ce bonheur lui-même est empoisonné par la déchirante perspective de l'exil. Le prince éprouve, par anticipation, les regrets de la patrie; ils sont pour lui bien amers, et pourtant, en cet instant, ils sont adoucis par la vue des sinistres donjons que l'œil aperçoit encore dans le lointain. Tout est contraste, tout est apparente contradiction dans ces impressions qui s'entrechoquent et se détruisent les unes par les autres : c'est que soudain, de l'anxiété de l'attente, des transes fiévreuses de l'action, celui qu'elles torturaient est passé aux transports, à l'enthousiasme du succès! Brusque transition qui, prenant l'âme au dépourvu, ébranle toutes ses facultés, et la trouve moins forte pour soutenir cette épreuve qu'elle ne l'a été sous les coups de la mauvaise fortune! Mais dans ces grandes crises de la vie, pour ne pas faiblir, il reste à l'homme que ne révoltent pas les croyances, une ressource efficace dans cet instinct puissant qui l'arrache aux préoccupations terrestres, et l'élève tout entier vers Dieu, source de toute force.

» Le prince avait hâté le pas, et, malgré ses sabots, il était arrivé à une demi-lieue de la ville, près du cimetière Saint-Sulpice. Là, il attendait la voiture que devait amener son fidèle Thélin. Une pauvre croix de bois s'élevait au milieu de ce champ de morts. Le fugitif se prosterna devant ce signe de l'émancipation humaine, et remercia du fond de son cœur le Maître de toutes choses, qui venait de le conduire, comme par la main, à travers tant de dangers.

» Cependant on entend un bruit de voiture : Thélin paraît... c'est lui, lui seul, ainsi qu'on en est convenu, qui amène le cabriolet. Le prince va se débarrasser de sa planche, mais il aperçoit une autre voiture qui vient du côté de Saint-Quentin ; il continue alors à marcher pour laisser le temps à celle-ci de dépasser Thélin, qui avait également ralenti sa marche. Enfin le prince ayant caché dans un champ de blé cette planche, *véritable planche de salut,* il s'élança dans le cabriolet, secoua la poussière dont il était couvert, ôta ses sabots qu'il jeta dans un fossé, et, pour commencer son nouveau rôle, qui était celui de cocher, il saisit les rênes et se mit à conduire. En ce moment, les deux voyageurs virent déboucher du village de Saint-Sulpice, et accourir au grand trot, deux gendarmes de Ham. Pour eux, c'était une alerte, mais ils ne tardèrent pas à se rassurer : car pendant que le cabriolet filait, les deux cavaliers, qui ne songeaient pas à l'atteindre, prirent, derrière eux, la route de Péronne.

» Les cinq lieues qui séparaient Ham de Saint-Quentin, furent franchies rapidement. Thélin, à chaque rencontre, cachait sa figure avec son mouchoir, ce qui ne l'empêcha pas, a-t-on dit depuis, d'être reconnu par plusieurs personnes, et notamment par le président du tribunal de Saint-Quentin, qui se rendait à Ham. On assure, en outre, qu'une bonne femme, qui avait souvent remarqué le valet de chambre du prince, ne pouvait revenir de sa surprise de l'avoir vu accompagné d'un homme aussi mal vêtu. Aux approches de Saint-Quentin, le prince quitta toute sa défroque de menuisier et ne garda que la perruque noire. Il remplaça la vieille casquette par une casquette à bords galonnés, et passa sur son vêtement une petite blouse plus propre que celle qu'il portait auparavant. Bientôt après, il descendit de cabriolet pour faire, à pied, le tour de la ville et gagner la route de Cambrai, sur laquelle Thélin devait venir le rejoindre avec des chevaux frais.

» Le maître de poste, M. Abric, venait de sortir; mais Thélin, qui était également connu de madame Abric, lui dit qu'ayant affaire à Cambrai et désirant revenir de bonne heure, il la priait de faire atteler le plus promptement possible une chaise de poste; il lui demanda en même temps la permission de laisser chez elle son cheval et son cabriolet. Madame Abric mit le plus grand empressement à faire servir

Thélin à qui elle offrit obligeamment la petite voiture de son mari

»Cette dame voulait à toute force retenir Thélin à déjeuner; mais à la fin, ne doutant plus qu'il ne fût très-pressé, elle craignit d'insister davantage Cependant le voyageur, tout en s'excusant de ne pouvoir accepter, avait loué avec une complaisance extrême, la bonne mine d'un pâté froid qui se trouvait sur la table. Il fallut qu'il en emportât une tranche qui, soigneusement enveloppée, fournit bientôt apres au prince un déjeuner que sa longue promenade à pied l'avait parfaitement disposé à trouver délicieux.

»Thélin, malgré son impatience et la bonne grâce de madame Abric, n'osait pas trop presser, à la poste, de peur d'éveiller des soupçons. Aussi le prince était-il depuis longtemps sur la route de Cambrai, où il commençait à s'inquiéter de ce que la voiture ne venait pas. Il se figura un moment qu'elle l'avait peut-être dépassé, pendant qu'il traversait les boulevarts, et voyant un monsieur s'approcher dans une voiture sur la route de Cambrai, il lui demanda s'il n'avait pas rencontré une chaise de poste. Ce monsieur, qui lui répondit négativement, était le procureur du roi de Saint-Quentin.. Assis sur le bord du chemin, le prince sentait à chaque instant redoubler son inquiétude, lorsque enfin tout près de lui, il se fit un léger bruit : c'était son petit chien qui, précédant d'assez loin la voiture, lui annonçait son arrivée. En effet, le petit cabriolet de M. Abric attelé de deux bons chevaux ne tarda pas à paraître ; le prince y monta et le postillon partit au galop.

»Dès ce moment, il devenait difficile que le fugitif pût être atteint. Malgré les distances parcourues à pied et le temps perdu pour se procurer les voitures, il n'était pas encore neuf heures, et à supposer même qu'on se fût aperçu de la disparition du prince immédiatement après son départ, il aurait toujours fallu aux autorités le temps de se reconnaître, de fouiller le fort, d'écrire des dépêches et de faire partir des gendarmes dans toutes les directions. Lorsque l'événement fut connu, les premières dépêches furent adressées à Amiens et à Paris.

»Les voyageurs tâchaient de gagner de l'avance, engageant par tous les moyens possibles le postillon à pousser ses chevaux. Celui-ci, impatienté de leurs recommandations, finit par leur dire énergiquement : « *Vous m'embêtez*, » mais il n'en continua pas moins de brûler le pavé. Pendant qu'on changeait de chevaux au premier relais, un cavalier en bonnet de police arriva au galop ; on le prit pour un gendarme, et le prince se disposait à l'éviter, lorsqu'on reconnut que c'était un sous-officier de la garde nationale. Aucun incident ne survint jusqu'à Valenciennes où, grâce à la puissance des gros pour-boire prodigués aux postillons, on arriva à deux heures un quart. Ce fut là seulement qu'on demanda les passeports. Thélin montra celui du courrier anglais, et le prince n'eut pas besoin d'exhiber le sien.

» Le départ du convoi pour Bruxelles ne devant avoir lieu qu'à quatre heures, le prince eût volontiers pris la poste pour gagner la frontière de Belgique, mais on adoptait si rarement ce mode de voyager depuis l'établissement du chemin de fer, qu'y recourir, c'était peut-être s'exposer à être remarqué. Le prince se décida donc à attendre le prochain départ à la station de Valenciennes.

» Il était maintenant hors de toute probabilité que l'on pût rejoindre le fugitif. Toutefois, Thélin n'était pas encore parfaitement rassuré; aussi ne laissa-t-il pas d'avoir constamment l'œil au guet, afin de voir les gendarmes s'il s'en présentait, et de ne pas être surpris par eux. Pendant qu'il supposait que sa vigilance ne pouvait pas être mise en défaut, tout à coup il s'entend nommer, se retourne et reconnaît..... qui? un gendarme de Ham sous des habits bourgeois. C'était une terrible apparition, et à laquelle le brave Thélin était loin de s'attendre; cependant il ne perdit pas contenance, et rien ne parut, dans ses traits, d'une appréhension qui ne semblait que trop justifiée. Que voulait cet homme? Que faisait-il à Valenciennes? Sans doute, on l'avait expédié en toute hâte, et ce n'était pas sans motif qu'il s'était travesti... sa transformation était du plus sinistre augure; certes, il y avait bien là de quoi trembler! Enfin, tout s'éclaircit dans le sens d'une panique. Après avoir demandé des nouvelles de la santé du prince à Thélin dont il s'était rapproché, le gendarme lui apprit qu'il avait quitté la gendarmerie pour un emploi à cette même station du chemin de fer. »

Bientôt le prisonnier de Ham fut à Bruxelles, puis à Ostende, et enfin en Angleterre. Il était libre! la captivité n'était plus déjà qu'un souvenir; mais l'exil allait recommencer avec ses ennuis et ses persécutions.

Le docteur Conneau avait obtenu la faveur de rester auprès du Prince à l'expiration de sa peine. Une pareille satisfaction était bien due à la persistance de son dévouement. Ne pas s'éloigner de son ami, c'était tout ce qu'il demandait. Le jour vint cependant où il devait se réjouir d'une séparation dont naguère il se fût affligé; et, pour la première fois, le 25 mai, il se sentit heureux de ne plus voir le prisonnier. Mais laissons le docteur lui-même nous dire à quel stratagème il eut recours, après l'évasion, pour donner au fugitif le temps de passer à l'étranger.

Après avoir raconté aux juges de Péronne tout ce qui était relatif au déguisement, le docteur continue :

« En cherchant à dissimuler le départ du prince, mon intention était » de lui procurer, s'il était possible, vingt-quatre heures d'avance sur » les ordres qui seraient expédiés dès qu'on saurait l'événement. Je com- » mençai par fermer la porte de communication entre la chambre à » coucher du Prince et son salon ; j'allumai un grand feu, bien qu'il » fît extrêmement chaud; je voulais faire supposer que le Prince était » malade. Dans ce but, je mis des cafetières au feu et je dis à l'homme » de peine que le Prince était indisposé. Vers huit heures, on apporta » de la diligence un paquet de plantes de violettes. Je recommandai au » gardien d'aller disposer des pots avec de la terre pour la plantation, » et je l'empêchai d'entrer dans le salon du Prinee. Vers huit heures et » demie, l'homme de peine Laplace était venu me demander où l'on » déjeunerait; je lui répondis : Dans ma chambre. « En ce cas, me dit- » il, je vais y faire porter la grande table. » — Non, lui dis-je, c'est inu- » tile, le général Montholon est malade, il ne déjeunera pas avec nous.

« Je souhaitais ainsi pousser jusqu'au lendemain. J'avais dit que le » Prince avait pris un remède ; il fallait nécessairement que ce remède » fut pris. Je m'exécutai. Je devais faire prendre aussi un bain. — Im- » possible à cause des ouvriers. Je songeai alors à un vomitif; j'essayai » de remplir les fonctions de malade, jamais je n'y pus parvenir. Afin » de produire une illusion, je jetai dans un pot du café avec de la mie » de pain que j'avais fait bouillir, et j'ajoutai au tout de l'acide nitrique, » ce qui produisit une odeur assez désagréable. L'homme de peine dut » alors bien se persuader que l'indisposition du Prince était réelle.

» Le commandant s'était déjà présenté, il avait été averti de la mala- » die du Prince. Vers midi et demi, je le vis pour la seconde fois, et je » lui appris qu'il était plus calme. Après avoir regardé les travaux, il » m'offrit de m'envoyer son domestique, à cause du départ de M. Thélin. » Vers une heure, je dis à Laplace de venir faire le lit du Prince. Toutes » les fois que je sortais du petit sallon où le Prince était censé reposer » sur un canapé, je feignais de lui parler, l'homme de peine cependant

» ne m'entendit pas, ce qui prouve qu'il n'avait pas le sens de l'ouïe » très-délié.

» Jusqu'à sept heures et un quart, la journée se passa assez bien. A » ce moment, le commandant entra d'un air un peu effaré. « Com- » mandant, lui dis-je, le Prince va un peu mieux. » — Si le Prince est » souffrant s'écria-t-il, il faut que je lui parle, il faut que je parle au » Prince ! » J'avais disposé une sorte de mannequin et l'avais placé » dans le lit du Prince. Une forme de tête que j'avais arrangée était » posée sur l'oreiller. — J'appelai le Prince, et *naturellement* le Prince » ne répondit pas.

« Je revins vers le commandant à qui je fis signe qu'il dormait. Alors » le commandant, qui ne comprenait rien à ce sommeil, ne crut pas » devoir s'en tenir là. Il s'assit dans le salon, en disant : « Le Prince ne » dormira pas toujours, je vais attendre. » L'instant d'après, il me fit » observer que l'heure de l'arrivée des diligences était passée, il était » étrange que Thélin ne fût pas encore de retour. Je lui expliquai qu'il » avait pris un cabriolet. Le tambour battit ; le commandant se leva et » dit : Le Prince a remué dans son lit, il se réveille. »

« Le commandant prêtait l'oreille, il n'entendait pas respirer. — Oh ! » je vous en prie, lui dis-je, laissez-le dormir. » Il s'approcha du lit et » trouva le mannequin. Il se tourna vers moi en s'écriant : Le Prince » est parti ? — Oui. — A quelle heure ? — A sept heures du matin. »

Le commandant parut comme frappé de la foudre ; mais, atterré au premier moment, il se remit presque aussitôt, et, il faut le dire à sa louange, il supporta ce coup, qui brisait son avenir et ses rêves d'ambition, avec le courage d'un vieux soldat dont une balle ennemie a brisé la carrière. Revenu de son étonnement, il n'adressa au docteur Connean aucune expression de colère, aucun mot injurieux. — Vous m'avez bien trompé, lui dit-il, c'était votre rôle. Quant à moi, j'ai fait mon devoir, et je le ferai jusqu'au bout !... Et il s'élança hors de la chambre. Il appela alors les gardiens, et sans entrer dans aucune explication, il leur ordonna de garder à vue le docteur. Il ferma immédiatement les portes de la prison, mit les clefs dans sa poche, consigna la troupe, avertit la gendarmerie, envoya des estafettes à Paris, à

Amiens, à Péronne, et fit lever les ponts-levis de la citadelle. Ces dispositions prises, le commandant alla raconter l'événement à sa femme, qui, à cette nouvelle, tomba sans connaissance.

C'est ici le lieu de retracer une scène presque burlesque qui compléta le drame de cette journée, si heureuse pour les uns, si malheureuse pour quelques autres. Pendant que le docteur Conneau était resté tête à tête avec les gardiens, ces deux hommes, inquiets de l'ordre qu'ils avaient reçu du commandant, ne sachant pas quelle était la raison de toutes ces mesures extraordinaires qu'ils voyaient prendre, demandèrent au docteur ce qu'il y avait de nouveau. — Comment! vous ne le savez pas, s'écria le docteur, le Prince est parti! — Impossible! nous étions de garde au bas de l'escalier, et nous n'avons pas bougé de notre poste. — Eh bien, il y a passé devant vous. — Quand cela? — Ce matin. — Encore une fois, cela ne se peut pas, nous l'aurions bien reconnu. — Il a passé en ouvrier, et il portait une planche sur l'épaule. — Nous n'avons pas vu d'ouvrier avec une planche sur l'épaule. — Pourtant, c'est un fait, et je vous l'affirme. — Alors l'un des gardiens, père de famille, se prit à pleurer, tandis que l'autre, vieux soldat et garçon, partit d'un grand éclat de rire. — « Ah! ma foi, s'écria-t-il, c'est une bonne farce! »

Le ministère public dirigea des poursuites contre le commandant, les deux gardiens et l'homme de peine. Ces derniers, ainsi que le docteur, furent mis au secret le plus rigoureux. C'est à Péronne qu'ils devaient être jugés. Le docteur y fut conduit par deux gendarmes qui lui mirent les menottes. Dans tous les temps, le zèle des agents subalternes s'est signalé par des cruautés. Ils auraient été moins barbares, ils auraient peut-être usé de ménagements envers un de ces êtres redoutables qui sont les fléaux de la société. Mais le docteur Conneau avait causé un déplaisir à ceux de qui viennent les récompenses et les faveurs ; il se fût rendu librement, mais il était bon de l'humilier. Pauvres gens, qui ne voyaient pas qu'avec ses idées, ses sentiments, ses affections, il était heureux et fier de ce qu'ils prenaient pour un outrage ! Le Prince était sauvé !

Le commandant et les gardiens furent acquittés, et ils devaient l'être, car il n'y avait aucun reproche à leur faire. Quant au docteur, il fut condamné à trois mois de prison. Thélin, jugé par contumace, en eut pour six mois.

Si Napoléon Bonaparte trouva les anciens serviteurs et les obligés de son illustre famille peu disposés à acquitter, en bons procédés ou même en simples égards, la dette de la reconnaissance, l'affection et le dévouement de quelques amis restés courtisans de son infortune, le dédommagèrent amplement de cet oubli méprisable et de ce déni trop marqué d'une bienveillance sur laquelle il avait le droit de compter. Le docteur Conneau était un de ces amis dont l'inviolable attachement résiste à toutes les épreuves. Ce docteur est un homme de bien : le lecteur ne sera donc pas fâché de faire sa connaissance.

Simple, modeste, loyal, désintéressé, doux de caractère et d'humeur paisible, ne trouvant de délassement que dans l'étude, et de joie que dans ses affections, le docteur ne semblait pas, dans sa vie, destiné à ces péripéties qui naissent de l'action et du mouvement des affaires. Dans le courant ordinaire d'un monde où tout est calme et sans aspérités, où rien de discordant n'eût fait saillie, il n'aurait eu de distinction que celle de son savoir, de son aménité et de ces qualités précieuses qui font le charme de la société. Mais dans un temps où tant de circonstances flagrantes font sortir de leur sphère habituelle de tranquillité les hommes les plus indifférents, le docteur apparut comme une de ces organisations fortes et vraies qui ne sentent que pour agir, et qui n'agissent que pour accomplir la loi de leur existence, que pour obéir à une constante et irrésistible impulsion vers ce qui est honnête, bon et généreux. Il ne faut que l'occasion à ces énergies latentes, à ces bravoures silencieuses. L'occasion venue, elles se déploient et éclatent avec d'autant plus de vigueur qu'elles ne se sont pas prodiguées. Ces quelques lignes disent sommairement ce que fût, ce qu'est le docteur Conneau. Passons aux détails, c'est lui-même qui va nous les donner.

Prévenu d'avoir favorisé l'évasion du prince Louis-Napoléon, il est traduit devant le tribunal correctionnel de Péronne. Le président l'interroge; voici sa réponse :

« Je suis âgé de quarante-deux ans; je naquis à Milan de parents » français; mon père était payeur de l'armée. Ma profession est celle » de médecin-chirurgien: j'ai pris mes grades à Florence et à Rome. »

« *Le président.* — Quand êtes-vous venu en France, pour la première fois?

» *Le prévenu.* — J'y suis venu une première fois en 1831, et une deuxième en 1840.

» *Le président.* — Vous êtes depuis longtemps en relation avec la famille Bonaparte?

» *Le prévenu.* — En 1820, je fus provisoirement secrétaire du roi » Louis, père du prince. Quelque temps après, j'entrai dans un hôpi- » tal de Florence pour prendre mes grades; j'allais ensuite continuer » mes études et exercer à Rome; j'y suis resté trois ans. »

« *Le président.* — Pourquoi quittâtes-vous cette ville?

» *Le prévenu.* — Deux circonstances m'y forcèrent. Un soir, deux » de nos amis vinrent me demander un asile; ils étaient impliqués » dans une conspiration. Je leur procurai un refuge dans une maison » que je connaissais, des passe-ports et de l'argent. Je les conduisis à » Finmicino, en face d'Ostie, et les fis embarquer dans un bâteau pê- » cheur qui les transporta en lieu de sûreté. On le sut, et j'étais déjà

» compromis par ce seul fait, lorsque un plus grave événement assura
» ma perte. Dans une émeute, en 1831, un de mes amis reçut cinq
» coups de baïonnette. Une ordonnance du gouvernement de Rome
» prescrivit aux médecins, sous peine de six ans de galères, de dénon-
» cer tous les blessés qui se confieraient à leurs soins ; je soignai mon
» ami, et dès qu'il fut rétabli, comme j'avais moi-même été dénoncé,
» je pris la fuite. — Lors de l'insurrection de 1831, je me rendis dans
» la marche d'Ancône où je fis partie de l'état-major révolutionnaire.
» Delà, je vins en France ; j'écrivis au prince Louis-Napoléon pour
» avoir des lettres de recommandation ; pour toute réponse, il m'invita
» à venir à Arenemberg. Là, je fus comblé de bontés par la reine Hor-
» tense. (A ce souvenir, le prévenu ne peut maîtriser son émotion bien
» vive ; il s'interrompt pour essuyer ses larmes). La reine, reprit-il,
» voulut bien se souvenir de moi dans son testament ; elle me pria
» de rester auprès de son fils ; une telle prière, pour moi, c'était un
» ordre : j'ai obéi. »

II

ENCORE L'EXIL. — L'ANGLETERRE.

Cette sainte pensée qui avait inspiré au Prince le dessein de recouvrer la liberté si impitoyablement refusée à ses instances, ne lui laisse pas de repos. Il voudrait pouvoir voler auprès d'un père à qui le progrès du mal rend de jour en jour, l'isolement plus amer. Cette prière du vieillard à qui il ne reste plus sur terre que l'espoir du dernier adieu de son fils, demeurera-t-elle inexaucée ? Ce pressentiment qui irrite la douloureuse impatience du Prince, lui brûle le cœur. A peine arrivé sur le sol de la Grande-Bretagne, il avait écrit à sir Robert Peel, à lord Aberdeen, ainsi qu'à l'ambassadeur de France, M. le comte de Saint-Aulaire, pour expliquer ses intentions et faire connaître les motifs qui avaient déterminé sa conduite.

Sir Robert Peel, lui répondit par un simple accusé de réception. Quant à lord Aberdeen, comprenant que l'hospitalité est une des plus belles pérogatives d'un grand peuple, il ne songea pas à se dispenser des convenances ; avec une politesse exquise, il annonça dans une lettre au Prince que *d'après les explications données par lui, son séjour en Angleterre ne pouvait être désagréable ni à la reine, ni à son gouvernement.*

Le Prince lui même fit publier dans les journaux sa lettre à M. le comte de Saint-Aulaire, dont les anciennes relations avec sa famille, semblaient lui garantir les bonnes dispositions. Ce qui importait par-dessus tout au prince, c'était de ne laisser subsister aucun prétexte plausible à ce qu'on lui fermât le chemin de l'Italie, c'était de mettre hors de doute les raisons si puissantes qui l'avaient amené à quitter sa prison, après avoir souvent déclaré qu'il la préférait à l'exil. Combien de fois, pendant les derniers mois de sa captivité, ne lui avait-on pas fait insinuer, et même signifier ouvertement et directement, que tant qu'il n'aurait pas imploré sa grâce et promis de ne rien entreprendre contre la dynastie d'Orléans, il n'obtiendrait pas sa liberté. Maintenant, cette liberté, il l'avait, mais à quoi lui servait-elle, s'il ne pouvait en user pour aller remplir le devoir sacré qu'il s'était proposé. Pour lever toutes les difficultés, il lui fallait donc tranquilliser la diplomatie, et mettre en même temps tous les torts du côté du gouvernement français, dans la prévision ou il viendrait opposer son *veto*. Ce qu'il y avait alors de mieux à faire, le Prince le fit, en affirmant de son propre mouvement à M. de Saint-Aulaire et à lord Aberdeen, que s'il s'était évadé, ce n'était ni pour conspirer, ni pour fomenter une nouvelle insurrection, mais uniquement pour aller retrouver son père qui se mourait. Cette affirmation du Prince était la vérité, et, avec son caractère qu'on ne pouvait plus méconnaître, cette vérité, si l'on accédait à son vœu, devenait pour lui un inviolable engagement. Voici en quels termes elle était énoncée :

« Londres, 28 mai 1844.

» A Monsieur le comte de Saint-Aulaire. »

» Monsieur le Comte,

» Je viens franchement déclarer ici à l'homme qui a été l'ami de ma » mère, qu'en quittant ma prison, je n'ai été guidé par aucune idée de » renouveler, contre le gouvernement français, une lutte qui a été dé» sastreuse pour moi ; mais seulement, j'ai voulu me rendre auprès de » mon vieux père.

» Avant d'en venir à cette extrémité, j'ai fait tous mes efforts pour » obtenir du gouvernement français la permission d'aller à Florence. » J'ai offert toutes les garanties compatibles avec mon honneur. Mais » ayant vu toutes mes demandes rejetées, je me suis déterminé à avoir » recours au dernier expédient adopté par le duc de Nemours et le duc » de Guise, sous Henri IV, en pareille circonstance.

» Je vous prie, monsieur le comte, d'informer le gouvernement fran» çais de mes intentions pacifiques, et j'espère que cette assurance » spontanée de ma part contribuera à abréger la captivité de mes amis » qui sont encore restés en prison.

» Recevez l'assurance de mes sentiments,

» Napoléon-Louis-Bonaparte. »

Le Prince, comme on le voit, ne pouvait faire mieux, soit pour applanir la voie qui devait lui permettre d'aller à Florence, soit pour apaiser une irritation dont il craignait que ses amis, encore prisonniers, eussent à souffrir.

Cette promesse, exigée de lui avec tant de persistance, cette assurance de ne rien entreprendre à l'avenir, cette protestation de son inoffensivité future à laquelle on paraissait tenir le plus, puisque c'était à ce prix qu'on avait mis sa liberté, actuellement qu'il s'était rendu libre, il venait l'offrir de lui-même. Alors seulement, en l'absence de toute contrainte, elle acquérait toute sa valeur, et il n'y avait plus pour plus tard, la ressource de l'arguer de nullité. Il ne fallait que du bon sens pour apprécier cette dernière considération. Mais la diplomatie a ses règles et ses maximes particulières qui s'écartent toujours plus ou moins des prescriptions les plus impérieuses et les plus évidentes de la raison. Donc les mêmes hommes, qui lui avaient fait marchander sa sortie, démarche à démarche, phrase à phrase, afin de décourager d'honorables intercessions, les mêmes qui, par un misérable calcul, avaient élevé leur tarif de délivrance jusqu'au taux exhorbitant où l'accepter eût été une honte, déployèrent en ce moment, toute leur activité pour empêcher la réunion du père et du fils.

L'ambassadeur d'Autriche à Londres représentait à la fois la cour de Vienne et celle de Florence. Il refuse au prince Louis-Napoléon des passeports pour la Toscane, et ce refus est, dit-il, *un égard* qu'il doit au gouvernement français.

La famille du Prince, en s'adressant directement au grand-duc, avait espéré pouvoir le déterminer à permettre au fils du comte de Saint-Leu l'entrée de ses Etats. Léopold répond qu'il ne peut autoriser le prince Louis-Napoléon à rester vingt-quatre heures en Toscane. Il le regrette, dit-il, *mais l'influence de la France le force d'en agir ainsi.*

Le comte de Saint-Leu, instruit de ce qui se passait, en était profondément affligé, mais il ne pouvait se résoudre à croire qu'on s'acharnerait jusqu'au bout à lui ravir ses dernières consolations. Partagé entre la crainte et l'espérance, il était depuis quelques semaines en proie à cette agitation fébrile qui ranime, par intervalles, et tue en épuisant la vie. Enfin, il est informé qu'on a reçu des nouvelles ; il croit qu'on va lui annoncer la prochaine arrivée de son fils ; ses forces lui reviennent, il écoute, et ce qu'il apprend, c'est le refus définitif de le laisser venir auprès de lui. Le coup était porté ; l'infortuné comte de Saint-Leu n'y survécut pas.

Si l'on examine de sang-froid quelles pouvaient être, en définitive, les conséquences du parti rigoureux dans lequel on s'opiniâtrait, après l'évasion du Prince, si l'on réfléchit à ce qu'il y avait d'odieux à repousser, par de cruelles fins de non-recevoir, les gémissements d'un homme de bien sur son lit de mort, après avoir sondé et reconnu dans toute sa profondeur tout ce qu'il y avait de vide dans ce qu'on appelait alors du nom de *raison d'Etat*, on arrive nécessairement à se demander *A quoi bon?* et l'on est tenté de croire, qu'à tout prendre, l'irréflexion des hommes explique encore plus de choses que leur perversité. Et en effet, il y a tous les symptômes d'une sorte d'aveuglement dans le maintien de la détention, en dépit des circonstances qui se produisaient, des sollicitations et des conseils qui venaient de toutes parts.

Lord Aberdeen, auprès de qui plusieurs Anglais de distinction avaient fait des démarches pour qu'il engageât le ministère français à mettre le Prince en liberté, fut un de ceux dont les conseils pressèrent l'adoption de cette mesure. Malgré l'entente cordiale et l'excellence de ses raisons, il ne fut pas écouté. De la part des ministres, c'eût été de l'habileté de faire en sorte que le Prince n'eût jamais à s'écrier : « Je ne leur dois rien, je ne me suis engagé à rien, sans eux, malgré eux, j'ai conquis ma liberté. » Et quand son succès eût autorisé ces fières paroles, quand il eût, de son propre mouvement, déposé sa déclaration à l'ambassade de France, c'eût été encore de l'habileté de vouloir qu'il leur dût quelque chose. Il est une maxime que revendiquent les Anglais, bien que leur gouvernement ne la suive guère : *Honesty is the best policy* (l'honnêteté est la meilleure des politiques). Celle-là, lorsqu'on l'applique, n'a jamais que d'heureuses conséquences.

Le roi des barricades, recevant en audience M. Odilon Barrot, lui avait dit de ne pas exiger du prisonnier qu'il s'abaissât à demander sa grâce : il suffisait que le Prince reconnut devoir à l'autorité royale, la faculté de pouvoir se rendre auprès de son père; on se rappelle aussi par quelles paroles de blâme fut flétrie la réponse de M. Duchâtel. Ces bonnes dispositions de Louis-Philippe furent-elles une feinte ou furent-elles paralysées? Dans quel mystère inéclairci chercher la source, d'une influence irrésistible qui n'aurait laissé au roi des Français, que le regret de ne pouvoir céder à de magnanimes impulsions? Comment ne se rendit-il pas aux sollicitations des plus pressants souvenirs, et ne se fit-il pas honneur de n'avoir rien oublié? Il est, en effet, incroyable que des particularités, qui lui étaient presque personnelles, et que les contemporains avaient retenues tant elles étaient remarquables, eussent pu s'effaçer de sa mémoire. Les ministres ne les ignoraient pas, et quand le fils de l'admirable femme qui s'était déclarée la protectrice de la famille d'Orléans, quand le neveu de l'Empereur, qui la traita avec tant de magnanimité, eut fait tout pour les rassurer sur ses desseins futurs, lorsqu'il dépendait d'eux, qu'il regardât comme un de ces bienfaits, dont une belle âme ne perd jamais la mémoire, la liberté d'aller embrasser son père mourant, ils s'appliquèrent à lui rendre impossible l'accomplissement de ce devoir sacré. Au lieu de presser ce maître, dont-ils se disaient les fidèles serviteurs, de saisir l'occasion de s'honorer par un de ces actes de mansuétude qui sont une bonne fortune dans la vie d'un roi, ils ne se complurent qu'à imaginer des prétextes qui pussent servir d'excuse à l'ingratitude. En quoi cela profitait-il à la sûreté publique, soit en France, soit en Europe, qu'on n'épargnât pas à Louis-Napoléon le supplice auquel on le condamnait, en le retenant loin de ce père qui, d'une distance infranchissable, tendait vers lui ses bras défaillants? Déjà le comte de Saint-Leu n'était plus, et son fils espérait encore qu'une pudeur tardive ferait révoquer, enfin, la défense barbare qui le désolait. Aussi quand arriva la fatale nouvelle, son affliction fut extrême. Les personnes qui étaient près de lui, en ce moment, garderont un long souvenir de leurs impressions. Il était blessé au cœur, et ses efforts pour concentrer sa douleur en lui-même et pour ne pas laisser voir à quel point il souffrait, ne se révélaient que trop par la brûlante effusion de ses larmes.

Cette crainte de paraître sensible, cette pudeur de piété filiale dans un homme qui n'avait jamais montré que l'énergique fermeté de son caractère, ne devait pas tarder à faire place au calme plus réel d'une digne et noble résignation. Il venait de subir une dernière et cruelle épreuve, une épreuve à laquelle il n'y avait point de compensation possible : le seul adoucissement à cette situation toute de deuil et de profonde tristesse, il le trouva dans les soins et le dévouement de ses entours, dans d'illustres amitiés, dans l'hospitalité anglaise qui sembla redoubler alors d'empressement et de prévenance à son égard, enfin dans le travail et les occupations sérieuses auxquelles, dans son adversité, il avait toujours demandé ses meilleures, ses plus consolantes distractions.

III

FRANCE.

Le 24 février 1848, Louis-Philippe d'Orléans, pressé par le flot populaire, s'éloignait furtivement de Paris, cherchant sous un déguisement une plage où il put s'embarquer. Le trône constitutionnel était en poussière, et la République venait d'être proclamée.

A peine informé de ce grand événement, Louis-Napoléon accourait pour mettre son patriotisme à la disposition du gouvernement acclamé à l'Hôtel de Ville.

L'apparition de l'héritier impérial devait être un sujet d'effroi pour les partisans de la régence; et, comme ils étaient en majorité au sein du pouvoir exécutif, ils firent prévaloir leurs ombrages comme une inspiration de la prudence.

Le gouvernement provisoire répondit au Prince en lui exprimant la crainte que sa présence à Paris ne fût une cause d'embarras pour la République naissante. Dévoué, comme il le fut toujours, au bonheur de la France, le Prince reprit le chemin de l'exil; mais bientôt deux cent mille suffrages, jetés deux fois successivement dans l'urne électorale des départements de l'intérieur et de celui de la Corse, prononcèrent son rappel.

Dès lors, Louis-Napoléon vint s'asseoir à l'Assemblée nationale sur un des bancs de la gauche. Son attitude était calme et modeste; mais on savait son histoire, et tous les regards se tournèrent vers lui. On cherchait à lire dans sa pensée, à deviner ses aspirations; on l'étudiait, et déjà, dans l'âme de plus d'un ambitieux, avec la malveillance, se glissaient d'alarmants présages.

On sentait où le poussait le courant de l'opinion publique. Il fallait à tout prix miner sa popularité. Métamorphosés en républicains du lendemain, les Orléanistes, qui ne redoutaient que lui seul, travaillèrent à le rendre suspect aux républicains, soit de conviction, soit de résignation. Les intrigues qui, après février, avaient suscité les premiers et les plus scandaleux désordres de la rue, prirent une autre direction. Jusqu'au 24 juin de funèbre mémoire, on fomenta des troubles avec l'intention perfide de les faire imputer à l'instigation du Prince, aux menées de ses amis.

Les foyers de ce faux bonapartisme étaient principalement dans les ateliers nationaux, dans les bouges des faubourgs et de la banlieue, où se recrutaient ces bandes en haillons qui, de jour et de nuit, assourdissaient la population paisible de leurs cris : *Vive Napoléon ! nous l'aurons !* C'était la faction orléaniste qui les avait lancés, et qui, comme à Grenoble, dans la conspiration de Didier, se cachait sous un masque d'emprunt.

Que se proposait-on, en recourant à de si coupables manœuvres? Deux choses : premièrement de déconsidérer le neveu de l'Empereur, en montrant dans quelle lie impure se trouvaient ses adhérents; secondement, d'amener le pouvoir exécutif à le frapper, au nom et pour le salut de la République, par un nouveau décret d'ostracisme.

L'extrême circonspection du Prince déjoua ces complots, dans lesquels étaient entrés les meneurs fort suspects de la tourbe démagogique; sa sagesse put seule le faire échapper à un danger, pour lui si réel, que, pour le seul fait de leur dévouement à la cause impériale, M. de Persigny et le colonel Dumoulins, furent enfermés à la Conciergerie comme promoteurs de l'insurrection de juin, à laquelle il n'eurent pas de peine à prouver qu'ils étaient complétement étrangers.

Dès que dans l'Assemblée constituante il eût été décidé qu'il y aurait un président de la République, il devint évident que Louis-Napoléon serait le premier titulaire de cette suprême magistrature. Depuis son retour en France, il n'avait pas cessé d'être en butte à la calomnie; il y eut tout à coup une recrudescence de dénigrement, de sourdes menées, et d'odieuses insinuations. On visait à le rendre impossible, à le déconsidérer; les chefs des vieux partis s'évertuaient à le ravaler, dans l'intérêt des prétendants qu'ils voulaient soutenir. Ils ne lui reconnaissaient aucun mérite, et parlaient à tous venants de son *crétinisme*. Des républicains, qui n'avaient pas inventé ces fables, les acceptaient avec une foi bien naïve, en même temps qu'ils éprouvaient le besoin de les colporter, de les amplifier et de les répandre; ils servaient ainsi les projets d'adversaires plus rusés et surtout plus adroits qu'eux.

Louis-Napoléon inept! C'étaient eux qui l'étaient; eux qui, dans leurs sottes préventions, n'eussent pas manqué de traiter de *bonapartiste* tout démocrate à qui il fut arrivé de tenir devant eux ce langage : « Louis-Napoléon est une vaste et puissante intelligence, développée par l'étude et la méditation; c'est de plus un caractère ferme et d'une indomptable énergie. Ce que je vous dis là vous serait attesté d'abord par de remarquables travaux qui ne sauraient être d'un autre que de lui-même; car *ici l'œuvre c'est l'homme;*

ensuite par plusieurs de nos plus notables coreligionnaires politiques qui eurent l'honneur de correspondre ou de s'entretenir avec lui. » Pendant qu'à l'encontre de ce que ceux-ci pensaient du Prince, on s'efforçait de lui faire la plus détestable réputation, lui, pour mieux connaître le terrain sur lequel il marchait, se mettait en rapport avec les hommes les plus considérables de tous les partis : il ne voulait poser sa candidature qu'après les avoir vus et consultés. — Voici comment, dans son portrait de Louis-Bonaparte, M. de La Guéronnière raconte que les choses se passèrent :

« C'était au mois d'octobre 1848. Le prince Louis-Napoléon Bonaparte préparait sa candidature à la présidence de la République. Il cherchait à rallier les partis sans se livrer à eux ; il recevait tout le monde ; il écoutait tous les conseils ; il accueillait toutes les idées sans énoncer ni engager les siennes. Un manifeste était nécessaire. Le général Cavaignac avait écrit le sien, pendant six mois de pouvoir, avec la pointe de son épée dans les actes de sa dictature militaire. Quel serait celui de son redoutable concurrent ?

» La France l'attendait. Louis-Napoléon Bonaparte le rédigea avec cette netteté de pensée et de style qui est le cachet de tous ses écrits. Par déférence, plus que par goût, il crut devoir consulter deux hommes qui appuyaient sa candidature : l'un, M. Thiers, avec les précautions d'un regret et d'une défiance ; l'autre, M. de Girardin, avec l'ardeur d'une sympathie loyale, incapable d'une réticence ou d'une trahison. A cette époque, M. Véron ne s'était pas encore affranchi de la tutelle qui faisait sa plume mineure et son journal esclave. Le *Constitutionnel* suivait les inspirations de l'ancien président du conseil de la monarchie de Juillet. C'était donc quelque chose d'important que l'approbation de M. Thiers.

» Le manifeste contenait la phrase suivante : « La République doit être généreuse et avoir foi dans son avenir : aussi, moi, qui ai connu l'exil et la captivité, j'appelle de tous mes vœux le jour où la patrie pourra, sans danger, faire cesser toutes les proscriptions et effacer les dernières traces de nos guerres civiles. »

— « C'est une imprudence ! s'écria M. Thiers. L'amnistie, quand le sang de la bataille de juin n'est pas effacé sur le pavé des barricades ! La bourgeoisie va crier haro ! Il s'agit bien d'être généreux : il s'agit d'être habile ! »

» M. Thiers trouva, en résumé, que le manifeste de Louis-Napoléon Bonaparte n'avait pas le sens commun, et le lendemain il s'empressa de lui en envoyer un autre qu'il avait fait rédiger par M. Merruau, homme de sens et d'esprit, alors rédacteur en chef du *Constitutionnel*, aujourd'hui secrétaire général de la préfecture de la Seine.

» Survint M. de Girardin. — « Qu'en pensez-vous ? lui dit le futur président en lui montrant les deux manifestes. — Je pense, répondit le rédacteur en chef de la *Presse*, que l'un est vrai comme la nature, et que l'autre est pâle comme une copie calquée derrière une vitre. Soyez vous-même : c'est ce qu'il y a de mieux. »

Le manifeste était un appel à tous les partis, pour les convier à une même œuvre, le salut de la patrie.

Tout annonçait que la candidature du Prince aurait le plus éclatant succès ; dans tous les partis on se disposait à la soutenir ; M. Émile de Girardin avait déclaré, dans la *Presse*, que l'*avenir de la République, c'était Louis-Napoléon Bonaparte ;* et, par la puissance de sa logique, il avait entraîné bien des indécis, converti bien des dissidents ; c'était à qui viendrait offrir son concours au candidat, ou lui protester de son dévouement ; bientôt l'affluence fut si considérable sur la place Vendôme que le pouvoir exécutif commença à s'en alarmer.

La police essaya de surprendre dans le mouvement de cette foule qui croissait sans cesse des projets de conspiration; elle tenait à pouvoir signaler Louis-Napoléon comme un factieux ; le moindre prétexte aurait suffi ; si ingénieuse qu'elle fût, elle n'en put découvrir un seul. Mais on voulait effrayer le Prince : à chaque instant arrivaient à son adresse des lettres menaçantes ou des avertissements anonymes pour le prévenir qu'on devait attenter à sa vie, que des assassins soudoyés étaient embusqués sur son chemin, et enfin que le gouvernement devait le faire enlever secrètement... Il lisait tout sans s'émouvoir, et ne crut pas qu'il lui convînt de prendre plus de précautions.

Le peuple a fait son choix, ou plutôt il l'a signifié, car dans son cœur, ce choix était fait depuis longtemps. — Louis-Napoléon a pour lui le peuple et l'armée, qui est encore le peuple, car c'est de lui qu'elle vient, c'est à lui qu'elle retourne le jour où elle dit adieu à son drapeau. Le peuple il veut le voir et lui parler, il saisit toutes les occasions de lui dire sa pensée et ses sentiments, la tribune qu'il affectionne est partout où s'achève, partout où s'ouvre une ligne de chemin de fer. De grandes villes l'accueillent avec amour, avec enthousiasme ; on l'acclame avec transport, on admire la sagesse de ses discours. Tandis que des journaux ennemis s'appliquent à les dénaturer, tandis que la calomnie empoisonne, incrimine ses moindres mouvements, il marche à son but, il remplit sa mission sans s'inquiéter de tant de pitoyables impostures. — Il a résolu de n'être que lui-même et lui seul. Plus de ministre qui satisfasse son arrogance, en lui opposant la chimère de sa responsabilité ; cet orgueil, le Prince ne le souffrira plus, désormais il est libre, et il ne cessera plus de l'être. — L'armée ! le Prince a pour elle les plus vives sympathies : l'amour du soldat est chez les Bonaparte une affection de famille... Il est donc naturel qu'il cède à cette noble inclination, en visitant les casernes, en passant de fréquentes revues. Il est d'ailleurs dans les attributions du chef de l'État de s'assurer que les forces militaires, qui doivent faire la sécurité du pays sont en état de le protéger et de le défendre. Aux termes de la Constitution, le Prince pouvait disposer des forces de terre et de mer, et l'on s'irritait follement, de ce qu'il lui plaisait de revêtir un uniforme de général, lui qui était le chef suprême, et l'on osait, extravagance sans pareille, ériger presqu'en attentat des distributions qui prouvaient la libéralité du Prince et que justifiait l'extrême fatigue des prises d'armes, pendant les ardeurs de l'été. — Tout ce qu'il faisait de bien, de grand, de juste, de généreux et de digne, la mauvaise foi le lui imputait à crime, on lui prodiguait la méfiance ou l'outrage, on l'abreuvait de dégoûts et d'ingratitude, et l'on ne voulait pas qu'il se consolât auprès de ceux qui n'avaient pour lui que des acclamations sincères et un inviolable dévouement.

Jusqu'au 2 décembre 1851, le peuple dut dire, et il disait en effet : Si Louis-Napoléon *pouvait*, tout n'en irait que mieux.

Le peuple avait raison ; pour marcher d'accord avec l'Assemblée, le président dut essayer de bien des ministères ; toujours on s'arrangeait pour paralyser toute son action gouvernementale, on craignait qu'il ne devint César et l'on ne voulait pas permettre qu'il fut Washington. Comme Alexandre, Louis-Napoléon a tranché d'un coup le nœud gordien, le lien inextricable qui l'enserrait, et le peuple l'a approuvé ! Et huit millions de voix lui ont crié, de tous les points de la France : « Marchez, Prince, aujourd'hui, qu'aucun obstacle ne vous arrête, c'est de vous que nous attendons notre bonheur. »

Trois mois se sont écoulés depuis que le suffrage universel a conféré au prince cette haute dictature, et, dans ce court espace de temps, des décrets d'une haute importance ont manifesté que, de longue date, il était prêt pour bien des solutions... A chaque jour son œuvre ; chaque jour met en lumière une des pierres qui doivent s'harmoniser dans la construction du vaste édifice politique dont l'ensemble est encore son secret. Est-ce à l'Empire que nous allons ? Est-ce à une forme démocratique inconnue dans l'histoire ? Qu'importe, si c'est le bien qui s'organise, si les bonnes lois ne se font plus attendre indéfiniment, si tout se proportionne aux vitesses dans lesquelles, aujourd'hui, est précipité le courant de la vie ? Et comment aurait-on pu faire les bonnes lois, quand les raisons, victorieuses dans la discussion, étaient enterrées sous un vote de parti ? Quelles conceptions utiles, nécessaires, urgentes, étaient alors réalisables ? Quelle initiative salutaire n'avait son cercueil dans les œuvres de la mauvaise foi ?

Vienne l'Empire quand Dieu le voudra ! Qu'importe encore une fois, si les mœurs s'épurent, si les saintes croyances se fortifient, si la justice règne avec la clémence, si toutes les libertés innocentes, toutes les propriétés légitimes sont protégées et garanties, si l'agriculture, si le commerce, si l'industrie prospèrent, si les arts, si les sciences fleurissent, si nous voyons chez nous s'ouvrir, plus larges que jamais, la source de toutes les prospérités et la voie à tous les progrès; qu'importe, si toutes les misères disparaissent, si toutes les agitations s'apaisent, si toutes les larmes sont taries, si la patrie est assez forte et la sûreté générale assez solidement établie, pour que la France n'ait plus à pleurer sur les égarements et sur l'absence d'aucun de ses enfants? L'espérance et les vœux du peuple, le Prince les a compris.

LE 2 DÉCEMBRE.

COUP D'ŒIL RÉTROSPECTIF.

En terminant cette histoire, qui, pour ses détails, devait nécessairement s'arrêter au moment où le prince Louis-Napoléon a retrouvé une patrie, nous dirons comment s'est accompli le grand acte par lequel fut inaugurée la *dictature de salut* dont on a pu déjà apprécier les tendances.

Le 20 décembre 1848, jour de sa proclamation à la présidence de la République par l'Assemblée nationale, Louis-Napoléon prononça à la tribune ces paroles solennelles :

« Les suffrages de la nation et le serment que je viens de prêter commandent ma conduite future, mon devoir est tracé, je le remplirai en homme d'honneur.

Je veux, comme vous, rasseoir la société sur ses bases, affermir les institutions démocratiques, et rechercher tous les moyens propres à soulager les maux de ce peuple généreux et intelligent, qui vient de me donner un témoignage si éclatant de sa confiance.

La majorité que j'ai obtenue, non-seulement me pénètre de reconnaissance, mais elle donnera au gouvernement nouveau la force morale sans laquelle il n'y a pas d'autorité ; avec la paix et l'ordre, notre pays peut se relever, guérir ses plaies, ramener les hommes égarés et calmer les passions.

La conduite de l'honorable général Cavaignac a été digne de la loyauté de son caractère et de ce sentiment du devoir, qui est la première qualité du chef d'un État ; soyons les hommes du pays, non les hommes d'un parti, et, Dieu aidant, nous ferons du moins le bien, si nous ne pouvons pas faire de grandes choses. »

Après avoir prononcé ce discours, Louis-Napoléon se dirigea vers le banc du général Cavaignac, et lui tendit la main en disant : « Je ne pouvais recevoir le pouvoir exécutif de mains plus dignes que les vôtres. »

Il fallait être résolu et se sentir fort de son propre caractère et de la droiture de ses intentions pour prendre l'engagement d'honneur que le Prince venait de contracter. En face d'une Assemblée qui avait manifesté hautement ses préférences pour le général Cavaignac, la position de son compétiteur victorieux, était grave et difficile. N'importe ! l'homme d'État n'hésite pas à se mettre à l'œuvre, et à travers mille obstacles que lui suscite l'intrigue des partis, il marche avec autant de prudence que de courage à la réalisation de ses promesses. S'il ne recule pas devant l'accomplissement d'une mission ardue et périlleuse, il ne cède non plus à aucun entraînement, malgré les excitations insensées prodiguées à sa fortune nouvelle. On lui disait que le vote du peuple l'élevait plus haut que la loi ; on l'exhortait à entrer à l'Assemblée, non en magistrat de la Constitution, mais en dictateur de la popularité. On lui promettait une victoire facile et une immense acclamation. Il resta sourd à ces conseils et ne suivit que les inspirations de sa conscience.

« Dès le 29 janvier 1849, dit M. de la Guéronnière, il se produisit une situation extrêmement critique. Qu'on se rappelle donc la physionomie de cette journée : une armée immense occupait tous les points de Paris ; une ceinture de fer enserrait la représentation nationale ; le Président, sorti de l'Élysée vers une heure, passait sur le front des régiments, comme un général à l'heure de la bataille. La tentation eût été forte et l'occasion belle pour une ambition sans conscience et sans prévoyance. La mise en scène avait été préparée comme par enchantement. Les légions étaient à leur poste.

On n'attendait plus que César; mais, heureusement pour lui et pour le pays, César ne parut pas. Louis-Napoléon Bonaparte ne s'exposa pas à aller coucher à Vincennes, pour la folle passion de dormir dans le lit impérial de son oncle : il rentra tout simplement à l'Élysée, où il est encore. »

Nous pensons que dès lors Louis-Napoléon aurait pu, sans crainte de compromettre sa liberté, se hisser sur le pavois impérial; il savait bien que ses alliés n'étaient point ses amis. Il ne doutait pas qu'en venant à lui, les légitimistes n'eussent fait leurs réserves; il ne croyait pas que les orléanistes eussent renoncé à une restauration de leurs princes, et il était bien certain que les républicains de toutes les nuances, depuis les partisans du général Cavaignac jusqu'aux fougueux apôtres de la démagogie et du socialisme le plus subversif, ne fussent impatients de le voir se heurter à un écueil, sauf à se battre ensuite entre eux. Royalistes blancs ou tricolores, démocrates et démagogues de toutes les écoles, eussent été si heureux de le tenir enfermé dans un donjon! La crainte de procurer cette joie aux uns et aux autres, ne dût être pour lui que d'une médiocre considération; évidemment, il n'aurait pas éprouvé un échec; les dispositions de l'armée lui étaient trop favorables pour qu'il n'eût pas, au contraire, à compter sur la réussite d'un coup d'audace; et il n'y avait pas de probabilité qu'à la voix de leurs chefs, les vaincus du 24 juin voulussent engager de nouveau la bataille contre les forces imposantes auxquelles était confiée la sûreté de Paris. Le Prince ne s'arrêta que devant la loi de sa probité; elle ne pouvait lui permettre de rien entreprendre que contraint et forcé par de malheureuses complications pour sauver le pays et pour se préserver lui-même. Il devait patienter jusqu'à cette extrémité où la société, menacée d'un funeste avenir, torturée par de sinistres pressentiments, en proie au malaise et à l'anxiété, lui ferait un devoir de la délivrer de ses agitations et de ses alarmes.

Rigide observateur de son serment, le Prince répugnait visiblement à frapper le coup d'État dont on lui imputait généralement la préméditation, tandis que, au contraire, il faisait tous ses efforts pour en écarter la nécessité. Mais de toutes parts s'ourdissent des trames pour briser dans ses mains le pouvoir dont il est investi ; quelque soit la ligue, quelque soit le parti qui l'emporte, Joinville, Henri V, ou la Montagne, vieille et jeune, le péril est le même pour la patrie ; c'est l'anarchie qui surgit, monstrueuse, dévorante, et lui s'engloutit des premiers dans le gouffre d'une révolution, qui ne peut enfanter que des crimes, qui n'assure d'autres progrès que ceux de la misère et de la barbarie.

Dans cette triste conjoncture, Louis-Napoléon ne doit plus songer qu'à préparer les esprits à l'application de l'énergique moyen de salut auquel, jusque-là, il se serait fait scrupule de recourir. L'armée est toute dévouée à son dessein, il le sait ; aux chefs comme aux soldats, il tarde de mettre à la raison cette Législative tracassière et bavarde qui fatigue la France par ses discussions stériles ; qui, du haut de sa tribune, lance sur le pays ses brandons incendiaires et aux fidèles du drapeau l'injurieuse qualification de prétoriens.

Déjà dans plusieurs occasions, pendant ses voyages, dans les banquets qui lui ont été offerts, dans ses réponses aux harangues des maires et du clergé, le prince s'est exprimé en homme qui a la certitude de garder le pouvoir assez de temps pour assurer la tranquillité du pays et le bien-être du peuple. Telle est la tâche qu'il s'est imposée, et il laisse assez pressentir qu'il n'y renoncera pas avant de l'avoir remplie.

Le 11 septembre 1851, à l'occasion de la pose de la première pierre des Halles de Paris, de cet immense bazar dont l'Empereur voulait faire le *Palais du Peuple*, Napoléon, dans sa réponse au préfet de la Seine, qui l'avait harangué au nom du corps municipal, fait entendre cette phrase : « En posant la première pierre d'un édifice dont la destination est si éminemment populaire, je me livre avec confiance à l'espoir qu'avec l'appui des bons citoyens et avec la protection du ciel, il nous sera donné de jeter dans le sol de la France quelques fondations sur lesquelles s'élèvera un édifice social, assez solide pour offrir un abri contre la violence et la mobilité des passions humaines. »

Le 9 novembre, le général Magnan présente les corps d'officiers récemment arrivés à Paris, et le Président leur adresse cette allocution dont la teneur ne permettait pas de douter qu'on ne fût à la veille d'un grand événement :

« Messieurs,

» En recevant les officiers des divers régiments de l'armée qui se succèdent dans la garnison de Paris, je me félicite de les voir animés de cet esprit militaire qui fit notre gloire et qui aujourd'hui fait notre sécurité. Je ne vous parlerai donc ni de vos devoirs ni de la discipline. Vos devoirs, vous les avez toujours remplis avez honneur, soit sur la terre d'Afrique, soit sur le sol de France; et la discipline, vous l'avez toujours maintenue intacte à travers les épreuves les plus difficiles. J'espère que ces épreuves ne reviendront pas ; mais si la gravité des circonstances les ramenait et m'obligeait de faire appel à votre dévouement, il ne me faillirait pas, j'en suis sûr, parce que, vous le savez, je ne vous demanderai rien qui ne soit d'accord avec mon droit reconnu par la Constitution, avec l'honneur militaire, avec les intérêts de la patrie ; parce que j'ai mis à votre tête des hommes qui ont toute ma confiance et qui méritent la vôtre ; parce que si jamais le jour du danger arrivait, je ne ferais pas comme les gouvernements qui m'ont précédé, et je ne vous dirais pas : Marchez, je vous suis : mais je vous dirais : je marche, suivez-moi ! »

Le 25 novembre, les exposants français à l'Exposition universelle de Londres avaient été convoqués aux Champs-Élysées, dans la salle du Cirque, pour recevoir les récompenses qui leur étaient décernées. En présence d'une brillante et nombreuse assemblée, le président leur adressa ce discours, où respire la pensée impériale, où se révèle le désir de faire revivre les institutions de l'Empire :

« Il est des cérémonies qui, par les sentiments qu'elles inspirent et les réflexions qu'elles font naître, ne sont pas un vain spectacle. Je ne puis me défendre d'une certaine émotion et d'un certain orgueil comme Français, en voyant autour de moi les hommes honorables qui, au prix de tant d'efforts et de sacrifices, ont maintenu avec éclat, à l'étranger, la réputation de nos métiers, de nos arts, de nos sciences.

» J'ai déjà rendu un juste hommage à la grande pensée qui présida à l'exposition universelle de Londres ; mais au moment de couronner vos succès par une récompense nationale, puis-je oublier que tant de merveilles de l'industrie ont été commencées au bruit de l'émeute et achevées au milieu d'une société sans cesse agitée par la crainte du présent, comme par les menaces de l'avenir? et, en réfléchissant aux obstacles qu'il vous a fallu vaincre, je me suis dit : *Combien elle serait grande cette nation, si on voulait la laisser respirer à l'aise et vivre de sa vie !*

» En effet, c'est lorsque le crédit commençait à peine à renaître ; c'est lorsqu'une idée infernale poussait sans cesse les travailleurs à tarir les sources même du travail ; c'est lorsque la démence, se parant du manteau de la philanthropie, venait détourner les esprits des occupations régulières, pour les jeter dans les spécuations de l'utopie ; c'est alors que vous avez montré au monde des produits qu'un calme durable semblait seul permettre d'exécuter.

» En présence donc de ces résultats inespérés, je dois le répéter, comme elle pourrait être grande, la République française, s'il lui était permis de vaquer à ses véritables affaires et de réformer ses institutions, au lieu d'être sans cesse troublée, d'un côté par les idées démagogiques, et de l'autre par les hallucinations monarchiques.

» Les idées démagogiques proclament-elles une vérité ? Non. Elles répandent partout l'erreur et le mensonge. L'inquiétude les précède, la déception les suit, et les ressources employées à les réprimer sont autant de pertes pour les améliorations les plus pressantes, pour le soulagement de la misère.

» Quant aux hallucinations monarchiques, sans faire courir les mêmes dangers, elles entravent également tout progrès, tout travail sérieux. On lutte au lieu de marcher. On voit des hommes, jadis ardents promoteurs des prérogatives de l'autorité royale, se faire conventionnels afin de désarmer le pouvoir issu du suffrage populaire. On voit ceux qui ont le plus souffert, le plus gémi des révolutions, en provoquer une nouvelle; et cela, dans l'unique but de se soustraire au vœu national et d'empêcher le mouvement qui transforme les sociétés, de suivre un paisible cours.

» Ces efforts seront vains. Tout ce qui est dans la nécessité des temps doit s'accomplir. L'inutile seul ne saurait revivre. Cette cérémonie est encore une preuve que si certaines institutions tombent sans retour, celles au contraire qui sont conformes aux mœurs, aux idées, aux besoins de l'époque, bravent les attaques de l'envie ou du puritanisme.

» Vous tous, fils de cette société régénérée qui détruisit les anciens priviléges et qui proclame comme principe fondamental l'égalité civile et politique, vous éprouvez néanmoins un juste orgueil à être nommés chevaliers de l'ordre de la Légion d'honneur. C'est que cette institution était, ainsi que toutes celles créées à cette époque, en harmonie avec l'esprit du siècle et les idées du pays. Loin de servir comme d'autres à rendre les démarcations plus tranchées, elle les efface en plaçant sur même ligne tous les mérites, à quelque profession, à quelque rang de la société qu'ils appartiennent.

» Recevez donc ces croix de la Légion d'honneur, qui, d'après la grande idée du fondateur, sont faites pour honorer le travail à l'égal de la bravoure, et la bravoure à l'égal de la science.

» Avant de nous séparer, Messieurs, permettez-moi de vous encourager à de nouveaux travaux. Entreprenez-les sans crainte; ils empêcheront le chômage cet hiver. Ne redoutez pas l'avenir. La tranquillité sera maintenue, quoi qu'il arrive. Un gouvernement qui s'appuie sur la masse entière de la nation, qui n'a d'autre mobile que le bien public et qu'anime cette foi ardente qui vous guide sûrement, même à travers un espace où il n'y a pas de route tracée, ce gouvernement, dis-je, saura remplir sa mission, car il a en lui et le droit qui vient du peuple, et la force qui vient de Dieu. »

L'Assemblée revenue à son poste, le 4 novembre, fût animée de sentiments hostiles aux vues protectrices du

Prince président; il avait proposé le rétablissement du suffrage universel mutilé, au profit de l'orléanisme, par la loi du 31 mai, et une majorité de 3 voix avait repoussé cette proposition. C'était le début d'un conflit, qu'avait envenimé l'ardeur belliqueuse des questeurs, qui revendiquaient pour le président de l'Assemblée le droit de disposer de la force armée par voie de réquisition directe. C'était l'approche d'une entrée en campagne contre le pouvoir exécutif. Le prince dut donc songer à se prémunir contre une agression à laquelle on paraissait sérieusement résolu. Il passa successivement en revue, toutes les brigades de la belle armée de Paris, il s'assura de leurs bonnes dispositions, et fut de nouveau confirmé dans la conviction que leur dévouement lui était acquis. — Le Prince pouvait donc attendre de pied ferme. Cependant montagnards, légitimistes, orléanistes, conspiraient contre lui, et se flattaient déjà de l'envoyer à Vincennes avec tous ses adhérents, à la première velléité d'un coup d'État. Ils ne soupçonnaient pas que l'armée ne leur appartenait plus, lorsqu'on vint leur apprendre que, dans les casernes, la plupart des chefs de corps avaient fait arracher les consignes de la Constituante, concernant les réquisitions directes du président de l'Assemblée nationale. Cette lacération à la fois énergique et méprisante, commandée par quelques généraux et colonels, souleva dans l'Assemblée la plus violente tempête, quand à une interpellation du général Bedeau, le général Saint-Arnaud, ministre la guerre, répondit avec une effrayante franchise, que cette consigne étant depuis longtemps tombée en désuétude, il avait donné l'ordre de l'enlever partout, pour que jamais un doute, une hésitation n'en put résulter pour un soldat dans l'accomplissement de ses devoirs militaires. Soudain, de furieuses vociférations s'élevèrent de toutes parts, et notamment de la crête de la montagne; on demandait la mise en accusation immédiate du ministre, on menaçait de l'arrêter sur-le-champ, mais l'Assemblée recula; l'audacieux général étant descendu de la tribune, au milieu du tumulte, se rendit aux Tuileries, d'où il fit parvenir à tous les généraux la défense la plus expresse d'obéir à toute réquisition qui émanerait de l'Assemblée.

Le pouvoir exécutif triomphait, et la tribune parlementaire allait tomber à son tour, comme le dernier trône, sous une révolution du mépris. On était alors au 17 novembre, premier jour néfaste pour l'Assemblée.

Le dimanche 30, les électeurs de la loi du 31 mai furent appelés à nommer un représentant à la place du général Magnan. Les partisans du suffrage universel avaient résolu de s'abstenir, et les urnes furent abandonnées à la ligue orléano-légitimiste, qui procura à son candidat, M. Devinck, près de cinquante mille voix. Ce résultat pouvait offrir un utile enseignement. Le prince Président tenait à en être promptement averti; des lanciers, galopant dans toutes les directions, apportèrent à l'Élysée le dépouillement du vote des sections; ce mouvement inusité, dont on ne tarda pas à savoir la cause, fut le seul incident qui tira momentanément la population parisienne de la profonde indifférence dans laquelle elle paraissait plongée.

Contre l'attente de tout le monde, la proposition des questeurs avait été repoussée à la majorité de plus de cent voix; ainsi s'évanouissait le projet de confier sans délai le commandement de l'armée de Paris et de la garde nationale au général Changarnier, qui aurait été investi d'une dictature militaire. L'Assemblée allait périr de langueur, elle s'éteignait, rien ne pouvait lui rendre la vie : elle n'avait plus même assez de vigueur pour ne pas oublier sa sécurité;

toutes ses démarches, toutes ses démonstrations, toutes ses impatiences ne sont que de la faiblesse et du ridicule. Plusieurs des chefs influents, convaincus que la lutte contre le pouvoir exécutif ne pouvait aboutir qu'à une défaite, firent faire des ouvertures au Président de la République, et se mirent à sa disposition pour un coup d'État qui serait fait contre la fraction socialiste de l'Assemblée.

Le dénouement approchait; un général que l'on supposait dans la confidence de l'Élysée en prédisait même d'avance la date, qu'il donnait comme certaine. Les montagnards les plus ardents étaient incrédules : *il n'oserait pas!* disaient-ils avec une présomption étonnante. Enfin le général leur annonçait de la façon la plus positive que le coup d'État s'exécuterait le 2 décembre.

— Vous avez donc reçu quelque communication à cet égard? lui demandait-on.

— Non, répliquait-il; mais le 2 décembre est l'anniversaire du sacre de l'Empereur et de la bataille d'Austerlitz.

On le pressait d'en dire davantage, mais il protestait ne rien savoir, et n'en conseillait pas moins à ses interlocuteurs de se dispenser de coucher chez eux. Aucun d'eux ne devait tenir compte de cet avertissement. *Il n'oserait pas!* était le mot qu'ils répétaient sans cesse, comme s'ils eussent perdu le souvenir de ce que le Prince, avec une poignée d'amis dévoués, avait osé à Strasbourg et à Boulogne. Maintenant, ses amis étaient nombreux, et il avait pour lui l'armée d'une grande nation; pour dire : *il n'oserait pas!* il fallait être frappé de vertige.

La veille du 2 décembre, le Président tint sa réception ordinaire du lundi. La foule y fut encore plus nombreuse que de coutume. Le Prince parut dans les salons avec une sérénité de visage qui ne laissait rien soupçonner de ses graves préoccupations. Le général Magnan ne quitta l'Élysée qu'à minuit. Le préfet de police, M. de Maupas, et M. de Persigny ne s'absentèrent pas. M. de Morny assistait à l'Opéra-Comique. Le général Saint-Arnaud ne fit que paraître un instant. Ce dernier, ainsi que M. de Morny, représentant du peuple, et M. de Maupas, étaient les trois personnes auxquelles le Prince avait confié l'exécution d'un projet qui allait changer les destinées de la France. M. de Persigny avait aussi, comme on doit le penser, le dernier mot de l'événement.

A onze heures, M. de Béville, lieutenant-colonel du génie, officier d'ordonnance du Prince, partit de l'Élysée pour se rendre à l'imprimerie nationale, où furent imprimées, pendant la nuit, les proclamations qui allaient annoncer à la population parisienne le grand événement du jour.

A minuit et demi, lorsque les salons furent déserts, et que tout fut redevenu silencieux, MM. de Saint-Arnaud, Morny, Maupas, Persigny, revinrent un à un dans le cabinet du Prince, et là furent arrêtées les dernières dispositions de l'acte qui allait s'accomplir quelques heures après. A deux heures, ces cinq hommes, qu'animaient la même foi et les mêmes espérances, se séparèrent sur cette invitation du Président : « Messieurs, allons prendre un peu de repos, et que Dieu sauve la France ! »

Dès qu'il fut seul, le Président de la République écrivit à son oncle, l'ex-roi de Westphalie, un billet qui se terminait par ces mots : *Je sortirai vainqueur de la lutte ou je me ferai tuer*. Le frère de l'Empereur lui répondit ces simples mots : *Mon neveu, je me rends à l'instant auprès de vous pour vous seconder ou mourir avec vous.*

Le ministre de la guerre s'empressa d'expédier ses ordres

aux différents chefs de corps de l'armée de Paris. Le colonel Espinasse devait occuper militairement l'Assemblée législative. Le général Magnan, commandant en chef l'armée de Paris, reçut, à trois heures du matin, les ordres du ministre; il n'avait pas été initié aux desseins du Prince, mais il les avait devinés et avait d'avance fait toutes ses dispositions. Le préfet de police mit autant de discrétion que de célérité à s'acquitter de sa mission. Tous les commissaires de police de Paris et de la banlieue avaient été mandés par lui à cinq heures du matin ; le motif qu'on avait donné à cette réunion extraordinaire était l'arrivée dans la capitale de plusieurs réfugiés politiques. Le préfet reçut un à un, dans son cabinet, les officiers qui devaient exécuter les mandats; pas un d'eux ne déclina la responsabilité de l'acte pour lequel on réclamait leur concours.

Les plus importantes arrestations devaient être opérées avant le jour et sans bruit, pour ne pas donner l'éveil à la population. Les représentants qu'il s'agissait d'enlever les premiers étaient les généraux Changarnier, Cavaignac, Lamoricière, Bedeau, Leflô et le lieutenant-colonel Charras; les deux orléanistes, MM. Thiers et Baze, l'ennemi personnel du Président; MM. Roger (du Nord), Lagrange, Baune, Greppo, Nadaud, Chollat, Valentin, Charassin, Bruys et Miot. Soixante-dix-huit mandats étaient décernés contre d'autres représentants et contre des chefs de sociétés secrètes. Si l'on ne pouvait pas éviter une insurrection, il fallait qu'elle n'eût pas de chefs. Tout ce qui avait été convenu d'avance fut exécuté ponctuellement, et ce qui paraîtra incroyable, c'est qu'aucun incident imprévu ne vint entraver les mesures qui avaient été concertées.

A cinq heures du matin, les commissaires de police prenaient congé de M. de Maupas ; à sept heures, tous les mandats étaient exécutés : toutes les personnes qui leur avaient été désignées avaient été prises au saut du lit. A la même heure, M. de Morny s'installait au ministère de l'Intérieur, à la place de M. de Thorigny. Tous les points principaux de la capitale se couvraient de troupes, pour protéger l'ordre et assurer l'exécution des décrets du Président de la République. Déjà on lisait sur tous les murs les affiches portant le décret qui rétablissait le suffrage universel, prononçait la dissolution de l'Assemblée, et déclarait Paris en état de siége ; puis l'appel au peuple, et la proclamation à l'armée, deux chefs-d'œuvre d'éloquence politique.

Dans les groupes qui se pressaient pour les lire, on éprouvait de la surprise ; mais, après le premier étonnement, d'ordinaire mêlé de satisfaction, souvent s'échappaient ces mots approbateurs : *Le tour est bien joué, il était temps que cela finît.* Les protestations indignées étaient rares.

A dix heures, le prince président montait à cheval, ayant à sa droite le maréchal Jérôme Bonaparte, son oncle, le ministre de la guerre et un grand nombre d'officiers généraux qui, dès le matin, étaient accourus à l'Élysée. Il se dirigea vers la place de la Concorde, occupée par les troupes. Partout sur son passage, il fut salué par des cris d'enthousiasme. Comme il entrait dans le jardin des Tuileries, le bruit se répandit qu'il allait prendre possession du palais qu'avait habité son oncle. Alors ce fut dans la foule un délire de joie, et ces acclamations : *Vive Napoléon ! Vive l'Empereur !* s'élevèrent jusqu'au ciel.

Le Prince ne fit que traverser le jardin et le palais pour déboucher sur la place du Carrousel où il passa en revue deux régiments qui se trouvaient rangés en bataille. De là il se rendit aux Invalides, et dans ce long trajet, il fut partout accueilli avec transport.

Cependant les représentants n'acceptaient pas volontiers le congé qui leur était donné. Une trentaine d'entre eux étaient parvenus, dès le matin, à s'introduire dans une des salles du palais législatif. Un chef de bataillon du 42e vint les sommer de se retirer; ils parlèrent alors de protester, et envoyèrent chercher M. le président Dupin; mais celui-ci, fidèle à l'excessive prudence qui le caractérise, se borna à leur dire: « Messieurs et chers collègues, nous avons évidemment pour nous le droit que nous donne la Constitution, mais ces messieurs (en montrant les soldats) ont pour eux la force, et, comme ils paraissent décidés à nous expulser, je vous conseille de faire comme moi, de vous retirer. » Il sortit en effet, et ses collègues suivirent son exemple.

D'autres tronçons de l'Assemblée essayèrent d'aviser à ce qu'il y aurait à faire, mais partout où ils voulurent siéger, la police, qui était sur leurs traces, les obligeait à se disperser. Une espèce de convention composée de deux cent-cinquante membres, hétéroclite mélange de tous les partis, veut s'établir dans la mairie du 10e arrondissement, sous la protection des baïonnettes de la 10e légion. Dès l'ouverture de sa séance, cette réunion décrète que Louis-Napoléon Bonaparte est déchu de la présidence de la République, et qu'en conséquence le pouvoir exécutif passe de plein droit à l'Assemblée nationale. On fit transmettre cette résolution à M. de Morny, qui répondit que si les récalcitrants ne se séparaient pas à l'instant même, on les ferait expulser par la force.

Une seconde décision prescrivait à la haute-cour de justice de se constituer d'office, et de prononcer la mise en accusation du président de la République; enfin la nomination du général Oudinot au commandement en chef de l'armée de

Paris et de la garde nationale, et une déclaration de permanence complétèrent les premiers travaux. Jamais réunion ne fut plus grotesque dans ses protestations; du commencement à la fin ce ne fut qu'une parodie du courage civil. On argumenta en procureur contre les consignes et les ordres de la troupe, on parlementa avec les commissaires de police. Enfin, après bien des explications oiseuses, les membres du bureau, ainsi que le général Oudinot, sont appréhendés au corps et emmenés entre deux haies de chasseurs de Vincennes; l'Assemblée tout entière les suit jusqu'à la caserne du quai d'Orsay où elle est enfermée. La haute-cour, interrompue à temps par la visite de deux commissaires de police, dut renoncer à la triste satisfaction de publier l'arrêt qu'on lui avait demandé.

Il eût été à désirer que les membres de la Montagne, du moins ceux qui jetèrent en enjeu leur vie dans la lutte qui allait s'engager, se fussent montrés aussi dépourvus de courage que les conventionnels de la mairie du 10e. Du moins alors, faute d'initiative de leur part, la Constitution eut été enterrée, et la Législative aurait disparu sans qu'il y eût une goutte de sang versé. Malheureusement la mort et l'exemple d'un des adeptes les plus fervents des doctrines du socialisme, le représentant Baudin tué sur une barricade, fut un événement dont les meneurs des sociétés secrètes tirèrent parti pour fomenter une résistance insensée. Elle fut vaincue sur tous les points dans une suite de combats partiels. Enfin, le 6 décembre, Paris était rentré dans l'ordre. Mais des troubles graves avaient éclaté dans plusieurs départements, des actes horribles y avaient été commis, l'autorité avait été impuissante à les réprimer. Louis-Napoléon prend aussitôt les mesures les plus énergiques pour mettre un terme à ces déplorables excès et rassurer les honnêtes gens. Les localités en péril sont mises en état de siége ; des troupes et des commissaires extraordinaires, chargés des instructions du gouvernement y sont envoyés, et bientôt le crime, terrifié par la crainte du châtiment, n'ose plus lever sa tête hideuse.

APPENDICE.

QUELQUES MOTS SUR LE SOUVENIR DE L'EMPEREUR ET DE L'EMPIRE.

Un homme, un règne, un système gouvernemental, s'ils ne vivent plus que dans le souvenir, se jugent sur la persistance des regrets causés par leur disparition. L'Empire, tel que l'avait institué Napoléon, était donc la forme de gouvernement qui convenait le mieux à la nation française, puisque bien des années s'étaient écoulées sans que le peuple se fût consolé de sa chute. Habitants des campagnes, ouvriers des villes, tous la déploraient, tous sentaient qu'à la paix qui lui avait été si obstinément refusée, son génie aurait donné à leurs besoins la plus ample satisfaction : tous le savaient le plus vrai, le plus juste, le plus intelligent, le plus grand ami de la cause populaire, et, dans leur opinion, c'était pour eux et pour le pays tout entier une fatalité que Napoléon II ne vécût pas pour donner, dans d'utiles réalisations, le complément de la pensée impériale.

Les sympathies des masses étaient toujours aux Bonaparte ; leurs vœux étaient pour cette famille, dont elles ne pardonnaient pas le bannissement aux hommes d'un pouvoir qui leur était souverainement antipathique.

Dans l'impuissance de manifester les sentiments d'amour, d'admiration et de reconnaissance qui subsistaient au fond des cœurs, d'honorables citoyens, à qui l'indifférence en pareille occurrence eût semblé un crime, se firent les interprètes de la multitude pour demander la révocation de la sentence d'exil portée contre les parents de l'Empereur. Chaque année depuis 1832, et même auparavant, le débat s'était engagé dans les chambres, et plus particulièrement dans celle des députés, sur les pétitions ayant pour objet l'abrogation de cet acte. Plusieurs fois la majorité avait ordonné le renvoi au ministre de l'Intérieur et au président du conseil. Ce renvoi équivalait à la recommandation d'examiner sérieusement si le moment n'était pas venu de faire cesser une proscription inique. Mais le gouvernement était bien résolu à n'avoir aucun égard au vœu public pour obtenir le rappel de la famille impériale, et pourtant les arguments de tribune ne manquèrent pas pour démontrer l'opportunité d'une mesure ardemment désirée par quiconque en France conservait le culte des souvenirs et la reconnaissance des bienfaits. Les divers orateurs qui s'étaient fait en cette occasion un devoir d'exprimer le sentiment national, prouvèrent surabondamment que le danger de rappeler les parents de Napoléon était des plus chimériques, et que dès lors il y avait cruauté gratuite à maintenir une loi qui n'était pas dans nos mœurs.

Au dehors on applaudissait à ces discours; mais le gouvernement du juste milieu tremblait à la pensée que le phénix pourrait renaître de ses cendres : il était trop persuadé que la cause impériale ne faisait que sommeiller, et que, dans chaque poitrine d'homme du peuple, le cœur battait au nom vénéré de l'Empereur. A cette époque, ces natures incultes, mais droites lorsqu'elles n'obéissent qu'à leurs propres inspirations, n'avaient pas encore été égarées par les folles prédications de ce socialisme meurtrier qui ne voit le moyen d'améliorer la condition humaine que dans une subversion universelle. Alors elles étaient ce qu'elles redeviendront, ce que les fera le gouvernement de Louis-Napoléon, qui les conviera au foyer des vraies lumières, dans des institutions préservatrices de leur bon sens : alors elles sentaient tout ce qu'elles avaient perdu à la chute du trône impérial; alors elles insistaient de plus en plus pour qu'on ne fût plus injuste envers la famille impériale.

En 1844, les pétitionnaires furent plus nombreux; cette fois ils demandaient non-seulement que la loi de bannissement fût abrogée, mais encore que le prince Louis-Napoléon reçût pour prison la ville de Ham et ses environs. Le rapporteur avait proposé l'ordre du jour sur cette partie de la pétition. Un honorable député de la gauche, M. Boulay (de la Meurthe), qui s'était signalé par sa persistance à appuyer de son vote et de sa parole toutes les demandes de rappel pour la famille impériale, combattit chaleureusement ces conclusions :

« Messieurs, dit-il, je ne suis le courtisan de personne, pas même du malheur le plus noblement supporté. J'ai déjà dit que j'avais déploré les tentatives du prince Louis; mais *je suis convaincu qu'il n'y a été entraîné que par les funestes conseils de l'exil. Je suis convaincu que s'il eût été en France, il n'en eût pas même conçu la pensée.* Ce qui m'en donne la conviction, ce sont ces études graves, ces travaux sérieux auxquels il se livre dans sa captivité; c'est la réponse qu'il a faite à ceux qui lui ont offert d'ouvrir les portes de la prison à la condition qu'il reprendrait le chemin de l'exil : « J'aime mieux ma prison en France que la liberté sur la terre étrangère. »

Ces paroles étaient significatives. Un pouvoir plus prévoyant et plus humain y eût trouvé un enseignement, car elles étaient la condamnation sans réplique des mesures cruelles dont on usait envers la famille proscrite de l'Empereur; elles répondaient, en outre, victorieusement à l'argument misérable tiré des tentatives de Boulogne et de Strasbourg, dont le gouvernement se faisait tous les ans un prétexte pour résister au vœu public.

Mais le vœu public ne se lasse pas. Toujours repoussé par le pouvoir, il se reproduit sans cesse ; les pétitions enterrées dans les cartons des ministres renaissent l'année suivante, et viennent renouveler sans relâche l'embarras du gouvernement et son mauvais vouloir. Durant la session de 1847, l'inévitable demande de rappel se présenta derechef à la Chambre des députés. Les pétitionnaires s'y montraient plus que jamais animés du sentiment napoléonien. Ils voulaient *le rétablissement de l'effigie de l'Empereur sur la croix de la Légion d'honneur, et la restitution du nom de Napoléon au chef-lieu de la Vendée.*

La demande, en ce qui concernait le rappel, était cette fois d'autant plus pressante, qu'après avoir été renvoyée en 1845 au ministre de l'Intérieur, par le vote unanime de la chambre, elle avait inutilement figuré en 1846, pendant trois mois, sur le bulletin des pétitions, le ministère, pour nous servir de l'expression d'un honorable député, l'ayant fait *confisquer* par un rapporteur complaisant. Les débats qui s'engagèrent sur cette pétition prouvèrent une fois de plus combien était grand le dédain du gouvernement pour tout sentiment national. — Aux vives instances des députés qui appuyèrent la mesure réclamée, le gouvernement, par l'organe du ministre de la justice, Hébert, l'ingénieux inventeur de la *complicité morale*, répondit en se retranchant derrière les prétendues nécessités de la politique, et en invoquant les périls auxquels l'ordre pourrait être exposé par la présence des illustres bannis. Il mit en avant les grands mots d'intérêt public, et parla beaucoup de la modération avec laquelle il avait toujours usé de cette loi ; il vanta enfin son indulgence envers la famille proscrite.

C'était pousser trop loin la dérision ; cette dernière allégation était presque une insulte ; aussi fut-elle énergiquement relevée par un député de l'opposition, M. Lherbette :

« Vous osez prétendre, s'écria-t-il en s'adressant aux ministres, que vous avez saisi toutes les occasions de vous conduire avec indulgence vis-à-vis de cette famille ! Est-ce vrai ? — Vous aviez, il y a quelques mois, une occasion bien belle de vous conduire ainsi ; vous l'avez laissée échapper, et ce n'est pas faute d'avoir été avertis, sollicités. Un prince de cette famille était détenu ; il demandait pour toute faveur l'autorisation d'aller recevoir le dernier soupir de son père mourant; et il s'engageait, sur l'honneur et par écrit, à se reconstituer prisonnier.

» De deux choses l'une : ou il aurait violé sa parole, ce qui est improbable, ou il l'aurait respectée. Dans la première hypothèse, il se perdait à jamais, et vous deviez politiquement lui fournir l'occasion de se perdre, car comment auriez-vous pu craindre qu'un homme qui aurait forfait ainsi à l'honneur, pût conserver la moindre influence en France, cette terre classique de l'honneur? Dans la seconde hypothèse, il eût été désarmé vis-à-vis de vous par la grâce que vous lui auriez accordée. Vous pouviez donc avoir tous les mérites d'une grâce sans en courir les dangers ; vous avez laissé échapper cette occasion, et lui n'a pas laissé échapper celle de vous en faire repentir. »

Les orateurs qui, après M. Lherbette, prirent la parole dans la même séance n'eurent pas de peine à battre en brèche les misérables sophismes du ministère, et à montrer, derrière son masque de tolérance, le sentiment d'égoïsme profond qui dominait sa politique, dans les questions d'humanité. Un député de la gauche, M. Crémieux, se chargea de prouver que la loi de 1832 n'était pas seulement injuste, mais encore absurde, « Car, dit-il, cette loi a proscrit des *tantes de l'Empereur* qui n'ont jamais existé. » Quant aux nécessités de la politique, aux intérêts publics, à la raison d'Etat, si pompeusement invoqués par le ministère, M. Boulay (de la Meurthe), fidèle à sa noble mission de défenseur de la cause impériale, fit évanouir tous ces fantômes avec quelques paroles de bon sens, de raison et de justice :

« Messieurs, s'écria-t-il, Napoléon et sa famille ont régné en Belgique, en Hollande, en Italie, en Espagne, en Allemagne. Pendant longtemps, toutes les puissances absolues de l'Europe se sont coalisées pour tenir séquestrée, et comme emprisonnée en quelque sorte, même dans l'exil, la famille de Napoléon. C'est que l'Europe avait cru qu'elle devait à sa sûreté d'agir ainsi ; c'était sa *raison d'État* à elle.

» En effet, Napoléon a exercé sur elle une influence qui le rendait peut-être plus dangereux pour l'Europe que la dictature dont il était investi en France. Si l'Empereur a été dictateur en France, il a été novateur en Europe : il y a porté atteinte à toutes les féodalités ; il y a semé les principes de la révolution française, et certes, les gouvernements de l'Europe avaient bien le droit de le regarder comme plus redoutable pour eux qu'il ne l'était pour le gouvernement de la restauration lui-même.

» Eh bien ! l'Europe a compris, les gouvernements les plus despotiques ont compris que le péril avait cessé, qu'on pouvait restituer à la famille de Napoléon le droit d'aller et de venir comme bon lui semblerait par tous pays, dans cette Hollande et dans cette Allemagne où elle a régné, dans cette Belgique qui est comme la France elle-même, dans cette Italie qui est un volcan !

» Je demande au gouvernement de mon pays de faire ce qu'ont fait les gouvernements les plus despotiques de l'Europe.

» Messieurs, l'antiquité avait aussi une loi qui était fondée sur la *raison d'Etat ;* elle avait l'ostracisme. Mais l'ostracisme ne durait que dix ans, et voilà trente-deux ans que la famille de Napoléon est proscrite ! »

A de telles considérations il était impossible de faire une réponse sérieuse, et pour voter l'ordre du jour, après les paroles si décisives de M. Boulay (de la Meurthe), il fallait nécessairement une majorité dédaigneuse de toute raison et de toute justice, une majorité sans impartialité, sans conscience, et c'est là ce qui arriva ; l'ordre du jour fut prononcé malgré le vœu public, malgré les instances des pétitionnaires malgré des arguments restés sans réplique.

Fallait-il s'étonner de ce résultat, si imprévu, si extraordinaire qu'il eût été ? On aurait pu en éprouver quelque surprise, si l'on n'avait su d'avance qu'on avait affaire à une majorité exclusivement préoccupée de ses intérêts personnels, à une majorité sans pudeur comme sans logique, car ce qu'elle approuvait aujourd'hui solennellement, demain elle allait le repousser, agissant ainsi sans autre motif que son bon plaisir, sans autre règle que son caprice. La pétition qu'elle rejeta par l'ordre du jour, ne l'avait-elle pas plusieurs fois accueillie, dans les sessions précédentes, et notamment en 1845, en la renvoyant *à l'unanimité* au ministre de l'Intérieur ? Depuis deux ans, les circonstances avaient-elles changé ? Etait-il survenu quelque motif légitime de se déjuger soi-même, et s'il n'en était pas ainsi, que devait-on penser d'une assemblée dont les décisions étaient prises avec cette légèreté, et surtout avec cette conscience, d'une assemblée qui ne craignait pas de se démentir ainsi publiquement ?

C'était là du reste un scandale tellement passé dans les habitudes parlementaires et dans celles du pouvoir, que la majorité et le ministère ne devaient pas attendre, même la fin de la session, pour en donner de nouveau le spectacle sur une pétition ayant le même objet ; nous voulons parler de celle qui fut adressée aux deux chambres par le prince Jérôme Bonaparte, ancien roi de Westphalie.

L'illustre proscrit demandait aussi l'abrogation de la loi de 1832, au moins en ce qui concernait lui et ses enfants. Sa pétition fut rapportée d'abord à la chambre des pairs, le 14 juin.

« A la fin de ma carrière, disait-il, sur le bord de ma tombe, je viens remplir un devoir sacré, un devoir de citoyen et de père, en faisant tout ce qui dépend de moi pour retrouver une patrie que j'aime par-dessus tout, en ne reculant devant aucune démarche pour y faire entrer mes enfants et les mettre à même de servir leur pays. . . . . . . Je ne demande qu'à rentrer sous la loi commune et à jouir de tous mes droits de citoyen français, étant prêt à en remplir tous les devoirs. »

M. Charles Dupin, rapporteur, n'essaya pas d'affaiblir les titres nombreux du prince Jérôme et de ses fils aux sympathies généreuses et aux sentiments d'équité de la Chambre; mais, fidèle écho de la volonté ministérielle, sans demander simplement l'ordre du jour, ce qui eût été un témoignage de répulsion ou tout au moins d'indifférence pour des malheurs qu'il prétendait déplorer, il proposa le dépôt au bureau des renseignements, c'est-à-dire au bureau des oublis : c'était un ordre du jour déguisé.

Quoiqu'à la Chambre des Pairs, il n'y eut pas même, comme on sait, l'ombre d'une opposition, et que le mot d'ordre du ministère y fût toujours fidèlement suivi, les conclusions du rapporteur y rencontrèrent cependant de la résistance. Dans cette occasion, tous les anciens soldats votèrent pour le renvoi de la pétition au président du conseil; mais ce renvoi, combattu par M. Dumon, ministre des finances, au nom du gouvernement, fut rejeté, quoiqu'à une faible majorité. M. le *maréchal-général* Soult, le lieutenant si favorisé de l'Empereur auquel il devait son illustration et sa fortune, l'ancien compagnon d'armes du prince Jérôme, fut un de ceux qui votèrent contre le renvoi.

Moins de vingt jours après, le 3 juillet suivant, la pétition fut présentée à la Chambre des Députés. Le rapporteur proposa le renvoi au président du conseil, et M. le ministre Hébert, le même qui, deux mois auparavant, avait repoussé la pétition précédente, voulant sans doute montrer que le gouvernement avait tous les genres de courage, principalement le courage de ses opinions, prit la parole pour déclarer qu'il acceptait les conclusions de la commission, donnant ainsi sans aucun embarras un premier démenti à ses propres déclarations, et un second aux paroles si catégoriques que son collègue des finances avait prononcées dans une autre enceinte. Afin que rien ne manquât au scandale et au ridicule d'une pareille pasquinade, M. Hébert assura « que le gouvernement ne voyait pas d'obstacle sérieux à ce que le renvoi de la pétition fût prononcé et *qu'en cela il se montrait conséquent avec la conduite qu'il avait toujours tenue.* »

La Chambre eut à cœur de se montrer aussi *conséquente* que le ministère; elle vota le renvoi à *l'unanimité.*

Enfin on était impatient de connaître le sort des deux demandes ayant pour objets :

1° Le rétablissement de l'effigie de l'Empereur sur la croix de la Légion d'honneur;

2° La restitution du nom de Napoléon au chef-lieu de la Vendée.

Le rapporteur, M. Lecouteulx, qui faisait partie de la phalange de *bornes* aveuglément dévouée au pouvoir, proposa l'ordre du jour, en se fondant sur le motif que c'était là des *questions misérables et indignes d'occuper l'attention de la Chambre.* Ces paroles soulevèrent une telle indignation, que le gouvernement, pour repousser tout soupçon de connivence avec un ami maladroit, crut devoir protester solennellement de son admiration pour la mémoire de l'Empereur; mais malgré cet hommage, il s'associa aux conclusions de la commission, et demanda l'ordre du jour.

C'était la première fois, depuis 1832, que l'ordre du jour était proposé par la commission et le ministère sur des questions qui préoccupaient toutes nos populations, sur des vœux que le conseil général de la Vendée, les conseils d'arrondissement et les conseils municipaux exprimaient, chaque session, avec tant de persévérance et d'unanimité. La croix de la Légion d'honneur a-t-elle, oui ou non, été créée par Napoléon ? Le chef-lieu de la Vendée a-t-il été fondé par lui ? Quels sont les motifs du gouvernement pour refuser de lui rendre le mérite de ses œuvres ? Quels obstacles s'opposent à ce que l'on rentre enfin dans la vérité et la dignité historique ? Voilà ce qu'un grand nombre de membres de l'opposition demandèrent avec force au ministère; et, comme celui-ci ne trouvait rien à répondre, M. Lherbette lui vint spirituellement en aide, en expliquant à la Chambre la raison de son silence, et en s'associant ironiquement à l'ordre du jour réclamé :

« Messieurs, dit-il, je ne me sens pas le courage de blâmer le ministère qui se refuse à rétablir sur la croix l'effigie de Napoléon, usurpée par celle de Henri IV. Il s'y refuse en se rappelant avec quelle prodigalité il a jeté, disséminé de tous côtés la croix de la Légion d'honneur; comment, en agissant ainsi, il a violé et foulé aux pieds une de vos décisions.

» La chambre avait voté cette proposition, qu'on ne pourrait faire de nomination que dans la proportion de moitié des extinctions, et, sous ce ministère, l'an dernier, par exemple, le nombre des nominations a été double de celui des extinctions. Le ministère se dit alors qu'une décoration ainsi prodiguée (je me sers d'un mot bien doux), ne méritait plus de recevoir l'effigie du grand homme. C'est là, messieurs, croyez-le, ce qui a dicté les paroles de M. le ministre; il faut rendre justice au sentiment de pudeur qui l'anime. »

Après ces paroles, qui provoquèrent une hilarité presque unanime, l'ordre du jour mis au voix fut, malgré le gouvernement, repoussé à une grande majorité.

Et maintenant, quelle conclusion fallait-il tirer du renouvellement périodique de ces pétitions qui, d'année en année, se couvraient d'un plus grand nombre de signatures, de ces débats passionnés, de ces votes contradictoires auxquels elles donnaient lieu dans le parlement, et du vif intérêt, de l'intérêt croissant que le peuple y prenait? Une question qui soulevait tant d'agitations et tant de luttes au sein d'un pouvoir égoïste, envahi par l'esprit de spéculation, dévoré de la soif des richesses, exclusivement voué au culte des intérêts matériels, si prompts à dessécher le cœur et à le rendre inaccessible aux sentiments d'humanité et de justice, une telle question, disons-nous, prenait nécessairement sa source dans le vœu même de la nation qui n'avait rien oublié, et dont la bonne moralité résistait aux plus mauvaises influences. Quels que contagieux que puissent être les exemples venus d'en haut, un pouvoir corrompu ne saurait faire à son image une société tout entière. — Tout ce qui s'appelle honneur, reconnaissance et dévoûment, est impérissable sur cette noble terre de France. — Voilà ce que voulaient, ce que devaient ignorer les hommes d'affaire, dans les mains desquels l'usurpation de 1830 avait placé les rênes de l'État. Trop occupés d'exploiter à leur profit la fortune publique, de faire du gouvernement une industrie et une intrigue, ils ne voyaient pas, ils ne comprenaient pas que tant qu'on n'aurait pas effacé du cœur des peuples la mémoire du *géant*, il y aurait toujours une sympathie profonde, invincible, universelle pour les malheurs d'une famille dont le chef avait rendu notre nation si grande et si forte par ses institutions, si glorieuse par ses triomphes!.. Pour trop de gens, la République n'était qu'un régime de terreur et d'affreuses misères. La République, pour l'immense majorité du peuple, c'était encore la guillotine en permanence, les assignats et la disette : c'était la mort du travail, et par conséquent toutes les détresses : la royauté avec un Bourbon sur le trône, c'était un fléau d'une autre espèce. Il n'y avait donc que la cause impériale qui eût, dans les masses, de profondes racines; il était évident qu'on ne les extirperait pas de sitôt : les deux élections de Louis-Napoléon Bonaparte ont montré combien elles étaient vivaces.

FIN.

TABLE.

PREMIÈRE PARTIE. — FAMILLE BONAPARTE.

DEUXIÈME PARTIE. — DERNIERS JOURS DE L'EMPIRE.

TROISIÈME PARTIE. — LA PRISON.

QUATRIÈME PARTIE. — L'ESPOIR DÉÇU.

APPENDICE.

Paris. — Imp. de Pommeret et Moreau, 17, q. des Augustins.

www.ingramcontent.com/pod-product-compliance
Ingram Content Group UK Ltd.
Pitfield, Milton Keynes, MK11 3LW, UK
UKHW020110200726
13856UKWH00002B/464

9 782011 775450